アルゴリズミック・デザイン 実行系

建築・都市設計の方法と理論

ALGOrithmic Design
EXecution and logic

渡辺 誠
MAKOTO SEI WATANABE

丸善出版
Maruzen Publishing

はじめに

まったく初めて、でも

この本は、コンピュータプログラムを使った新しい方法で建築の設計をしてみたい、という方々を念頭に置いて書いたものです。プログラムについての専門的な解説は、それぞれのプログラム言語のガイドブックを使って頂くことにして、ここでは、新しい設計方法を自分で行ってみるための、その初歩の案内をしようとしています。

初歩、ですが、考え方と方向については、その背景と可能性の本質を語ろうと（努力）しました。できるだけ分かりやすく。この本で実行するプログラムは、サイト上に置いてあります。ダウンロードして、本文を読み進みながら、PC で動かしてみてください。そして、なるほど、もっとやってみよう、と思ったら、それぞれさらに先に進んでください。そのための技術は、web 界にあるはずです。

そうした技術と共に大事なこと、なんのために、どこに行こうとしているのか、それも、この本をきっかけのひとつとして、考えて頂ければと思います。
そして、いちばん大切なのは、意思です。技術と考え方、その両輪を回転させる動力は、おもしろそう、やってみよう、という、意思と意欲なのですから。
この本が、その意欲を起動する、誘電力となることを願っています。

少し進んだ方、も

新しい設計方法の実践ができればいいので、あれこれ言葉を連ねる必要はない、という方もあるかも知れません。
でも、この本には、プログラムの技術解説だけではなくて、設計という行為をめぐる記述に、全体の 1/3 程度を充てています。そうしたのは、技術を理解するには、その背景と考え方の方向を知ることが欠かせない、と思うからです。技術の解説といっても、この領域はまだ成長中のこどものようなもの（でも始めて 20 年、そろそろ？成年）ですから、既存のパッケージソフトの使い方の説明とは違います。プログラムも市販品のように完成されたものではありません。ほとんどが途上のものです。それを見て、ああこんなものか、と思ってしまうかもしれません。そこで終わってしまうと、その先には進もうと思わないでしょう。

そのとき、これは、いまはここまでだけれど、こういう考えから生まれて、やがてはこういうことができるようにしようとしているのか、ということを知れば、ふーん、それなら自分でも少しやってみようか、と思えるかも、しれません。すでにできているものを解説する、のではなく、自発的な前進のきっかけ、と初速を付けること、それがこの本の役割です。そのために、少しだけ手を曳きます。あとは、みなさんそれぞれが、自分で歩んでいってほしいと思います。その間に、こちらもまた、少し、前進していることでしょう。たぶん。願わくば、

まず、実行してみます

全体はふたつのユニット、「Unit I 実行編」と「Unit II 理論編」からなっています。この本は特定のアプリケーションのチュートリアルではありません。それは、それぞれのサイト上のフォーラムや、ガイド等で進められると思います。

「Unit I 実行編」では、最初に、「かんたんプログラム」をいくつも動かしてみます。読んで考える前に、まず体験です。

次に、「誘導都市」シリーズのプログラムを動かしてみます。
このうち、「形カ－ 1, 2」だけは、いままでもサイト上からダウンロードは可能でしたが、それ以外のプログラムは公開していませんでした。その多くを今回、ダウンロードして使えるようにしてあります。解説も付加しました。そして新たに、「形カ－ 3」が加わっています。「誘導都市」の最初のプログラムは 1994 年に登場していますが、今回の公開版は、機能を強化した発展・後継版と、新作群です。

この「新・誘導都市」のパートは、1 と 2 に分かれています。
最初の 1 では、「光＝エネルギーを受ける／受けない」建築ユニットの配列を生成する「neo SUNGOD CITY シリーズ」と、「プライバシーを確保する／しない」配列を得る「PRIVACITY シリーズ」、を動かしてみます。
次の「新・誘導都市」の 2 に行く前に、もうひとつ別のパートがあります。
そこでは、こうしたプログラムをつくるアプリケーションソフトを使って、簡易的なプログラムを書いてみます。
ここで使うのは、Processing と Grasshopper です。
このふたつはすでに使っている方も多いと思いますが、まだという方に向けて、始めの一歩を示していきます。
最初に動かしてみた「かんたんプログラム」は、この Processing で書かれ（あるいは移植し）ています。
これがすぐ書ける、というわけにはいかないと思いますが、そのあと少し学習を続ければ、このレベルのプログラムは書けるようになる、でしょう。
（きっと）

次が「新・誘導都市」の、2 です。
ここでは、「よい道」を生成する「neo Generated City Blocks」（試行版）、「よい機能配置」を行う「neON DEMAND CITY」、それに「形態生成＋構造高適化」を行う「形カ」シリーズ、を扱います。
ここまでが、「Unit I 実行編」です。

そして、考えてみます

そのあとは、「Unit II 理論編」です。
これは、プログラムの技術論ではなく、「考え方」の話です。「誘導都市」を含めた「INDUCTION DESIGN ／ ALGODesign ／ アルゴリズミック・デザイン」の世界と、設計との関係、いままでとこれから、について、いくつかの項目ごとに、考えていきます。

ALGOrithmic Design – EXecution and logic

This volume is realized through links between the text and programs on a related website.

The programs that it contains are all original and most of them can be downloaded from the website and used freely.

The first programs in the "INDUCTION DESIGN/INDUCTION CITY" project appeared in 1994.

The programs published here are functional upgrades to those programs and new programs.

This volume is a practical companion to two earlier books: Kentiku wa yawarakai kagaku ni tikazuku [Architecture approaches flexible science] (2006), and Algorithmic Design (collaboration: The Architectural Institute of Japan, 2009). The former book was the first in Japan (and probably the world) to provide a systematic and comprehensive treatment of algorithmic design. Other related works include INDUCTION DESIGN (English edition: Birkhäuser, 2002; Italian edition Testo & Immagine, 2004). The website features descriptions of the "INDUCTION CITIES", "INDUCTION DESIGN", and "ALGODesign" projects and related works.

Overview of contents

Unit I   Execution

Unit I-1   Simple programs

1 – "constellation" :
Discovering patterns from groups of points
This is a program to link nearest points in an arbitrary group of points. The rules are simple, but unexpected patterns can be discovered from apparently random groups of points.

2 – " tree" : Creating line patterns
Programs to create tree shapes are popular, but this one creates more natural shapes, or conversely shapes that do not exist in nature, in three dimensions.

3 – "pillars" : Structures corresponding to plans
On a Voronoi tessellation plan, draw pillars with thicknesses corresponding to vertical loads. The principle is simple, but it facilitates an intuitive understanding of the relation between plans and structural frames.

4 – "dinner table" : Arrays of friends and foes
For example, when there are relationships of liking and disliking each other among the guests invited to a dinner, how should the seating be arranged to avoid conflict? This problem is almost impossible to solve manually. But this program provides an answer. More generally, this program can search for answers to questions in the form "How can elements in contradictory relationships be arranged to minimize problems?"

5 – "particle flow" : Waves and particles
This is a program under which parameters are set to govern particle behavior, and then meaningful forms are obtained from behavior patterns in a specified environment.

6 – " Lissajous" : Form born from a formula
A simple program that generates form from a formula.

Unit I-2   "Induction Design" 1

1 – "neo SUNGOD CITY" series
This is a series of new programs and functional upgrades to the first programs in the "INDUCTION DESIGN/INDUCTION CITY" project from 1994.
Generate arrangements of units such that all units can receive the specified amount of light (= energy). Programs include "neo SUNGOD CITY seed", which allows initial values to be seeded, and "neo SUNGOD CITY cloud", which allows point groups to be input.
Conversely, "MOONGODDESS CITY" generates arrangements which minimize the amount of light/energy received.

2 – "PRIVACITY " series
Discover arrangements of units that secure privacy against lines of sight. Here again there is a converse program, "PanOptic CITY", which obtains arrangements that maximize visibility. "PRIVA-SUNGOD CITY" is a version that works together with "SUN GOD CITY".

Unit I-3   Introduction to Processing / Grasshopper

These are introductory tutorials to the programming environments Processing and Grasshopper.

Unit I-4   "Induction Design" 2

1 – "neo Generated City Blocks"
This is a functional upgrade and new version of "Generated City Blocks" from 1994. This is a program that discovers "nice streets" by defining "nice" in terms of speed and enjoyability and using those criteria to evaluate street patterns.

2 – "neON DEMAND CITY"
This is a program that takes the principle behind the simple program "dinner table" and makes it available for architecture and city blocks.

It is a functional upgrade and new version of "ON DEMAND CITY" from 1994. Design is always called upon to solve contradictory conditions. In so far as it attempts a fundamental solution, this program is the essence of ALGODesign.

3 – "KeiRiki series"
These are programs to generate form and perform structural optimization.
"Keiriki-2" solves frameworks made up of linear members, while "Keiriki-3" solves shells. Under the principles that parts subject to greater stress are thicker and heavier, and parts subject to less stress are thinner and lighter, and same forms/same loads, the programs generate the lightest frameworks. They could be called minimum design generators.
4 – Design × Structure => Architecture: Theory
About the relationship and meaning of optimal, satisfactory, and aptimal solutions.

Unit II   Logic

Unit II-1   What is the purpose of design?
1 – Design must meet conditions
Unlike art, design is presented with conditions that it must meet.
2 – However, some conditions cannot be quantified
Some conditions, such as sensibility, are difficult to quantify.
3 – And some conditions cannot be met
When conditions are mutually contradictory, it is logically impossible to meet them all.
4 – How to satisfy conditions that cannot be quantified or met?
To "solve" conditions that are difficult to describe or impossible to meet, develop a method for intuitive evaluation of results.

Unit II-2   Was the world "designed" ?
1 – Trees as environmental choices: Biological design
Design in the world of biological organisms, where complex, varied, and integral wholes are generated from simple and partial design rules.
2 – Clouds generated by causative laws: Physical design
Design in the world of physical objects, methodologically similar to biological design but without a purpose.
3 – Path dependent cities: Unconscious design
Does the idea of naturally emerging cities contradict the definition of cities?
4 – Are there reasons for design: Design as science
Is the production of artificial objects by design with both purpose and methodology possible?

Unit II-3   Six methods to design the world
Following are six ALGODesign types.
1 – Intuition design: If you have a pen, you can design
A traditional but potent design method that relies on general intuition.
2 – Slider design: Design by moving the knob
A familiar method that relies on parameter operations to create numerous variations.
3 – Simulation design: Design is easier if it is visible
Repetition of the set "generation program + simulation" becomes ALGODesign.
4 – Jigsaw design: Discover combinations
A method to design and fabricate complex forms like solving a puzzle.
5 – Q&A design: Give birth to form by resolving questions
ALGODesign that answers the question "how to resolve this problem?"
6 – Crowd design: Design by voting
Design by democratic or market principles.

Unit II-4   Design as flexible science
1 – Was it always done like this, from far in the past: Design before architects
In Japan ALGODesign existed as the traditional wooden architecture called "kiwari".
2 – Time and space folded up, expanding and contracting: Order, not there now
The possibility of spatial order that appears only when necessary, when found by searching, and of units of time that change according to a variable time system.
3 – If there was no gravity: Designing virtual worlds
What if the greatest condition presented to architecture – gravity – could be cancelled?
4 – To design is (actually) to create constraints: The freedom that comes from constraints
Design that looks for freedom amid rules, and "game design" that consciously creates rules amid freedom.
5 – Designing design: Creating after deciding, or without deciding
Designless design, and design by universal principles.
6 – DID: Direct Image Design: The possibility of turning intentions directly into form
Design from images "directly" rather than via media.

Not all requirements can be satisfied, but many can. To enable that, programs must become more like "people" .

Download of program : http://www.makoto-architect.com

目次

はじめに 2
ALGOrithmic Design – EXecution and logic 4
目次 6
この本の位置 8

Unit I　実行編

Unit I－1　　　　　　　　　　10
かんたんプログラム

1- 「constellation」　　　　　　10
　点群からパターンを見つける

2- 「tree」
　線のパターンをつくる　　　　　14

3- 「pillars」　　　　　　　　　　16
　簡単構造プログラム

4- 「dinner table」　　　　　　　18
　好き・嫌いの配列プログラム

5- 「particle flow」　　　　　　24
　KazaNami　波と粒子

6- 「Lissajous」　　　　　　　　27
　数式から生まれるかたち

Unit I－2　　　　　　　　　　28
「誘導都市」　その1

1- 「太陽神の都市」　　　　　　　28
　SUNGOD CITY シリーズ

2- 「視線の都市」　　　　　　　　40
　PRIVACITY　シリーズ

Unit I－3　　　　　　　　　　50
プログラムのつくりかた

1- プログラムって何　　　　　　　50

2- Processingを使おう　　　　　52

3- GHを動かしてみよう　　　　　74

Unit I－4　　　　　　　　　　82
「誘導都市」　その2

1- 「新・発生街区の都市」　　　　82
　neo Generated City Blocks

2- 「neON DEMAND CITY」　　　86

3- 「形力」KeiRiki シリーズ　　　92

4- デザイン×構造 → 建築　　　112

Unit II 理論編

Unit II − 1　　　　　　　　　　116
設計は　何のために　するのか

1- 設計には かなえるべき条件がある　116

2- しかし数値化できない 条件がある　117

3- そして、満たせない 条件がある　117

4- 数値化できない条件と 満たせない
　条件を どうやってかなえるのか　119

Unit II − 2　　　　　　　　　　120
世界は「設計」されている

1- 環境選択としての、樹木　　　120
　生物のデザイン

2- 因果律としての、雲　　　　　128
　物理のデザイン

3- 経路依存としての、都市　　　132
　無意識のデザイン

4- デザインに 理由はあるか　　　135
　科学としてのデザイン

Unit II − 3　　　　　　　　　　139
世界を設計する　6つの方法

1- インテュイションデザイン　　139
　ペンさえあれば、デザインはできる

2- スライダー デザイン　　　　　140
　つまみを動かして、デザインする

3- シミュレーションデザイン　　141
　見える化すれば、デザインしやすい

4- ジグソー デザイン　　　　　　142
　組み合わせを、見つける

5- Q&A デザイン　　　　　　　143
　課題を解ける、かたちを生み出す

6- Crowd デザイン　　　　　　　143
　投票で、デザインする

Unit II − 4　　　　　　　　　　147
「柔らかい科学」 としての　設計

1- 昔からずっと こうしていたのか　147
　建築家以前のデザイン

2- 折りたたまれ 伸び縮みする、時空間
　いま、そこにない、秩序　　　149

3- 重力がなければ　　　　　　　155
　仮想世界のデザイン

4- デザインとは（実は）　　　　158
　制約をつくること

5- デザインをデザインする　　　159
　決めてつくる／決めないでつくる

6- DID ダイレクト イメージ デザイン　160
　イメージを直接かたちに

参考・出典・著者　　　　　　　　166
あとがき　　　　　　　　　　　　168

この本の位置

関連する著書

筆者は、2002年に、「建築は、柔らかい科学に近づく」という本を出しています。(建築資料研究社刊)
これは、設計に「検証可能性」という「科学」の方法を導入しようという初の試みで、本書の先駆となる内容です。
それまでに進めていた「誘導都市」プロジェクトの背景と思想を、それを実施した作品と共に、説明しています。
そして2009年には「アルゴリズミック・デザイン」という本を共著で出しました。(日本建築学会編・鹿島出版会刊)
これは、日本で(おそらく世界でも)初めて「アルゴリズミック・デザイン」(この用語はそのときの発案なので - 初は当然ですが・・・)を体系的・総合的にまとめた本と思われます。
これらの本を読んだ方々が自分でも実行してみようとすると、要素技術を自分で探して学習する必要があり、やや敷居が高くなります。そこで次は、自分で実行する手助けができる本がほしいと思い、この本を書くことにしました。
また英・伊語版では、2002・2004年に「INDUCTION DESIGN」(Birkhäuser ,Testo & Immagine 各社刊) が出ています。
そしてウエブサイトには、「誘導都市／INDUCTION DESIGN／ALGODesign」と、その関係作品の説明や画像もあります。本では示せない、サイトならではの関連movieも掲載(予定)されています。

サイトとの連動です

本書はウエブサイトと連動しています。(本文訂正等もサイトに掲載予定です)
本書で紹介するプログラム(以下、本プログラムと表記)は、すべてオリジナルの制作品です。その一部は、サイトからダウンロードして使用できます。
まず http://www.makoto-architect.com にアクセスして、本書とサイトの両方の説明によって、進めてください。

自由に使えます

本プログラムは、大学の課題や事務所での設計そのほか、自由に使用することができます。
本プログラムを使用して作成した成果品(研究・作品等)や、プログラムの発展・改良版の作成・公表も、歓迎します。
その際は、本プログラムの名前と、著作者クレジット(167頁に記載)を、明記ください。
そうした公表・発表・掲載・利用等を行う際は、著者までご連絡ください。

著作権は

プログラムの著作権は、本書の著者(およびその関係者)に帰属します。
(167頁クレジット項参照)

動かない場合は

本プログラムは、市販のアプリではなく、研究中のものです。
作動しない、記述通りに働かない、フリーズする、インターフェースが一貫しない、ヘルプがない等の、至らない

点が多々あると思いますが、ご容赦ください。どうしても作動しない場合は、お手数ですが別のPCでお試しください。このPCでは動かないがあのPCでは問題ない、ということも、時に、あります。

ご質問は
個々の質問やご意見には、お答えできないと思いますが、ご指摘、ご意見、作成された案や作品は、お寄せ頂ければ今後の進展の参考にさせて頂きます。

保証は
本プログラムは、皆様の自己責任での使用となります。
その結果や作用・影響等について保証するものではありませんので、ご了承の上お使いください。
機能・説明・表記等の誤記・不備・相違等についても、同様です。
「形力」シリーズは構造処理部を持っていますが、確認申請等には使えません。
別途、構造計算を行ってください。

本プログラムについて：
本書に「動かしてみよう」とあるプログラムは、サイトからダウンロードできます。
それ以外のプログラムの一部は、準備が進展した時点で公開の予定です。
サイトの内容は、更新される場合もありますので、随時、ご確認ください。
掲載のプログラム画面や操作手順、機能等は、公開プログラムとは異なる場合もあります。
公開プログラムで可能な操作は、オリジナルプログラムの機能の一部の場合があります。
プログラムはWindows版です。（Uint I-1用のプログラムはMac版も検討しています）
「3次元」「3D」等の表記は立体視のことではなく、3次元データを扱うという意味です。

Unit I 実行編

Unit I は 4 つのパートから成ります。

Unit I − 1　かんたんプログラム

Unit I − 2　「誘導都市」　その 1

Unit I − 3　プログラムのつくりかた

Unit I − 4　「誘導都市」　その 2

最初の Unit I-1 では、簡単に動かせる 6 つのプログラムを実行してみます。

▽対象単位　　▽成果品　　主な条件▽

1 -「constellation」
点　　　　接続パターン　　直近選択

2 -「tree」
線材　　　分岐パターン　　分岐規則

3 -「pillars」
線材　　　寸法パターン　　平面分割

4 -「dinner table」
矩形　　　配置パターン　　相互距離

5 -「particle flow」
球体　　　配置パターン　　運動条件

6 -「Lissajous」
直方体　　連続パターン　　幾何学式

Unit 1 − 1
かんたんプログラム

1-「constellation」
点群からパターンを見つける

「constellation」
点と点を結ぶだけで、できること

これは複数の点を結び付けて、パターンを描くプログラムです。

しくみは、ひとつの点から近い順に、他の点を結ぶだけです。デフォルトでは、直近の2点を結ぶ設定にしてあります。

動かしてみよう

操作は簡単です。画面内でどこでもクリックすると点が入力されます。これを繰り返して多数の点を打ちます。点を配置したら右クリックすると点を結ぶ直線が描かれます。この線の結び方の規則は、各点から直近の点を結ぶ、というだけです。

操作：マウスクリック→点をひとつ描く
クリック続行→点の追加
shift+ クリック→その点の消去
右クリック→パターン生成（直近の点を結ぶ線を描く）→クリック→点の追加
V キー →点表示の ON/OFF

ひとつの点から結ぶことのできる点（線）の数、表示サイズ等は、選択できます。

操作：data フォルダ→ setting ファイル→各項目指定→保存（この操作は Unit I 共通）

点を結ぶ線が交差する場合、あとから描かれる線は、グレイで表示されます。

点という要素を、距離という関係性で結ぶことで、一筆書きや、島々のようなパターンが生まれます。

ひとつ点を追加するだけで、まったく違うパターンになることも多いでしょう。試してみてください。

操作：画像とデータの保存は下記キーボード：
G → JPEG 画像、T → DXF、S →点座標 text
（保存先は data → capture フォルダ）
この操作は Unit I を通じて各プログラム共通です。ただし G・T・S のどれが実装してあるかは、プログラムにより変わります。
左右表記のない「クリック」は左クリック、「→」は操作の作用または次の操作手順、を示します。フリーズの場合は、いちど終了して再起動してください。（この項は以下同様です）

マウスクリックで入れた点群

直近の点が結ばれて生じたパターン

「constellation cloud 」
動かしてみよう

点を、ひとつひとつではなく、まとめて入れることもできるのが、「constellation cloud」です。プログラムには、点群のサンプルデータが入れてありますので、クリックだけで作動します。

操作：自分で点群のデータを作成する場合：
他のアプリケーションで、点群のXY座標のテキストデータを（サンプルに習った形式で）作成→ファイルネームを cloud にする
→ data フォルダ内の見本ファイルと差し替え（この場合はサンプルのファイルを必ず削除してください：以後の他のプログラムでも同様です）
点の数が多くなると、PC の能力によっては動きが遅くなりますので、適宜調整してください。
→以後の操作手順は constellation と同様です。

星々のパターン

constellation という名の通り、夜空の星々で試してみましょう。
実際の宇宙の観測写真の星々を「点群」として扱い、その座標を取り出して、プログラムに入れてみました。
その結果描かれたパターンが右図です。
ひとつの点に結びつく点の数を増やしていくと右下図のような姿が現れます。

これを見ていると、星の配列はランダムではなく、全体になんらかの「構造」があるかもしれないという気もします。直近を結ぶ、というだけの単純なルールでも、こうして、秩序はないように見える対象から、意味ある（かもしれない）パターンを発見／抽出できる（可能性がある）、ということですね。

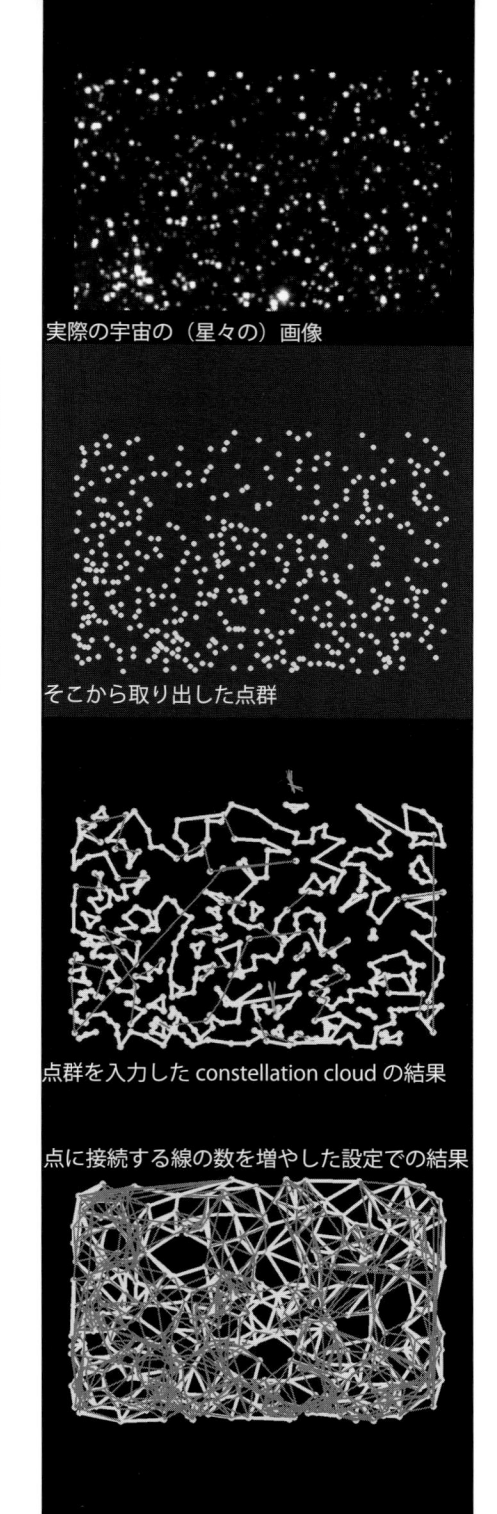

実際の宇宙の（星々の）画像

そこから取り出した点群

点群を入力した constellation cloud の結果

点に接続する線の数を増やした設定での結果

新しい星座

では、ある夜の、空の星々からは、どんな「星座」が生まれるでしょう。（次頁図）夜空の星々の分布図には、実はあまり意味はありません。実際の星の位置は3次元の関係なのに、空の半球に張り付いた2次元の点群として見ているからです。ただ、この投影図を前提にすれば、そこにパターンを発見し物語を構築する行為は、「デザイン」ですね。そうして「創作」された星座のように、秩序がないように見える多数の点から、何らかの関係を見つけるのが、このプログラムです。無意味から意味をつくりだしている、ようなものですが、デザインとはそういうものです、と（居直って）いっていいかも、しれません。

輪郭を描かずに、輪郭を得ること
相互関係から決まるかたち

このプログラムは、2次元の距離という単純なルールに徹底しているので、これを、ただそれだけですね、として片付けてしまうこともできます。

また一方で、それらの点に与える「性格」次第では、意外に有効性のある（＝意味のある）パターンをつくることに使える、可能性もあります。

設計に関わる何かの要素を選んで、その要素の分布から得られるパターンを、建築のプランの輪郭とする、というような応用もできるかもしれません。

プランの輪郭線を直接描くのではなく、他の要因の「配列の濃淡」から、輪郭線を「誘導する」、というような方法で。

「constellation 3D」
動かしてみよう

「constellation cloud」の3次元版です。ひとつの点に結ばれる直近点の設定数を増やしていくと、下図のようにパターンが変化していきます。このプログラムに星々の3次元座標を入れれば、投影ではない、実際の距離による「実・星座」が描けることになります。

操作：右クリック→パターン生成
クリック→回転静止→左右ドラッグ→視野変更
点群データの作成→ XYZ テキストデータ作成
→ cloud ファイルとして→差し替えます。

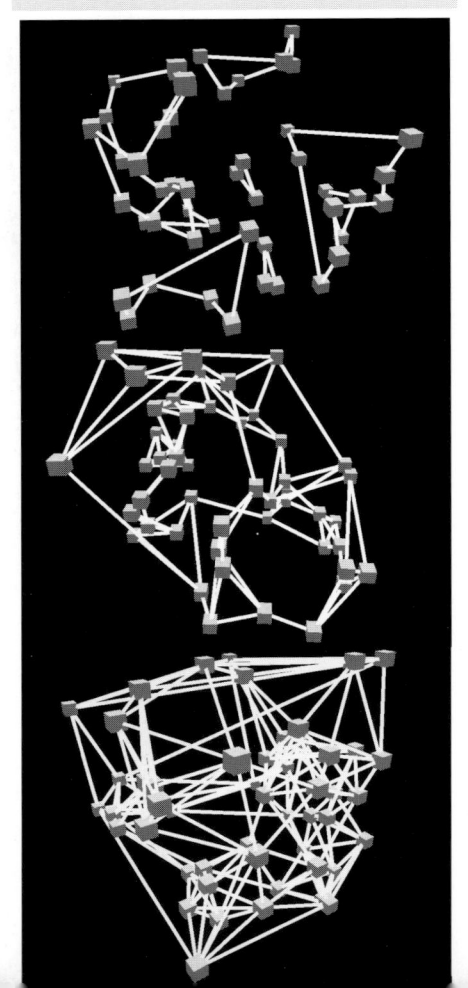

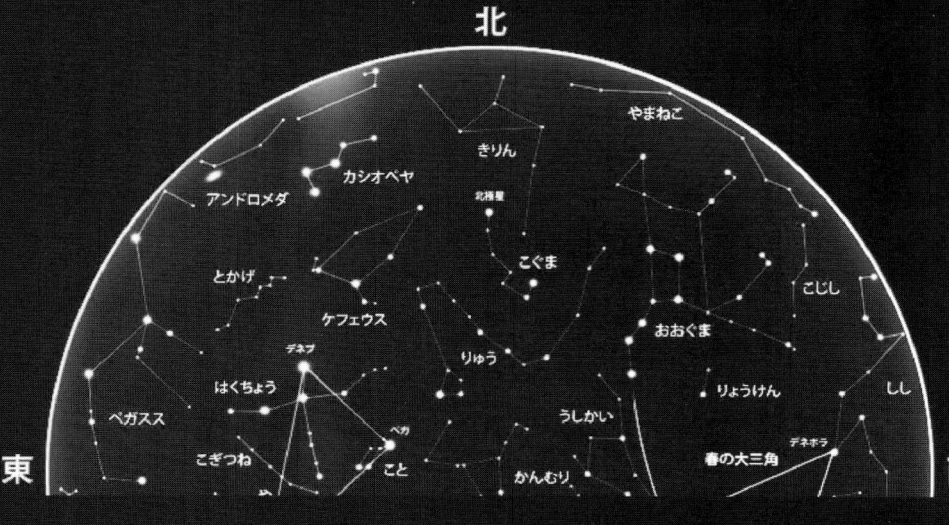

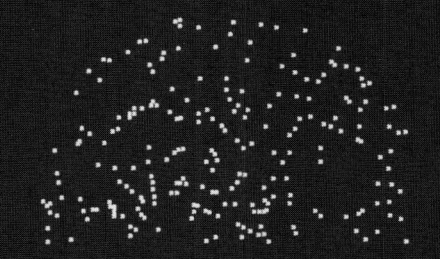

上図：実際の星座（7月中旬、21時、東京）
左図：そこから星の位置を取り出した点群
下図：その点群を「constellation」プログラムに入れて発生した「新・星座」

同じ星々の星座でも、接続する点の数や直近の範囲を変えると、また異なった新・星座が誕生します。

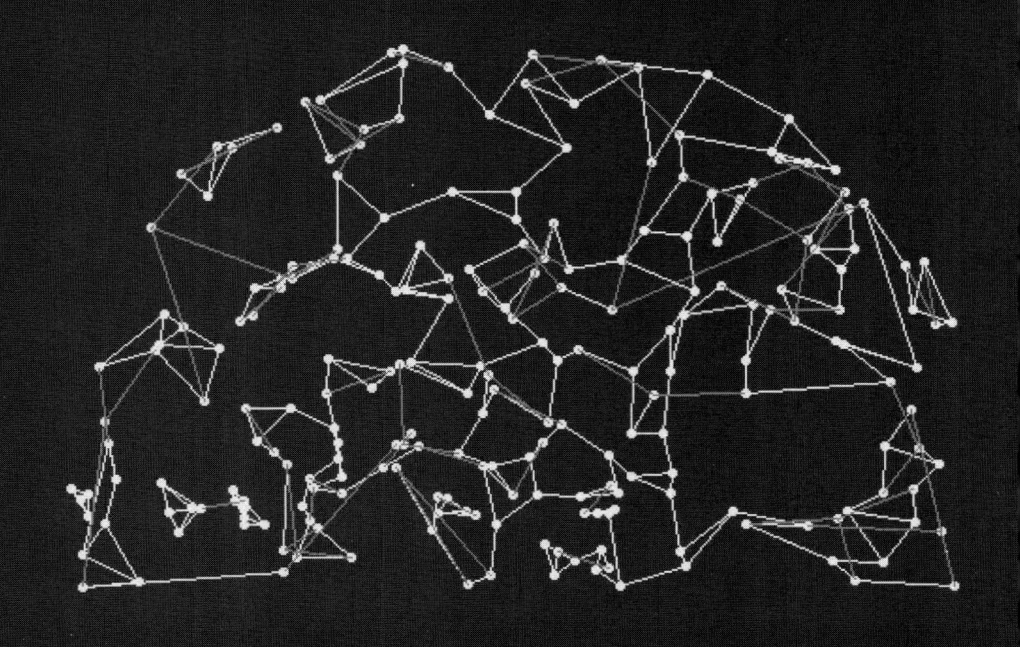

2-「tree」
線のパターンをつくる

枝分かれのルール

「constellation」は直近の点を結ぶ線を描きますが、次は線の枝分かれ、を扱います。2次元の樹木状のかたちをつくるプログラムはポピュラーですが、より自然の樹木に近くなるものを3次元でつくりました。自然の木に近いものができる、ということは、逆に、「設計条件に合う」（自然にはあり得ない、新しい）樹木状の架構も、生成できる可能性がある、ということになるでしょう。

左図：実際のケヤキ。与えられた環境下で、目的とする最大の効果を、限られた素材で可能にする、「アルゴリズム」が、このかたちに隠れている、はずです。ただし、公園の樹々は剪定されているので、「デザイン」の結果とも。

左図：分岐角度を、最初の枝は小さく、その次は大きくした後、次第にまた小さくする設定。こうするとケヤキに近い樹形になります。これは対生葉序。（右の図はCGソフトで表示したもの：以下同じ）

左図：対生葉序。分岐角度を、初めの頃は小さく、枝先に行くにつれて大きくし、枝の天空率を上げて枝先が上を向くようにしています。全体に横に広がらずに上に伸びて、また違う樹形になります。

動かしてみよう

操作：左クリック→視点回転のON/OFF
右クリック→異なるパターンで再生成
設定変更→dataフォルダ→settingファイル
→各項数値(パラメータ)指定→保存

葉序（分岐の対称性）により、対生(opposite)と互生(alternate)の、2タイプのプログラムを作成しています。
分岐角度や枝長さ比率の指定だけでは、自然の木とはだいぶ違うかたちになります。自然の樹木のように、枝の付き方をフィボナッチ数列とし、重力方向の指向傾向（天空率）を加え、さらに、長さと角度のゆらぎの程度等を指定できるようにしています。チューニングしていくと、自然の樹形に近づいていきます。（パラメータをあまり増やすと、手技の設計方法に再接近してしまいますが・・）
逆に、自然には存在しないかたち、も出現します。それこそ、望むところ・・・

左・右図：対生葉序。前頁下に近い設定で、副枝の長さの比率を下げると、このような多段の樹形になります。

左・右図：互生葉序。枝の長さを次第に増やして、さらに天空率も増すと、一見、中木の典型のような樹形になります。
しかし、よく見ると、先端に近いほど枝が長く伸びていて、自然界ではあまり見ないパターンです。

左・右図：対生葉序。枝の長さも角度も次第に大きくしていき、天空率をゼロにすると、放射状の樹形になります。
これもあまり見かけないかたちです。でも、見かけないからといって、ありえない、とは限りません。

下・右図：互生葉序。上の例に近い設定で、天空率をさらに大きくすると、上方への放射形になります。
こうした奇妙なかたちの植物も、その設定条件が生存と生殖の役に立つなら、どこかに存在するかも、知れません。

3-「pillars」
簡単構造プログラム

面積に見合う、柱のサイズ

こんどは、線と面との関係を扱います。シンプルなプログラムですから操作は簡単。することは、マウスクリックだけです。

動かしてみよう

開いた画面の好きな位置でクリックする度に、点ひとつが加わります。
点を増やすごとにボロノイ分割が行われて、画面が色分けされます。ボロノイ分割は、よく使われる平面の分割方法のひとつです。
設定した数を越えて点を入れると、古いものから削除されます。これでいいと思ったら、右クリックすると、各点を囲む四角形＝柱が表示されます。ボロノイ分割されたそれぞれの範囲の荷重を負担できる太さの、柱です。当然ながら、広い範囲を負担する柱は太くなります。
もう一度右クリックすると、３Ｄ画面になります。打つ点の位置をいろいろ替えて実行してみてください。

```
操作：画面内の任意の位置でクリック
→点表示→その繰り返し
→適当なところで右クリック→柱表示
→再度右クリック→３Ｄ表示
右クリック→視点回転の ON/OFF
右ドラッグ→前後移動（視点静止時：以下同）
左ドラッグ→角度変更
点を打った段階で shift →ドロネー図表示

設定変更→ data フォルダ→ setting ファイル
→各項目のパラメータ指定→保存
```

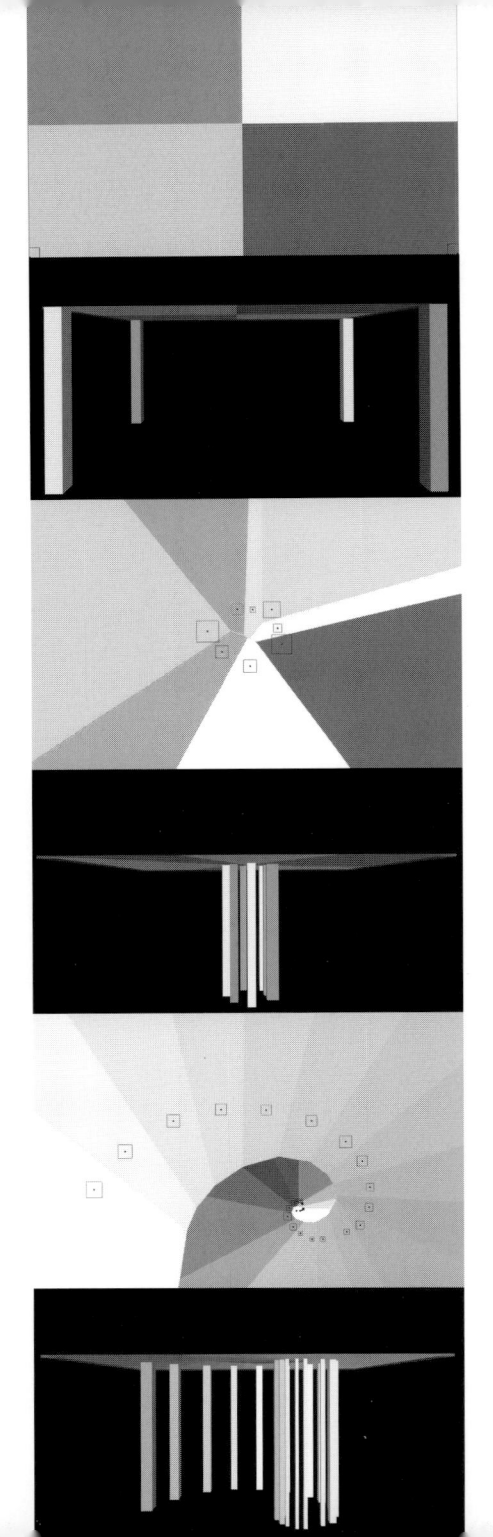

これは、構造力学とデザインの関係を、単純化して分かりやすく示す、ごく初歩的なプログラムです。

RC構造を想定していますが、柱のサイズと屋根支配面積との関係は相対的な（比例）表示です。

構造検討をしているのは、鉛直荷重（軸力）だけです。実際の建築では、地震や風といった水平荷重が効いてくるので、このプログラムの通りには行きません。支配面積の取り方も変わります。

水平荷重も含めた、より実際に近い構造処理は、この本のUnit I-4-3で扱う「形力」シリーズで行っています。

それでも、かたちとそれを支える構造の関連を、目で見える姿ですぐに確認できることは、構造センスの養成（の手始め）に役に立つことでしょう。

全体形状や他の分割方法の指定、地震や風荷重も含めた、機能向上版も検討中です。

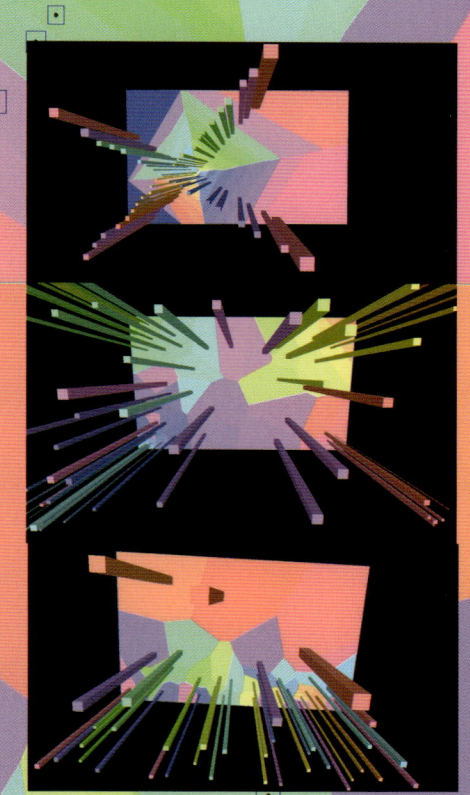

各図（前頁共）：点群によるボロノイ分割図と、その分割に対応するサイズの柱列の図

4-「dinner table」
好き・嫌いの配列プログラム

条件から配置を決める
正解はない、プログラム

ここまで動かしたプログラムは、いずれも、何かを指定すると、それに合うかたちを描く、ものでした。こんどのプログラムは、要求条件に「より近い解答」を探す、「問題解決型」方向のものです。この本の Unit II -3 で「Q&A デザイン」と呼ぶものです。このタイプでは、結果に「正解」がない場合もあります。「正」解は得られないが、「よりよい」解を得るプログラム。「誘導都市」ではこのタイプのプログラムが多くなっています。

満足するひとが多い、解を見つける

みなさんが、何人もの客を招待してパーティをするとします。その招待客には、互いに好きだったり嫌いだったりの関係があります。客同士が気まずい関係にならないように、ディナーのテーブルの席順を決めるにはどうしたらいいでしょうか。これを手で「設計」するのは、ほとんど不可能といっていいでしょう。その要請に応えるのが、このプログラムです。(そんな機会がある、として)

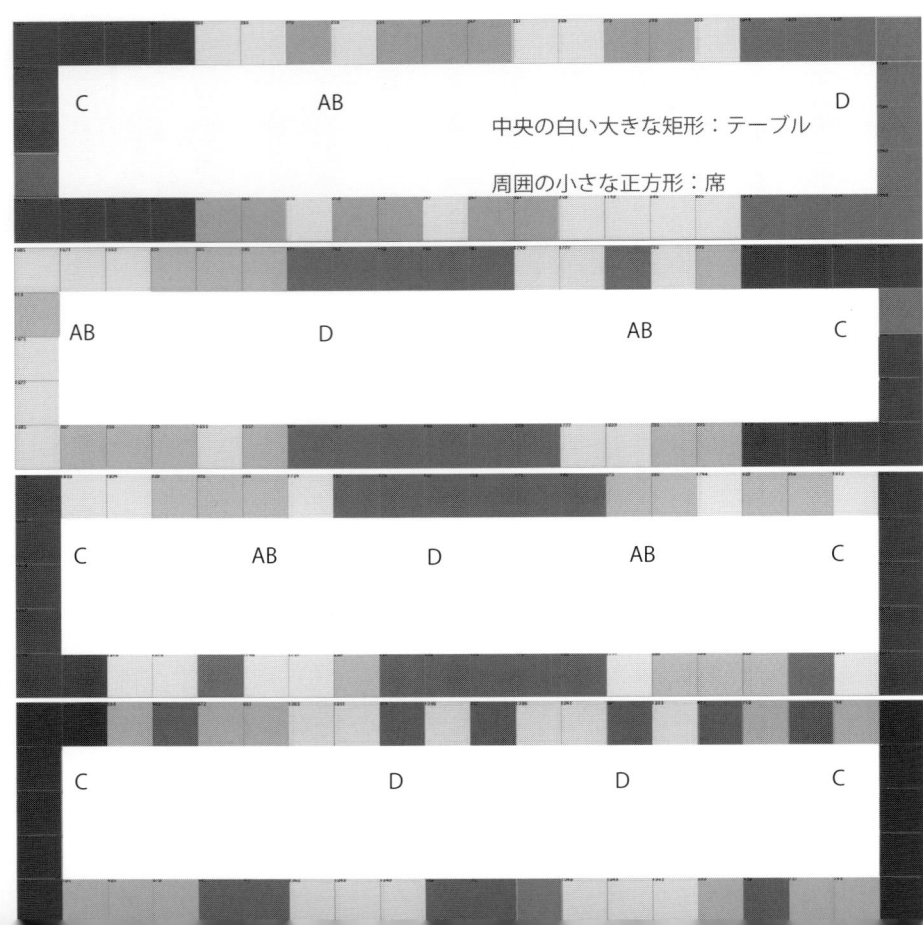

中央の白い大きな矩形：テーブル

周囲の小さな正方形：席

この例では、左図のように、横 20 席・縦 5 席の、長方形のテーブルとします。招待客は ABCD 4 つのグループに分かれていて、互いに好き嫌いの程度があります。好きな相手とは隣になりたいし、嫌いな相手とは離れて座りたいようです。パーティのホストとしては、できるだけその要求を満足させたい。しかし、好き嫌いが三角関係になるので、どうしても全部は満足させられません。さてどうなるか。
プログラムは、すべての要素間の距離を計算して、設定した距離からの離れ具合を点数化します。そしてその合計スコアが最も良くなるように、要素の配置を繰り返し試行していきます。

左頁の各図：
上図：みな好き同士の中で、C と D だけが嫌いな関係
→その C と D が左右両端に分かれ、他が交じり合うという素直なパターンです。
2 段目の図：さらに、C と B も互いが嫌い、だった場合
→すると明快な左右分離は崩れ、左には AB 混在群、右に C が単独で固まります。
3 段目の図：C は同じ仲間ともあまり同席したくないとすると
→右に集まっていた C は、左右に分離。
下図：さらに D もあまり自分の同類は好きでない、とした場合です。

このように、設定によって、モザイクとクラスタが時々に現れて、単純な配列パターンにはなりません。
プログラムは、これらの結果のどれもが、そのときの要求条件（好き嫌いの関係）での、もっとも「不満の少ない」席順である、といっているのです。

動かしてみよう
ディナーテーブルよりもっと広い、敷地全体への要素の配置、を試行してみましょう。
まず data フォルダの setting ファイルで、A・B・C の各要素間の「望ましい」相互距離、を指定します。
たとえば 1 なら「近い方がいい」、10 なら、「離れた方がいい」、という具合です。同じ要素（A と A 等）の間柄も、同様に数値で指定します。
各要素の数の比率、全体のグリッド数、色（H 数値）も指定します。要素の種類をもっと増やすこともできます。
さらに、要素を配置できない「非配置領域」を指定することもできます。
（前頁の矩形の「テーブル」は、この非配置領域として設定したものです）
パラメータを変えるとどういう結果になるか、試してみましょう。
（掲載図のプログラムはダウンロード版とバージョンが異なるため同じ設定でも結果は変わります。画面の仕様にも相違があります）

操作：クリック／ドラッグ→非配置領域指定
（グレイ部：左頁図では白＝地色部）
再クリック／ドラッグ→消去
右クリック→開始／一時停止
左クリック→再開

設定変更→ data フォルダ→ setting ファイル
→各項目指定→保存（この操作は Unit I 共通）
（マトリクスの上 1 行と左 1 列はダミーです。変更せずに、そのままにしてください）

画像とデータの保存は下記キーボード操作：
G → JPEG 画像、T → DXF、S →点座標 text
これは Unit I の各プログラム共通ですがプログラムによっては実装していない項目もあります。（G → JPEG は、どれも実装）

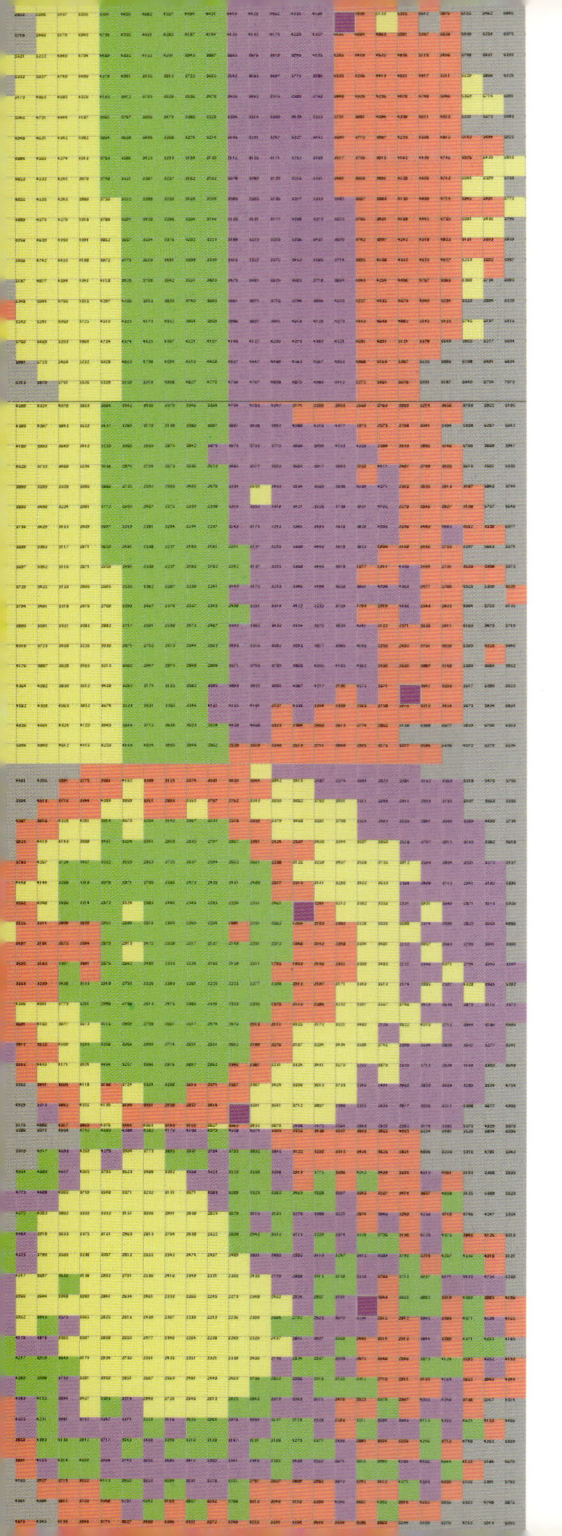

01

左上の図は、皆好き同士、の設定です。平等な関係の結果は素直な均等割です。
2段目の図は、緑／赤、黄／赤は互いに嫌いで、赤は自分も嫌い、な設定。結果は、緑・黄色と赤の間に紫が割って入り、赤は分散しようとするが緑に嫌われてそれ以上左に進めず、といったところ。
3段目の図は、赤／紫、緑／紫は互いに嫌い、緑以外は皆自分も嫌い、という設定。自分自身が好きな緑が中心に固まり、嫌われていない黄色が、紫と赤・緑連合の間を隔てています。
いちばん下は、黄／赤は互いに嫌いで、黄以外は皆自分も嫌い、という設定。互いに好きで自分は嫌いの赤・紫・緑がモザイク状に入り混じり、自己愛の黄色が赤から離れて中心に孤立しています。

これらのいずれも、指示した関係を満たす唯一の「最適」解ではなく、満足度の高い解＝「高適」解、です。
そのため、設定が同じでも試行ごとにかたちは変わります。しかしパターンの「傾向」は、ほぼ一定と思われます。

02

自分と他者という2分法で分けると、可能な組み合わせは次の4タイプです。
皆好き・皆嫌い・自分だけ好き・他人だけ好き。「皆好き」はこの頁の上段で、それ以外の3タイプが次頁の図です。
次頁最下段の「皆嫌い」は、この頁上段の「皆好き」とよく似ていますね。
好きと嫌いは、回りまわれば同じこと？

下の各マトリクスの設定で、それぞれ右図のパターンが生じています。
ABCD に共通の設定をすると、組み合わせは全部で4タイプ：
この頁の3タイプ＋前頁上の1タイプ、です。

「他人だけ好き」設定 ⇨

// 全員互いに好き
// 全員自分が嫌い
// [A] [B] [C] [D]
 1 10   1   1   1 // [A]
 1   1 10   1   1 // [B]
 1   1   1 10   1 // [C]
 1   1   1   1 10 // [D]

「自分だけ好き」設定 ⇨

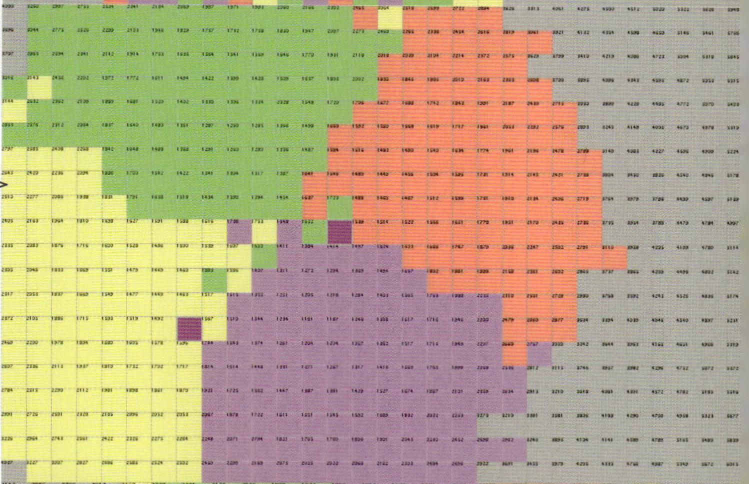

// 全員互いに嫌い
// 好きなのは自分だけ

 1   1 10 10 10 // [A]
 1 10   1 10 10 // [B]
 1 10 10   1 10 // [C]
 1 10 10 10   1 // [D]

「皆嫌い」設定 ⇨

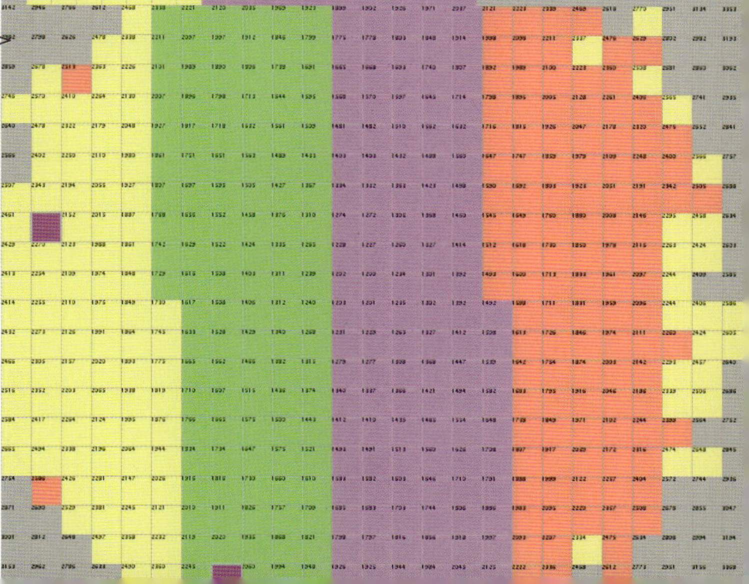

// 全員互いに嫌い
// 自分も嫌い

 1 10 10 10 10 // [A]
 1 10 10 10 10 // [B]
 1 10 10 10 10 // [C]
 1 10 10 10 10 // [D]

「皆好き」設定は、前頁の最上段の図。右図の「皆嫌い」とよく似ています。
（マトリクスの左端1列はダミー項＝固定 です）

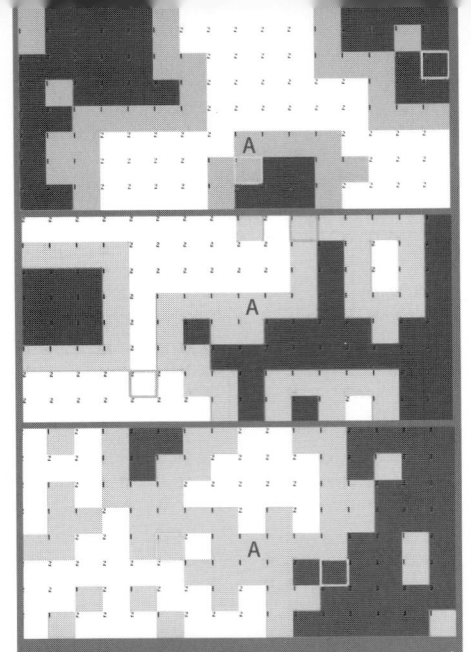

敷地を少し小さくして、設定と配列パターンの関係を見てみます。

03

上図3点：みんな集まる、ただしBC同士は遠ざかる、という設定
設定：AB1,AC1,BC2，同じ要素の相互距離1
→結果：BCを遠ざける指示が有効に作用して、クラスタ状のBCの間にA（グレイ）が障壁のように配列される結果になりました。

この3点は同じ設定です。試行の度に配列のかたちは変化しますが、設定が同じであれば結果の配列パターンには共通性があります。

04

下図：AB，ACは近く、BCは少し遠く、同じ要素間は99で遠くに離す、という設定
設定：AB1,AC1,BC2，同じ要素間99
→結果：やはりA（グレイ）がBCの間に入りますが、同じ要素間を離すという指示が作用して、全体がモザイク状に分散しています。

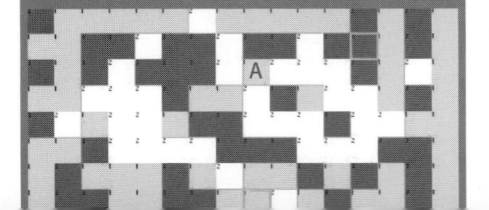

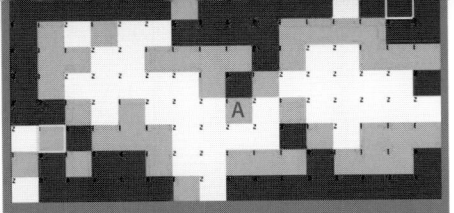

05

上図： BCを少し離す
設定：AB1,AC1,BC4，同じ要素間99
→結果：BCの距離を2から4に変えるだけで、この離隔指定がものをいって、04のモザイクから一転し、とたんに分散モザイクではなくなります。
モザイク状だったBCがクラスタ状に変化して、A（グレイ）を境界位置に置いて、全体は中央と外周部に分かれました。

このように、設定を少し変えるだけで配列のパターンが大きく変わることがあります。

06

下図3点： BCをさらに離す
設定：AB1,AC1,BC10，同じ要素間99
→結果：BCの距離を4から10に変えると05のクラスタから再転して、BCがきれいに3列に分かれ、A（グレイ）が中央に複数のクラスタを形成しています。

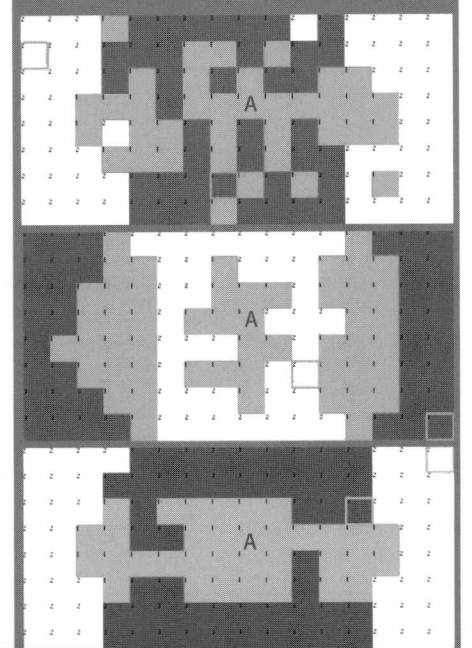

07
下図2点: BCをもっと離す
設定: AB1,AC1,BC40, 同じ要素間99
→結果: BCの距離を10から40に大きくすると、06の3列パターンは消えて、中央にA（グレイ）の大規模クラスタが出現します。このAクラスタが、BCの間を離すという要求に応えた仕事をしています。

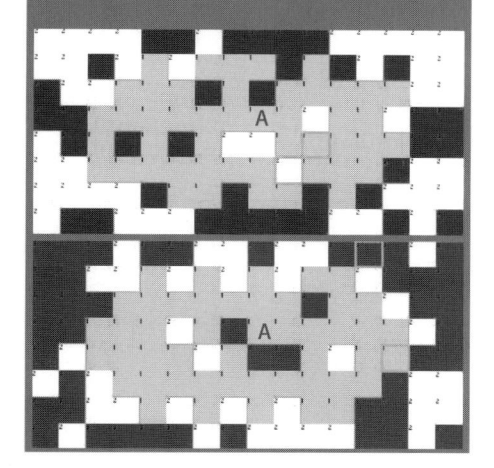

矛盾する関係をどう解くか
三角関係が描く、かたち
このプログラムは「矛盾する関係を含んだ複数の要素単位を、どう配置すると、概ね満足できる結果になるか」という内容です。「概ね」というところがポイントです。完全や最も、ではなく、概ね。

「矛盾する関係を含んだ複数の要素を配置する」、という状況は、テーブル配置に限らず、部屋の配列、敷地内の棟の配置、街区計画から都市設計まで、どこにでもふつうに出現します。
この状況をうまく解くことができれば、テーブルから都市まで、望ましい配置、ができるはず？です。

このように、「互いに相反する関係を含んだ要素がたくさんある」と、ひとの手では、どう配列したらいいか、分からなくなります。しかし、プログラムは答えを出すのです。

変化は突然やってくる、こともある
プログラムを走らせると、指定の仕方によって、現れるパターンの傾向に違いが生じます。
モザイク状に入り混じるタイプと、はっきりした境界のクラスタタイプの、どちらになるかは、指定数値の組み合わせにより、急に移行することもあります。事態はだんだんと緩やかに変化していく時もありますが、そうではなく、ある段階で突然、がたんと変化する、という場合もある、ということです。
一般に、パラメータの変化につれてグラデーショナルに変化する事象があります。水を入れた鍋を火にかければ、水の温度は次第に上がっていきます。
一方で、パラメータの変化による結果の変化が、あるところまでは緩やかなのに、どこかを越えると一気に大きく変化するタイプもあります。火を止めなければ、鍋の湯は（1気圧なら）100度で沸騰して、液体から気体に変わります。反対に、冷蔵庫に入れれば、零度を下回ると水は氷になりますね。
相転移と呼ばれるこうした物理現象も、グラデーショナルではない変化の例です。劇的な変化を起こすキモ？が、どこかにある。そうしたことを念頭に試行してみると、発見もあると思います。

5-「particle flow」
KazaNami　波と粒子

「particle flow」
粒子の設計
要素単位の動きを扱うプログラムは、「Boids」(Craig Raynolds 1987) が有名です。鳥の群れの多様なかたちの変化が、実は単純な3つの規則「接近・回避・同調」で決められていることを実証した画期的なプログラムでした。

粒子の挙動を扱うプログラムでは、風や熱を扱うCFD等や、ひとの動きを扱う避難シミュレーションもあります。流体や飛散を扱う物理シミュレーションは、すでに映画の波や爆発のシーンなどで使われていて、ほとんど実写と区別がつきませんね。

particle flow はシンプルなプログラムで流体力学は組み込んでいませんが、使い方によっては、適度な風が吹く（ような）壁の配置や、ひとの動きに対応した（かもしれない）プランを見つける、というようなことに使えるかもしれません。

動かしてみよう
これは2次元版です。使用規則は、「運動ベクトルの変動方法」と「反射率」です。

操作：クリック／ドラッグ→障害物の配置（：壁等に相当）→再クリック／ドラッグ→消去
ctrl クリック／ドラッグ→粒子発生源の配置
shift クリック／ドラッグ→粒子消失孔の配置
右クリック→開始→再度右クリック→中止
shift →圧力度合いの表示
粒子の色は挙動設定の違いを、粒子から伸びる線は運動ベクトルの方向を、示します。
設定変更→ data フォルダ→ setting ファイル→各項目指定→保存

上図：「particle flow」
下図：「particle flow3D」
右頁：「particle flow3D」のCGソフト表示

「particle flow 3D」
これは、粒子の運動属性を、粒子間の距離に応じた「接近・回避・同調・1/f ゆらぎ運動」にした、3次元版です。
障害物アイテムを点データで入力すると、街並みの間や上空で、点群が凝集と離散の振舞いを見せます。
それが、(設定)条件での応答「状態」を「形にした」もの、ということになります。

動かしてみよう
操作：右クリック→視点回転のON/OFF
右ドラッグ→前後移動（回転 OFF 時：以下同）
左ドラッグ→角度変更
設定変更→ data フォルダー→ setting ファイル

公開版プログラムでは、粒子の運動属性を指定することはできませんが、粒子の種類数や、影響（視野）範囲を変えることができます。

デフォルトでは、簡単な障害物 (obstacle) データで作動します。CG ソフトで3Dオブジェクトを作成し、点群データで保存すれば、それを obstacle ファイルにして使うことができます。（動作は重くなります）

下図：粒子群の「状態」を取り出し、「constellation」プログラムを経由して「実体」化した「かたち」。設定→応答状況→かたち。

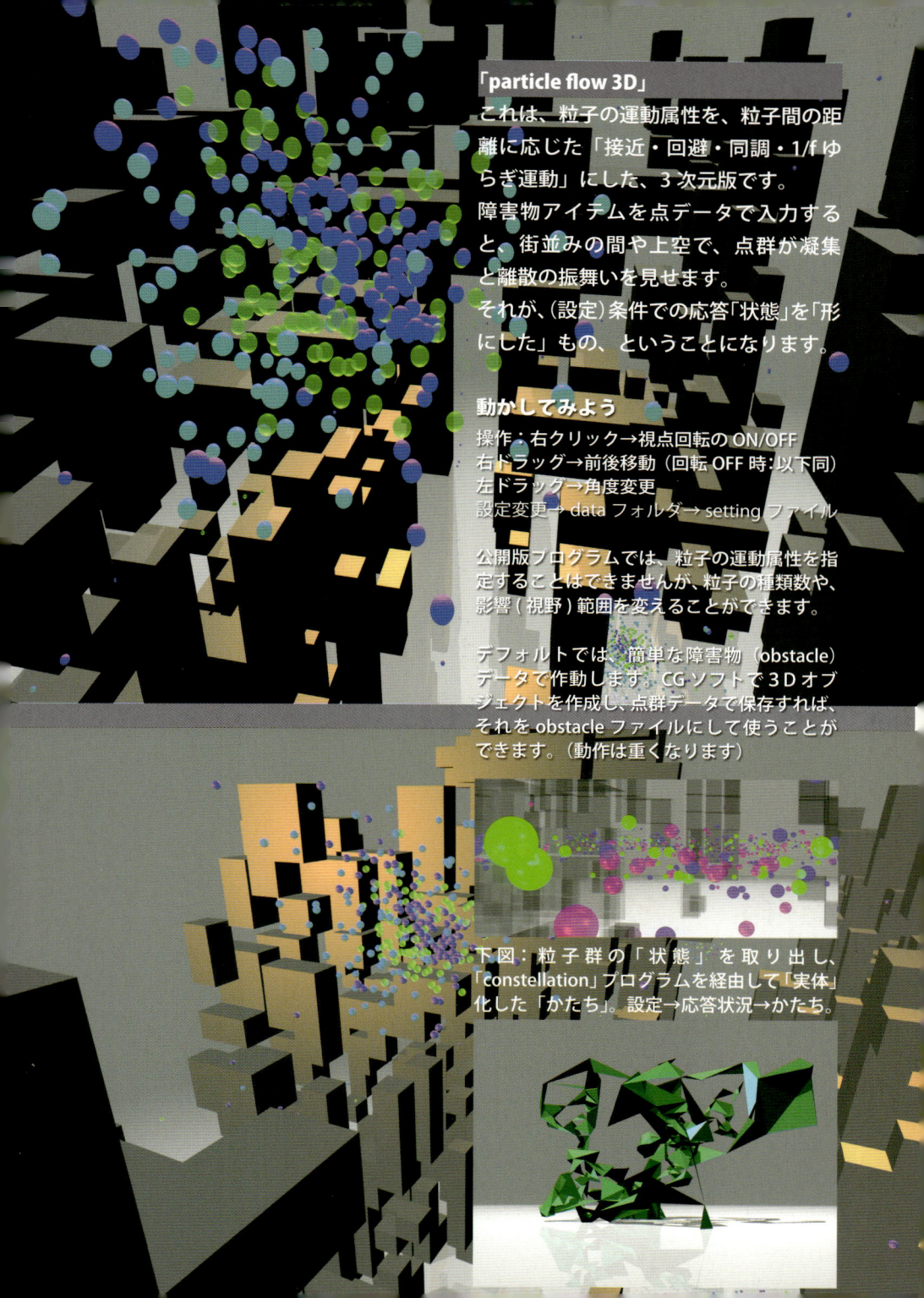

粒子の運動は「状態」ですが、前頁下の図のように、その状態から「実体」を生成することも可能です。設定を選ぶことで、条件を満たそうとして運動する「過程」から、条件を満たす「形態」が生まれる、可能性もあることでしょう。

「particle flow3D」のオリジナルプログラムでは、要素ごとのキャラクタや種類の設定が可能です。公開予定版（チューニング後）は、そのうちの一部の設定をsetting.txt で行います。
点の数が多くなると（PC能力によって）動きは遅くなります。

6-「Lissajous」
数式から生まれるかたち

スライダーデザイン

これは数式から3次元形状をつくるシンプルなプログラムです。

こうしたプログラムは、つまみを左右に動かしてかたちを変えるようなものなので、この本のUnit II -3では、「スライダーデザイン」と呼んでいます。

この本の前の項で動かしたtreeプログラムも、その例のひとつです。

このプログラムでは、そのスライダーすらなく、クリックのみ。クリックごとにランダムに、かたちが変わります。

リサジュー（あるいはリサージュ）図形は、「直行する軸上を行き来するふたつの点をxy座標として得られる点」の、軌跡です。

操作：クリックごとに設定が変わります。
設定変更→dataフォルダ→settingファイル→各項目指定→保存

このプログラムでは、幾何学形態の表面に沿って、小さな立方体が間を空けて連続することで、軌跡を描いています。気に入ったかたちが現れたら、DXFデータにしてCGソフトに持っていけば、設計作品化する、こともできるかもしれません。「気に入る」かどうかは、ひとによります。このように「スライダーデザイン」（の多く）では、（あるアルゴリズムにより生成された）多くの選択肢を提示しますが、それが何かの課題を「解決」している、わけではありません。

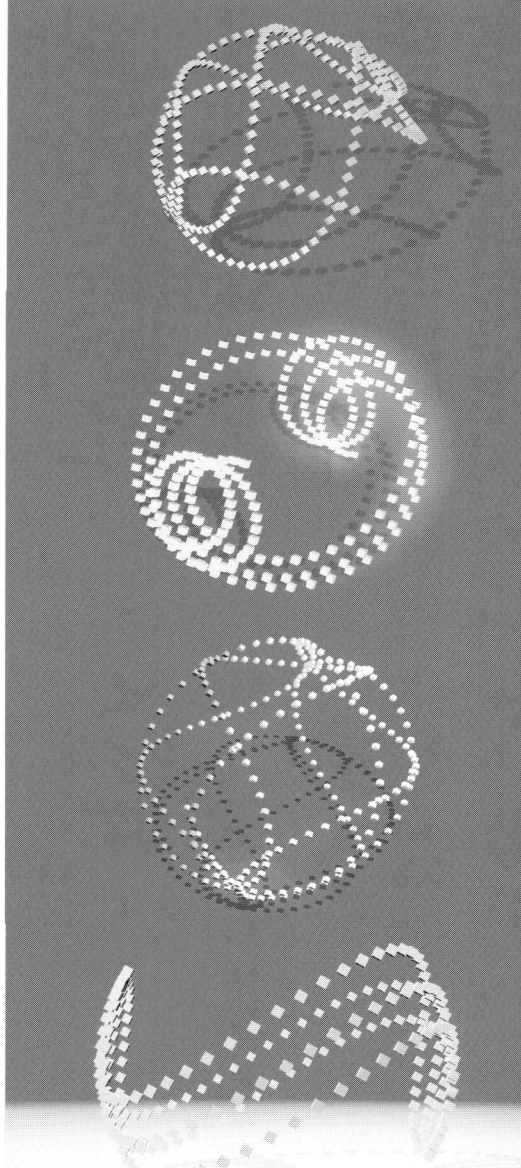

Unit I − 2 「誘導都市」 その1

ここからしばらくは、「誘導都市／INDUCTION DESIGN」の例を見てみます。

1-「太陽神の都市」
SUNGOD CITY シリーズ

「太陽神の都市」→「新・太陽神の都市」
シリーズ初号　1994年版

「太陽神の都市」は1994年に開発された、「誘導都市」シリーズ最初の（記念すべき？）プログラムです。（すべては、ここから・・・）

これは、集合住宅を対象に、どの住戸も太陽の光を指定した時間以上受けることを条件にして、住戸の立体配置設計を得ようとするものです。「敷地に指定条件をクリアするユニットを指定数配置する」、課題ですから、集合住宅に限らず、どんな建築にでも適用できます。日照を得るには、影を落とす相手と距離をとればいいわけです。だから間を空けてブロックを配置することになる。これがふつうの「隣棟間隔」方式です。しかし、その方法しかないのだろうか、という疑問から、このプロジェクトは始まりました。

光がつくる、集合の姿

たくさんのユニットを集めた、超立体を想定してみます。そしてそこに孔を開ける。そうするとその孔を通じて、孔の奥のユニットにも光が届く。孔からの光は少なくても、孔を増やせばやがてその合計は必要な時間に達するはず。これを繰り返して、孔だらけになった超立体の、残ったユニットの数が予定の数になっていれば、目的が果たせます。それが「太陽神の都市」(1994)でした。

図：「新・太陽神の都市」2012- 年 新版。
明るい部分が受光時間が多いユニットです。
CGソフトでの表示。

SAME SUN LIGHTS
SAME DENSITY

PAST　　POSSIBILITY

上左図：従来の「間を空ける」方法によるデザインと「太陽神の都市」の方法によるデザインの比較。どちらも同じ日照時間と住戸密度ですが、「かたち」は大きく違います。左側の空間は一律で、右側は多様です。
上右図：光が穿つ孔、コンセプトとその例。

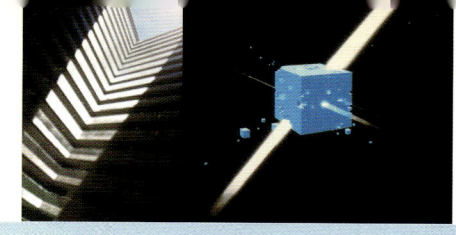

下図：自然発生した「ように見える」中世都市と「太陽神の都市1994」との合成。どちらも単純一律な配列原理は見えない、という点では共通しています。でもその迷路のような構成の「太陽神の都市」には、明快な原理があります。ということは、中世都市にも…

シリーズ後継　2012- 年 版

「新・太陽神の都市」はその 2012- 年新版です。間がずいぶん空きましたが、その分、この新版には、多くの新機能と、派生版があります。各ユニットの接続・接地条件を各種指定できることもそのひとつです。接続条件では、稜線と面の組み合わせも選択可能です。接地を解除するとユニットは空中に置かれますが、これは実際の設計で柱や吊材で支持された状態を想定しています。seed 版では初期配置を指定することもできます。

プログラムの前提

「新・太陽神の都市」プログラムの日照の計算には、前提条件があります。
たとえば受光時間は、ユニットの中心点に光が当たっている間、としています。受光「点」で計算しているので、これを面積×時間とすれば、より有効な値に近くなります。
さらにこれをエネルギー量とすると、受光角度も関わります。時間帯と季節、敷地の緯度が必要です。これらを組み入れて計算することで、受け取るエネルギーの総量が算定されます。
それを使って配置を解けば、目的により近い結果が得られるでしょう。もっといえば、都市部と郊外では大気汚染度が異なるでしょうし、その敷地の年間の晴天日の割合も関わってきます。
こうして、何を目的としてどのような建築を扱うのかにより、プログラムの前提条件も変わり、適したプログラムも変化します。

誘導→都市

そして、初期にどこにどんな高さのユニットを配置するかにより、生成される全体の姿は変わります。
「接地モード」では、新規ユニットは既存ユニットあるいは地表面に接地していることが条件なので、ユニットは最初に配置された周辺から増えていきます。しかし、日影上は北側を高くする方が配置上は有利なことが多いので、最初の配置とは別に、北面近くにもユニットが「自生」してくる傾向があります。
また、ユニットの集積が進むとその北側には新たなユニットは配置しにくくなり、希薄なエリアが生まれます。
そうした全体的な傾向の中で、やがて初期値の違いによる結果の相違が生じてきます。初期値がそのまま成長するわけではないのですが、かといって、初期の指定が無視されることもありません。つまり、「指示した通りにはならず、予測通りにもならないが、指示により結果をある程度動かせる」、（それってどういう？）ことになるのです。
これが、「誘導都市」の、「誘導」たる所以です。ここでは「誘導」という用語を、定めた目標に持っていく、という意味では使っていません。「電磁誘導」の誘導のように、直接の指示や強制はしないのに作用が生じる、という意味なのです。「概ね指示の方向」にありながら、条件をきちんと守った上で、「予想外」の挙動も含んだ結果を得ること。
そういう自由度を含んだ設計が、「誘導→都市」の目指す「方向」なのです。

「新・太陽神の都市 seed」
neo SUNGOD CITY seed
建築の、種を蒔く

「新・太陽神の都市 seed」は、seed と名前が付いているように、「種蒔き」、ができます。

種蒔、といっているのは、最初に好きな位置に好きな高さのユニットを配置しておく、ということです。苗植、といった方がいいかもしれません。その状態からプログラムはスタートします。

全体のユニット数と最大高さ、敷地のサイズとプロポーション、日照時間等の指定に加えて、ユニットを生成できない領域＝非配置領域の指定も可能です。これは、種を蒔いても草や樹々は育たない範囲、のようなものです。街路や広場、水面や保留地などと想定することもできます。

初期値の指定と、非配置領域の指定を通じて、それ以外は（所定の条件をクリアすれば）ランダムで生成されるかたちを、「ある程度（は）」思う方向に「誘導」することができるでしょう。

動かしてみよう

「種蒔」と、高さの初期値を指定します。

操作：画面内でクリック／ドラッグ
→緑色の矩形の表示＝種蒔位置＝その位置に指定高さのユニットが配置されます。
（矩形内の数値は、高さの初期値＝階数）
その矩形上で左クリック→階数増
Shift クリック→階数減→削除

画面の何もない領域で Shift クリック／ドラッグ
→青色の四角の表示→これは、ユニットを配置できない領域（＝非配置領域）です。「種」を蒔いても育たない場所、ということです。
再クリック→非配置領域の削除
ユニットと非配置領域を複数指定したら
→右クリックでスタート

実行中の画面の左上に小さなボタンがあります。それぞれクリックで ON/OFF です。
Site →視点回転の ON/OFF
Connection →ユニット配置で、既存ユニットとの接続を条件にするか、自由な浮遊を可とするかの、接続条件の選択
Pause →一時停止

画像とデータの保存は下記キーボード操作：
G → JPEG 画像、T → DXF、S →点座標 text
（保存先は data → capture フォルダ）
これは Unit I の各プログラム共通ですが、プログラムによっては実装していない項目もあります。このプログラムでは S は非実装です。

Connection の標準モード (edge モード) では、新規のユニットは既存のユニットに稜線で接していることが条件です。free モードでは、その条件がないので空中に浮遊するユニットも生じます。setting ファイルで他の接続モードを選択することもできます。
画面右上の数字は、配置できたユニットの数です。それが目標値に達するまでプログラムは試行を続けますが、いくら続けても目標が高すぎて辿りつけない、こともあります。

ユニットの色は受光時間の差を示します。白が最大、濃い緑が最小です。いずれも、設定した日照時間はクリアしていることになります。実行画面では、地表から浮上してくるバブルがはじけてユニットが生まれる、という表現になっています。

各設定：ユニット数（maximum number of units）・高さ上限（grid size Z）・日照時間（minimum daylight hours）・接続条件（connecting rule）等
→ data フォルダ→ setting ファイル
→各項目のパラメータ指定→保存

図：初期配置。白い矩形がユニット、黒は非配置領域。

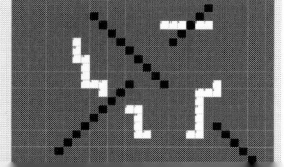

「種蒔」は手前一列

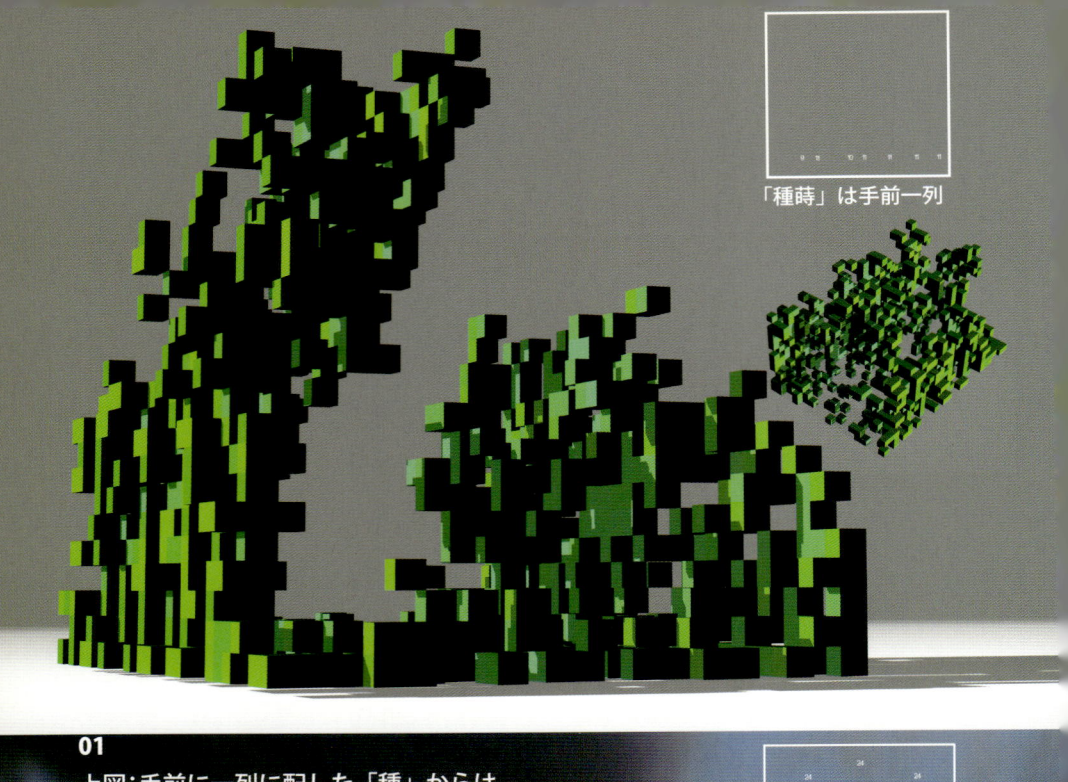

01
上図：手前に一列に配した「種」からは、左側のクラスタが成長して、オーバーハングしています。種を蒔いていない北側には、中層のクラスタが自然発生しています。

02
下図：円形に配置した場合。これは素直に円形にタワーが成長。

「種蒔」は円形

「種蒔」は横一列

03
上図：横一列に「種蒔＝苗植」の場合。

04
下図：2箇所に種を蒔いた場合。
手前側はあまり育たず、奥の方は
高く育ちました。
これらの例から、太陽の光という
同じ条件のもと、初期値をどう
指定するかにより、結果をある程度
「誘導」することができることが
分かります。
結果のかたちを直接デザインする、
のではなく、条件を指定することで、
緩やかにその方向に持っていく、
そうした新しい「柔軟な」デザイン
方法の可能性を示しているといえます。
次は、非配置領域も
指定してみます。

「種蒔」はクラスタ状に
2群

05

次は、中央に非配置領域（種が育たない場所）を設定したものです。
高さは10層、総ユニット数は1000戸に設定してあります。
右中段図はプログラムの初期段階です。指定した位置からユニットが成長していきます。
右下段図は、これ以上は進まなくなってきた定常状態のもの。最初に配置を指定した位置とは別に、北側に高さ限度一杯まで板状にユニットが集積しています。日影上は素直な結果です。

「種蒔」のプラン

プログラム開始時点

定常状態

上段図：「種蒔」のプラン
白い部分が「植えた」位置で、階数を数値で指定します。黒い部分は苗の育たない領域として指定した範囲。
中段・下段図：プログラム開始時点と、進行して定常状態になった時点の比較。
左図：プログラムの進行がほぼ止まった時点。

06

北側（図の上側）に板状に立ち上がるようにはしたくないとして、先に北側に三角形の非配置領域を置いて、プログラムの裏をかこうとしてみます。
右中段図は初期、右下段図はそれ以上変化のない定常状態になったもの。
プログラムの色分けは概ね受光量の違いを示していて、DXF出力では10段階のレイア分けになっています。
その受光量の多いユニットをCGソフトで明るく表示したものが下の図です。
（前頁の図共）

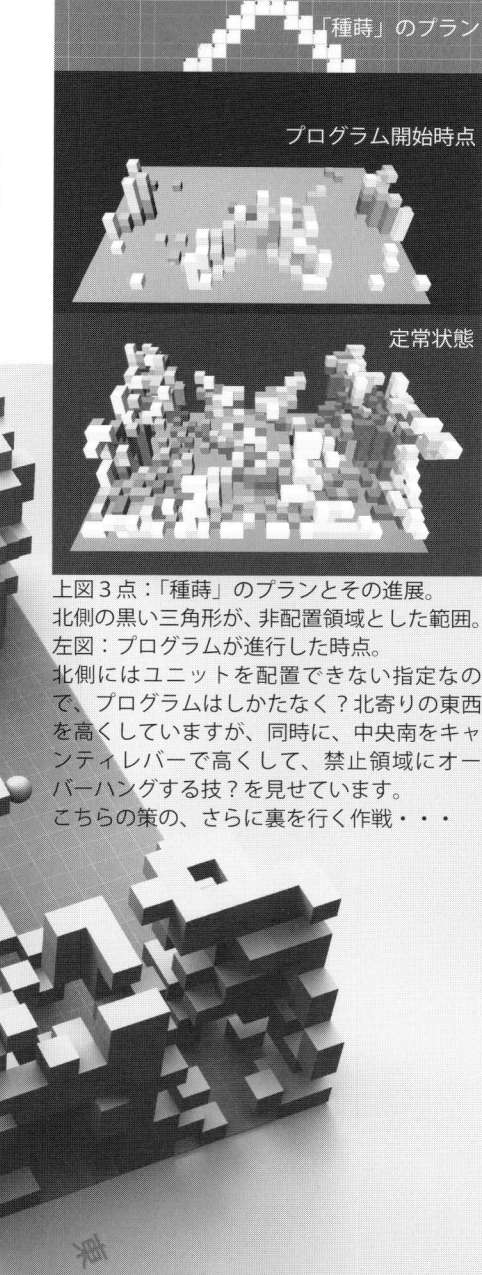

「種蒔」のプラン

プログラム開始時点

定常状態

上図3点：「種蒔」のプランとその進展。
北側の黒い三角形が、非配置領域とした範囲。
左図：プログラムが進行した時点。
北側にはユニットを配置できない指定なので、プログラムはしかたなく？北寄りの東西を高くしていますが、同時に、中央南をキャンティレバーで高くして、禁止領域にオーバーハングする技？を見せています。
こちらの策の、さらに裏を行く作戦・・・

「新・太陽神の都市 cloud」
neo SUNGOD CITY cloud

「新・太陽神の都市 seed」は、初期ユニットを手作業で配置していましたが、「- cloud」は、CG ソフト等で作成したオブジェクトから「新・太陽神の都市」を稼働させるプログラムです。

動かしてみよう

作成したオブジェクトの形態の表面（サーフェス）から、他のCGソフトで点群の座標値をテキスト形式で取り出して、「新・太陽神の都市」に入れます。点のUV方向の間隔は指定します。この例では、GHを使って点の間隔を制御しています。この点群は、もとのオブジェクトの表面の点で、内部の点は含んでいません。その点群からユニット生成し、日照条件に合うユニットを残す、ことになるので、もとの点群よりユニットの数は少なくなります。また、この例では、高さは上限でカットされています。

> 操作：サンプルの点群ファイルが入れてありますので、Run→右クリックで作動します。点群の座標数値を作成する場合は、「テキスト形式・カンマ区切り」、で縦に並べて、ファイルネームを cloud にします。{ }の有無はどちらも可です。下図の例の点群座標は
> {22.0, 18.8, 0.9}
> {22.0, 19.0, 2.0}
> {21.6, 19.3, 2.8}
> {20.9, 19.7, 3.1}
> {20.0, 20.1, 3.2}・・・以下、ずっと続きます。

表面だけではなくオブジェクトの内部にもユニットを生成するには、点群をサーフェスの内部に生成して、それを取り出す必要があります。

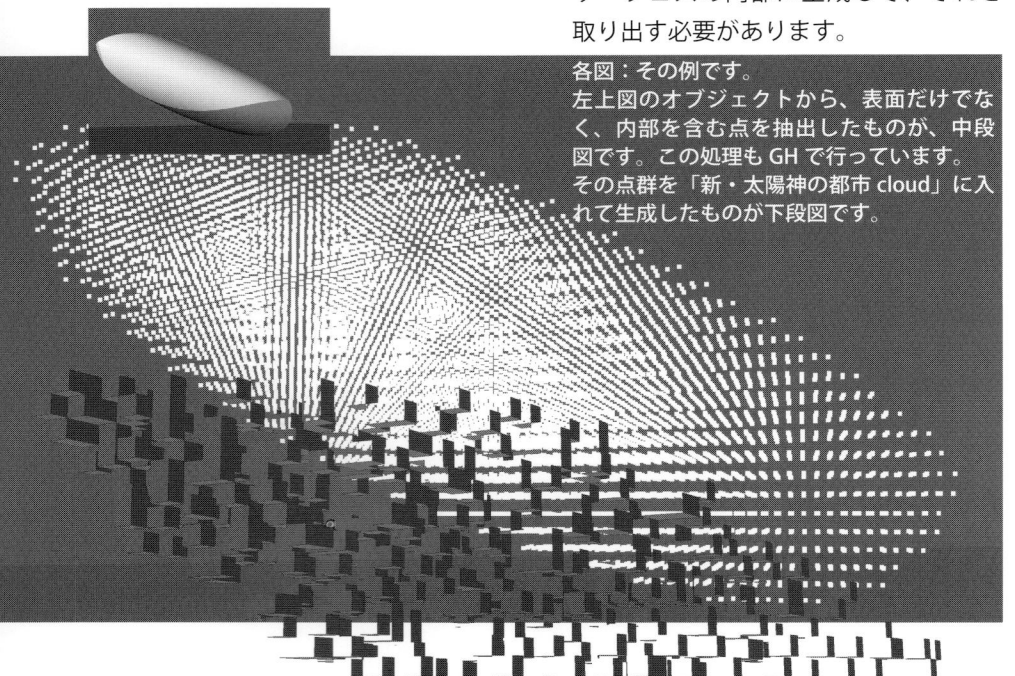

各図：その例です。
左上図のオブジェクトから、表面だけでなく、内部を含む点を抽出したものが、中段図です。この処理もGHで行っています。その点群を「新・太陽神の都市 cloud」に入れて生成したものが下段図です。

「反・太陽神の都市」
MOONGODDESS CITY　月の光の都市

「反・太陽神の都市」MOONGODDESS CITY は、「受ける日射量を最小（指定時間以下）にする」配置、を生成するプログラムです。

「新・太陽神の都市」とは反対の要求に応える配置形態を、生成することになります。（自らは光を発することなく、受ける太陽の光を反射する、月のように）

動かしてみよう

同じ条件を設定してスタートしたときに、「新・太陽神の都市」プログラムと、「反・太陽神の都市」では、どう違う結果になるのか、比較してみましょう。

操作は概ね、「新・太陽神の都市」と同様です。（インターフェースが少し違います）

「反・太陽神の都市」の動作画面で、白いユニットは、日照がまだ指定時間を越えているものです。プログラムは、それを減らそうと（努力）し続けます。

01

右上図の指定で、ふたつのプログラムを動かしてみます。

「新・太陽神の都市」は、やはり北側に板状に立ち上がるのが特徴的です。

それに対して、「反・太陽神の都市」は、低層に展開します。総ユニット数は、一見すると「新・太陽神の都市」の方が多いように見えますが、画面右上のカウンタ（誌面では読み取れませんが）を見ると、736 対 888 で、「反・太陽神の都市」の方が 20% ほど上回っています。

「反・太陽神の都市」では、他のユニットの影に入る方が有利ですから、間を空けずに低く配置される傾向にあります。「新・太陽神の都市」は、当然ながら影を避けるので、影を敷地内に落とさない北側にめいっぱい配置し、あとは影の重なる割合の少ない塔状に展開する方が、まずは有利です。ということは分かりますが、ではその方針によって手作業で案がつくれるかというと、選択肢が多すぎて、延々、試行錯誤を繰り返すことになります。やはり、プログラムの力、が発揮される領域でしょう。

下図：「種蒔」時のプラン。この同じ条件から発生させた「新・太陽神の都市」（中段図）と「反・太陽神の都市」（最下段図）

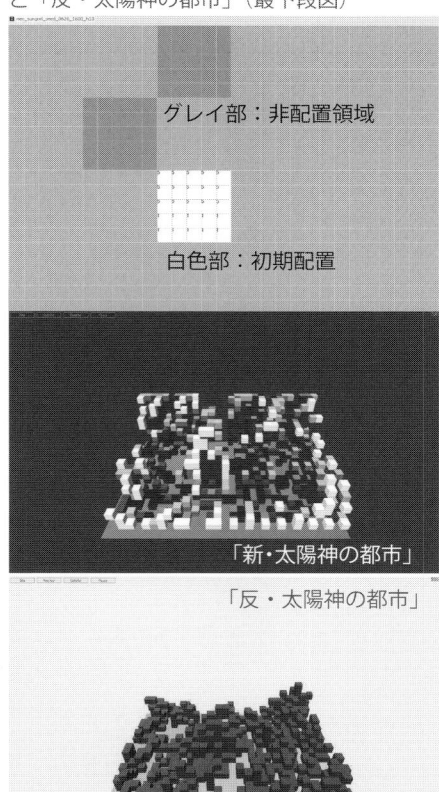

02

「新・太陽神の都市」はどうしても北側に板を立ち上げたいようです。先手を打って右図のように板状にユニットを「種蒔」してしまえば、その背後は影になるので、北側の立上りはなくなるでしょうか。同じ条件で「反・太陽神の都市」も生成して比較してみます。

これらは例ですが、みなさんがプログラムを動かす際には、自分の設定を考えてみてください。その設定＝情報が、ここでの「設計」といえるのです。

右上図：手前に板状に「種を蒔いた」プラン。その下の図2点は、同じ条件から発生させた「新・太陽神の都市」と「反・太陽神の都市」。

下図・次頁図：これとはまた異なる「種蒔」をした場合の実行結果。

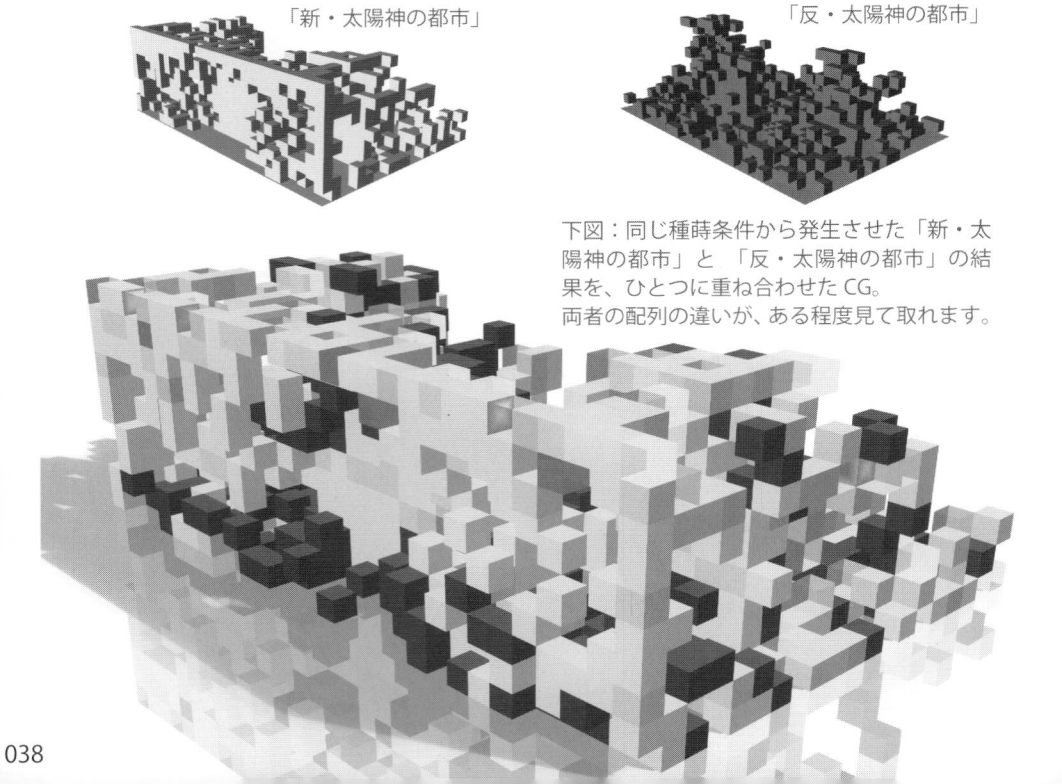

「種蒔」のプラン

「新・太陽神の都市」

「反・太陽神の都市」

「新・太陽神の都市」

「反・太陽神の都市」

下図：同じ種蒔条件から発生させた「新・太陽神の都市」と「反・太陽神の都市」の結果を、ひとつに重ね合わせたCG。
両者の配列の違いが、ある程度見て取れます。

太陽と月のペア：受け取る／反射する

日照というと、ヨーロッパでは重要ではない、オフィスに日当たりは要らない、超高層住宅の南面は暑い、ともいえます。しかし、これを太陽エネルギーと言い換えれば、世界のどこでも、どんな機能の建築にも、大事ですね。太陽の光＝エネルギーを、多く取り入れるか、反対に取り込まないようにするか、そのどちらも「条件」になります。そのためには、断熱ガラスやルーバーなどの二次的な方策以前に、「プラン」の段階で、必要なときにエネルギーを取り入れ、そうでないときには避けられるデザインが求められます。それを見つける方法のひとつが、「新・太陽神の都市」と「反・太陽神の都市」のペア、なのです。

「新・太陽神の都市 next」
neo SUNGOD CITY next

これ以外の「次期版」も、研究中です。いずれ公開できるかもしれません。
たとえば
「新・太陽神の都市 ref」
反射も使って太陽光を誘導するタイプ。
「新・太陽神の都市 ene」
受容エネルギー量を最大・最小・指定値、化するタイプ。最大値化の場合は、外装材やガラス面に、太陽光／熱発電の機能素材を使うことが想定されます。この場合は角度や方位も関係します。
「新・太陽神の都市 chro」
時間帯等を分けるタイプ。
等々、が検討されています。

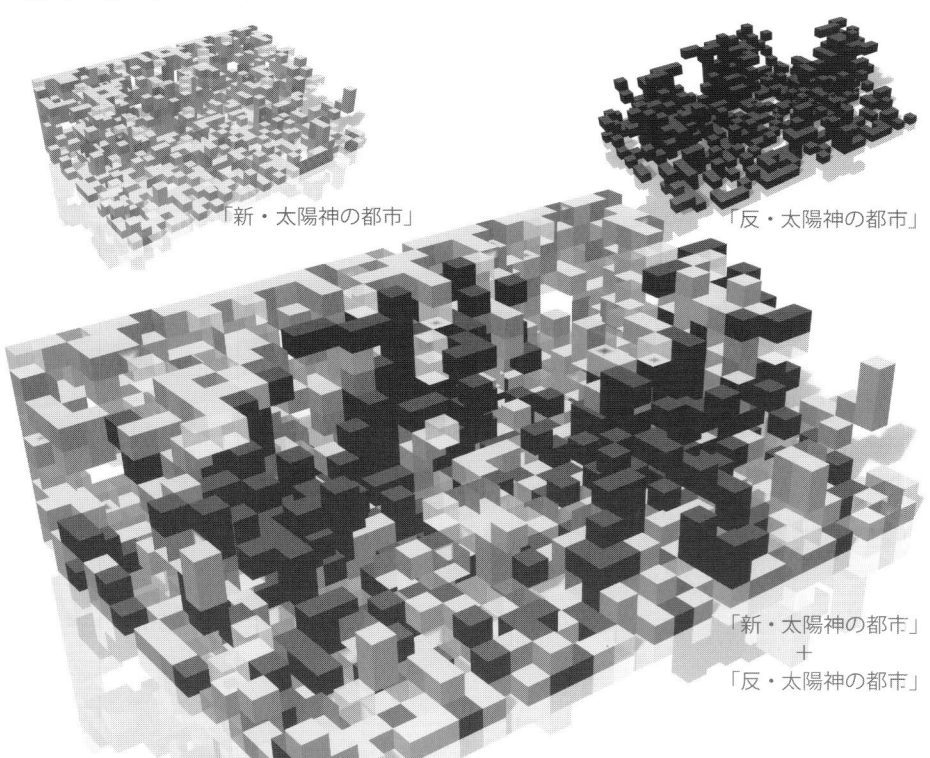

「新・太陽神の都市」

「反・太陽神の都市」

「新・太陽神の都市」
＋
「反・太陽神の都市」

039

2 -「視線の都市」
PRIVACITY シリーズ

「視線の都市」
PRIVACITY

「視線の都市」は、「見る・見られる」の関係を扱うプログラムです。
「太陽神の都市」が、太陽の光を評価の基軸に据えたのに対して、「視線の都市」は、視線の幾何学を基準にしています。光も視線も、まっすぐに進み、対象にぶつかった位置で計測する物理的な要素、という点は共通していますね。

見えない関係／視線の幾何学

大きく開放的なガラス窓は気持ちがいいものです。でも集合住宅では、ガラス窓から向こう側の住戸の中が見えることがあります。そのときは向こう側からもこちら側が見えていることになります。遠ければいいのですが距離が近いと互いに気になります。そうした問題をなるべく少なくするには、どこにどのように窓を配置すればいいのでしょう。どの窓とどの窓が干渉するかをチェックして、ダメならそれを消して別の位置に置く。そうするとまた別の窓と干渉するかもしれない。これを繰り返していては、永遠に設計はまとまりません。

そこでこれを（ひとに代わって）行うプログラムをつくりました。窓からの視線は上下左右に広がるので、その広がり角度を指定して視線の円錐を想定します。一定距離以上離れた相手には影響がないと見なして、その距離が円錐の高さになります。すべての窓が、この視線範囲の円錐を持ち、それが干渉しないように窓を配置していきます。指定戸数の窓が配置されれば終わり。多くの場合、可能な配置場所が底をついて、指定数まで届きませんが。

これで、互いに窓から相手の部屋が見えることがなくなるはずです。それでいて、窓から外が眺められて光も入る。ただ、それは指定した距離と角度の範囲ですから、望遠レンズで覗けば向こうの部屋の中も見えてしまうし、窓から首を出して横を見れば見えることになります。そうした距離や角度は設計者が判断して指定することになります。

見える、関係／こころの幾何学

その答えが妥当なものかどうか、その判断は設計者に委ねられます。プライバシーが高いことは必要だが、適度に視線は絡み合った方がコミュニティが生まれるのではないか、という設計者も居るかもしれません。

そうです、このプログラムはそうしたコンセプトに応えることもできるでしょう。視線の届く距離を短く設定し、視野の立体角を狭くすれば、正面からは見えないが横から少し見える、ようにすることができます。見える、見えない、はどちらかの択一ではなく、段階的な設定もできます。見えて、見えない？
同じプログラムを使っても、どのような考え方でどんなデザインをするのか、それは設計者次第なのです。

「逆・視線の都市」
PanOptic CITY

「視線の都市」は、プライバシーを保って集住するかたちを見つけることを目的としています。しかしその逆も可能です。プライバシーの「ない」集合のかたちを見つけること。どこか1点から、すべてのユニットを監視できるように配置すること。

この配置の建築には、ひとつの名前が付いています。パノプティコン Panopticon。イギリスの哲学者ベンサムが18世紀末に提示した理想的な？刑務所のデザインです。実際にこの形式の刑務所は世界各地につくられました。さらに、互いにみんな見える、プログラムにするとどうなるでしょう。高齢者施設等では、相互に眼に触れる配置が、むしろ設計条件となるかもしれません。

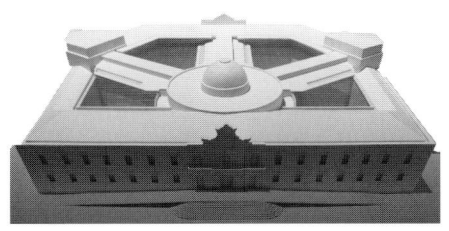

上図：スペインの港湾都市 VIGO にある、パノプティコン型刑務所の模型です。
現在は、美術館 MARCO. Vigo Museum of Contemporary Art として使われています。筆者はここで 2005 年に美術展の作品 (FIBER WAVE-II) 展示と会場構成を行っています。
下図：その放射中心からの視野です。この位置からは監獄と中庭が交互に一望できたはずですが、現在は一部が壁で閉じられています。展覧会の会場構成では、その壁に、「あり得るはずの本来の視界」を投影しました。

「新・太陽神の都市」＋「視線の都市」
PRIVA-SUNGOD CITY

では「新・太陽神の都市」と「視線の都市」を連動させたらどうなるでしょう。

もともと、「誘導都市」のプログラムは、ユニット方式でつくられています。

各ユニットプログラムは、都市・建築の、あるひとつの設計条件を解くように特化されています。ひとつの仕事に専念するようにつくられているのです。

その複数のユニットプログラムが連動して、総合的な都市・建築が生成されることを目指しています。

ユニットは、時に応じ目的に従い、選択し組み合わせられます。何に重点を置くかという設計者の意図によって、同じユニットプログラム群を使っても組み合わせが変わり、異なった解答を導くことを期待しています。

ここでも、ふたつのユニットを組み合わせて、連動して働くようにしてみました。といっても同時にふたつのプログラムが動いては答えが出ないので、まず「新・太陽神の都市」が作動し、その結果得られた配置形態の上で、「視線の都市」が働きます。

（「新・太陽神の都市」の設定は、デフォルトモードのみになっています）

「視線の都市　試行版」
PRIVACITY concept

視線の都市、のしくみを単純化した、説明用のプログラムです。

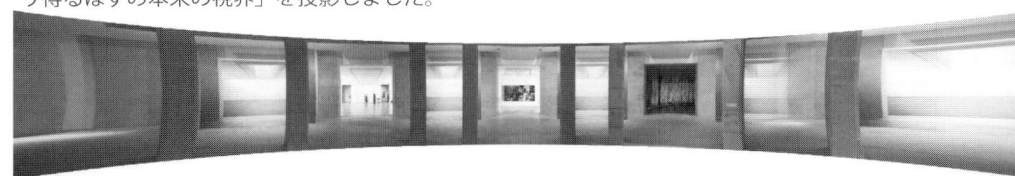

「視線の都市」

動かしてみよう

「視線の都市」を動かしてみましょう。
各種の前提条件の指定はdataフォルダ内で設定できますが、まずはデフォルトモードで動かしてみましょう。
操作は、「ユニットの初期配置」と「ユニットを配置できない領域（非配置領域）の指定」の、ふたつだけです。「ユニットの初期配置」では、高さも指定します。非配置領域はユニットが生成されない場所です。広場や街路と想定することもできますし、この操作で全体の形状をある程度「誘導」することもできます。ただし、思った通りそのもの、にはなりません。思い通りのかたちをつくる、のであれば、プログラムを使わなくても、直接CG化すればそれで済みます。

ユニットの黄色で示される辺は、主開口面（窓に相当）の位置で、1ユニットに1面あります。その位置はクリックで消去し再クリックすると変わります。新しいユニットを置こうとしても、そこにはユニットが置けないことが頻発します。マウスを叩かないようにしましょう。その場所は、すでに配置したユニットとの視野条件上、他のユニットはもう置けない場所、ということなのです。ただ、クリックを繰り返すと、置ける場合があります。主開口面の位置はクリックごとに変わるため、たまたま配置可能な向きになった場合です。
数回クリックしてダメな場合はあきらめて、他の場所でクリックしましょう。

操作：クリック→ユニット配置（青色）
→再クリック→削除→再・再クリック
→同じ位置に、開口面の位置を変えて再配置
配置がよければ、右クリックで開始です。

Vキー →「視線」表示のON/OFF
各ユニットの黄色の面（主開口面＝窓のある面）から伸びる黄色の線は、視線の方向と、その到達距離を示します。
左クリック→視点回転のON/OFF
画面右上の数値：現在配置できたユニット数

設定変更：dataフォルダ→settingファイル
→各項目のパラメータ指定→保存

画像とデータの保存は下記キーボード操作：
G → JPEG画像、T → DXF、S →点座標text
（保存先は data → capture フォルダ）
これは Unit I の各プログラム共通ですが
プログラムによっては実装していない項目もあります。（G → JPEG は、どれも実装）

01

下図上段：白色部（実行画面では青）は配置したユニット、黒色部（実行画面では紫）は非配置領域。
下段図：その実行結果です。明るい面（実行画面では黄色）が配置可能とされた主開口面。

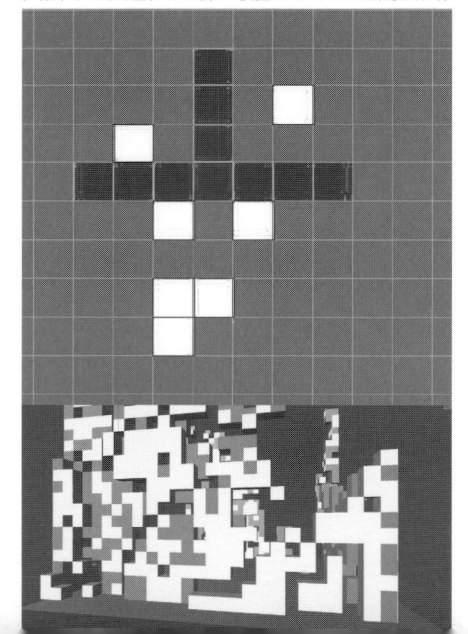

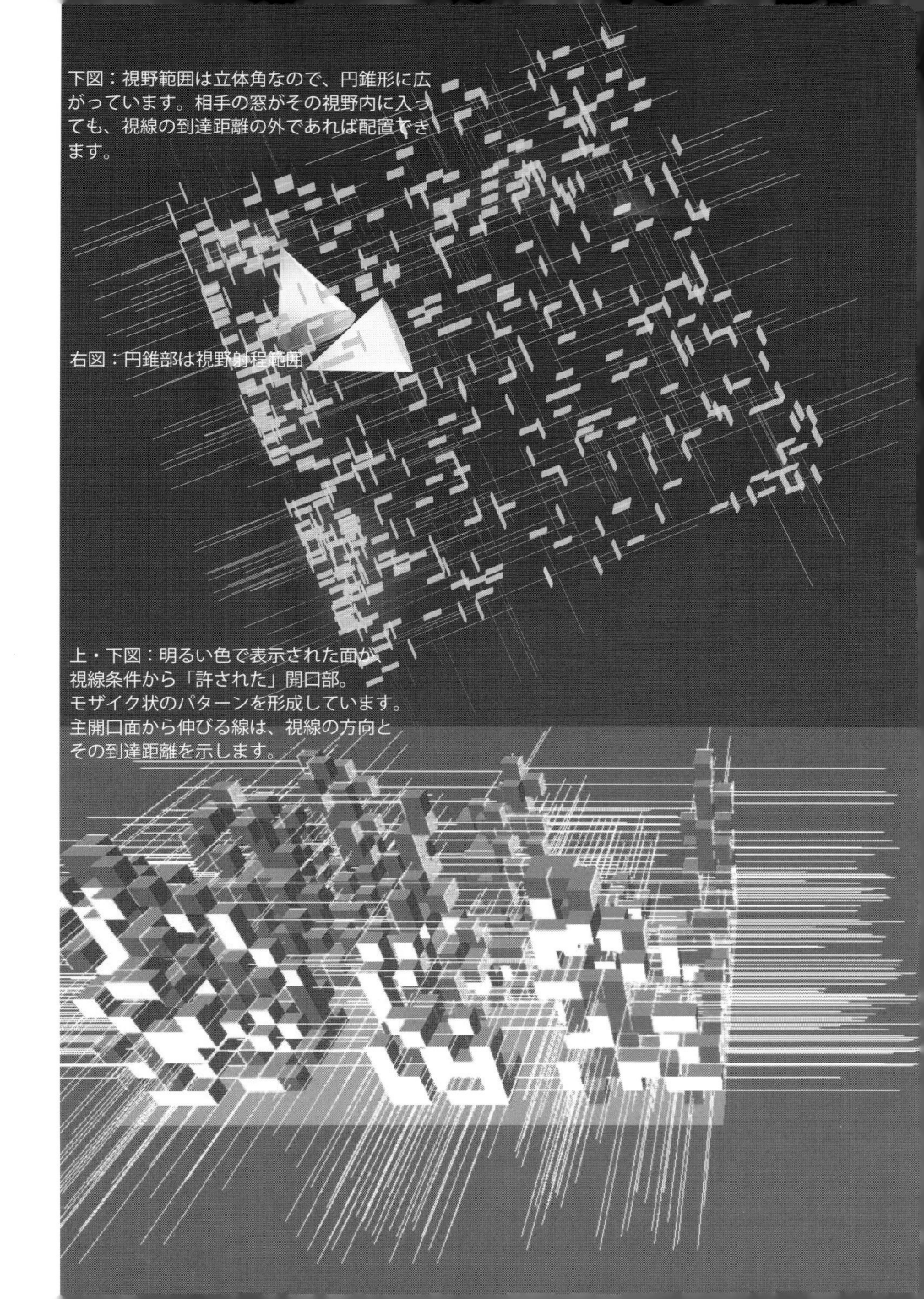

下図：視野範囲は立体角なので、円錐形に広がっています。相手の窓がその視野内に入っても、視線の到達距離の外であれば配置できます。

右図：円錐部は視野射程範囲

上・下図：明るい色で表示された面が視線条件から「許された」開口部。モザイク状のパターンを形成しています。主開口面から伸びる線は、視線の方向とその到達距離を示します。

02

クランク状に非配置領域を指定した例。概ね想定通りの結果になっています。意外な結果になる方がおもしろい場合もありますが。

この例に限らず、敷地のサイズ・最高高さ・希望ユニット総数・視線の視野角度、を任意に指定する場合は、settingファイルの数値を指定します。

操作：設定変更：dataフォルダ→settingファイル→各項目のパラメータ指定→保存

右上段図：配置の指示。白色部が初期値のユニット、クランク状のグレイ部が非配置領域。
右中段図：生成初期段階
右下段図：ほぼ完了段階
下図：配置結果を、非配置領域と重ねてCGソフトで表示したもの。

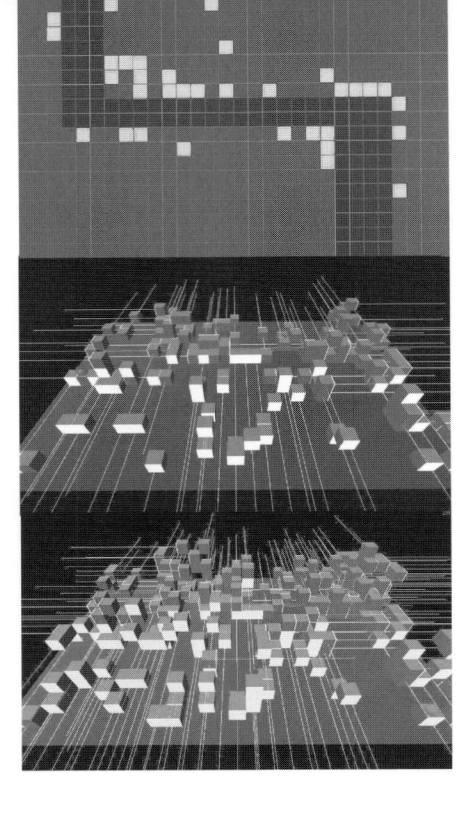

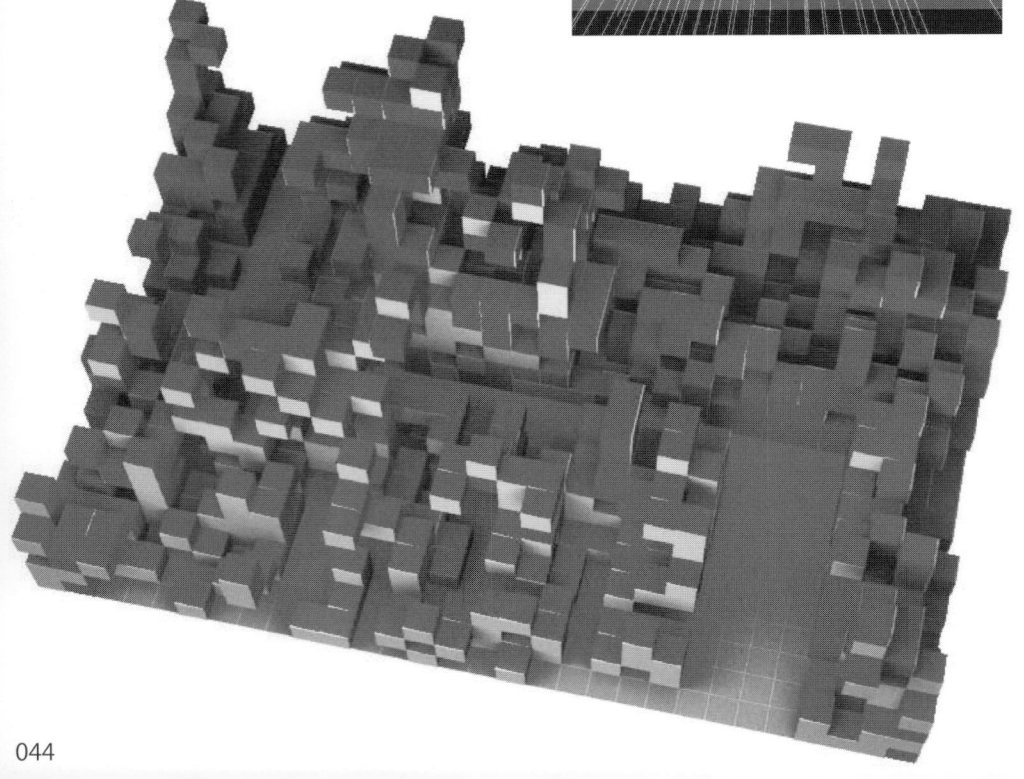

03

中央に非配置領域を指定した例。このように、配置の指示が左右ほぼ対称でも、多くの場合、結果は対称にはなりません。なぜでしょう。

このプログラムは、ユニットをひとつ置くごとにその可否を算定していきます。そのひとつをどこに置くかはランダムです。そのランダム性と、視線条件の規則性を重ねた結果が、プログラムの解答になります。条件の規則性を経由した後でも、初期のランダム性の一部は残存します。それが、結果の非対称性を生んでいると思われます。

右上段図：初期配置
右中段図：生成初期段階
右下段図：ほぼ完了段階
下図：CGソフトによる表示

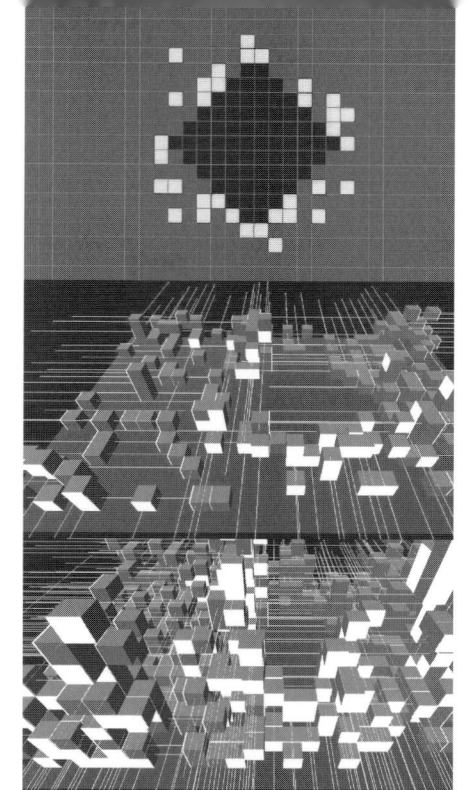

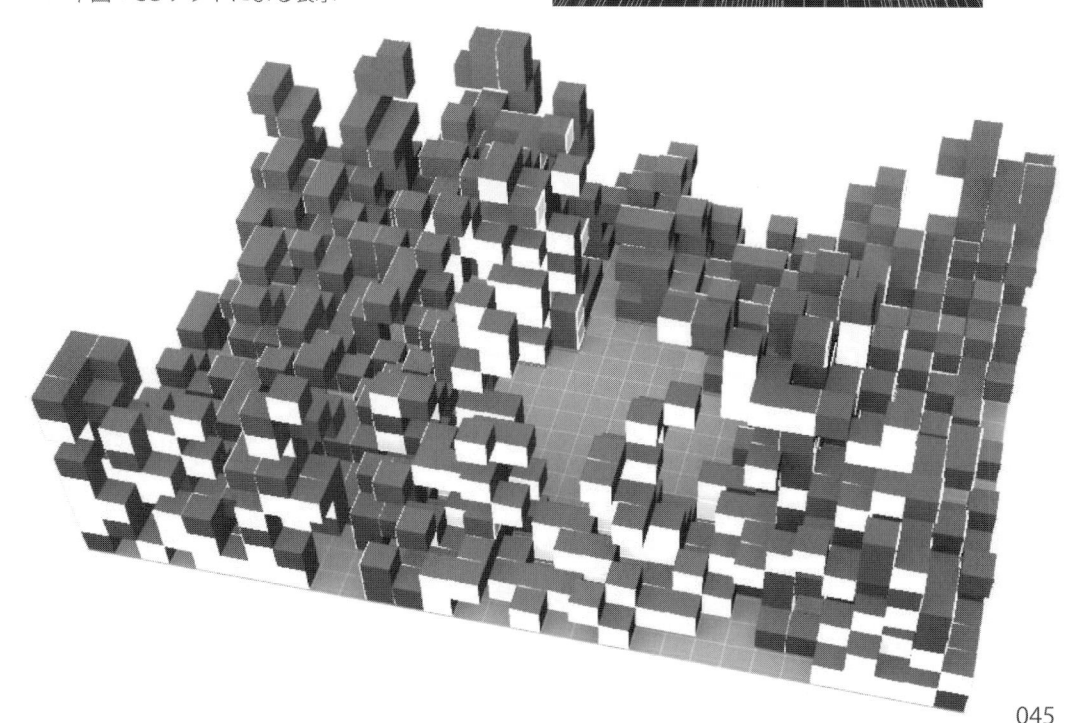

04

ジグザグ状に非配置領域を設定した例。それに面して、初期値のユニットをいくつか配置しています。
生成された配置では、指定した非配置領域の他にも、ユニットが配置されないエリアが中庭状に生じています。

右上段図：初期配置
右中段図：生成初期段階
右下段図：ほぼ完了段階
下図：CG ソフトによる表示

次頁図：
上段図：非配置領域からの視界の、CG ソフトによる表示。
下段図：そこから、「許された」主開口面だけを抜き出して示したもの。
これらの窓からは、（設定条件の範囲では）、プライバシーを守りながら、空や街を眺めることができる、ということになります。

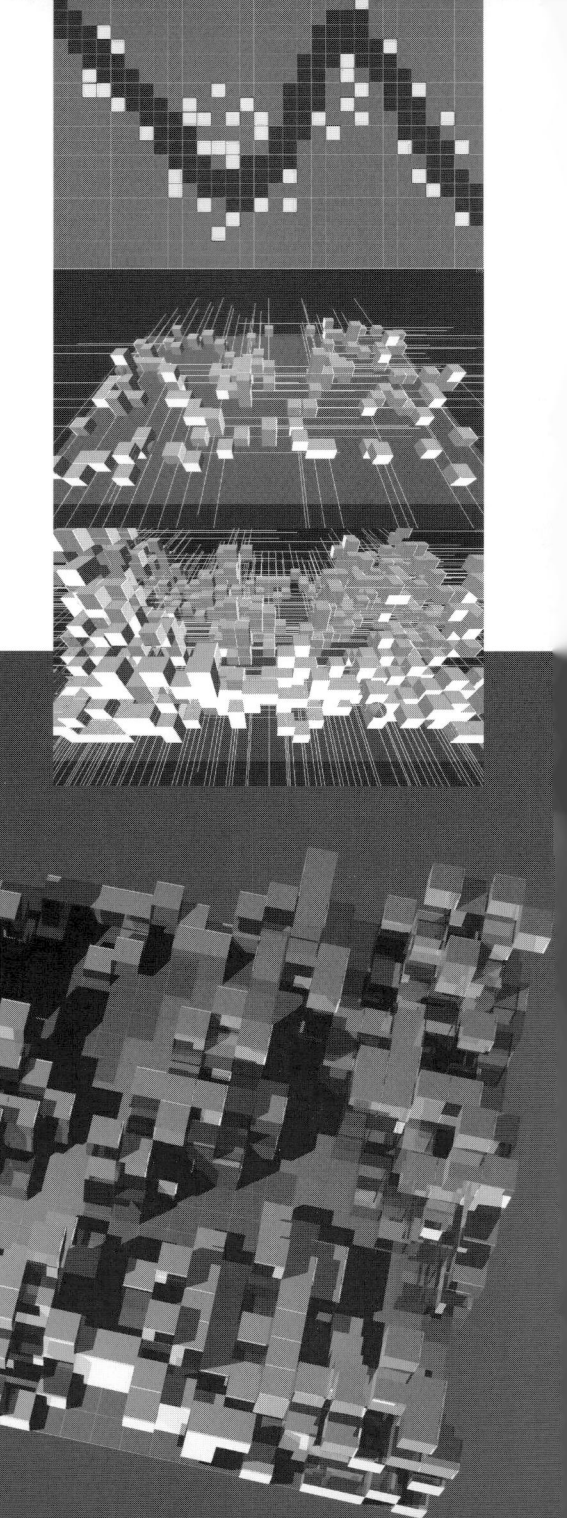

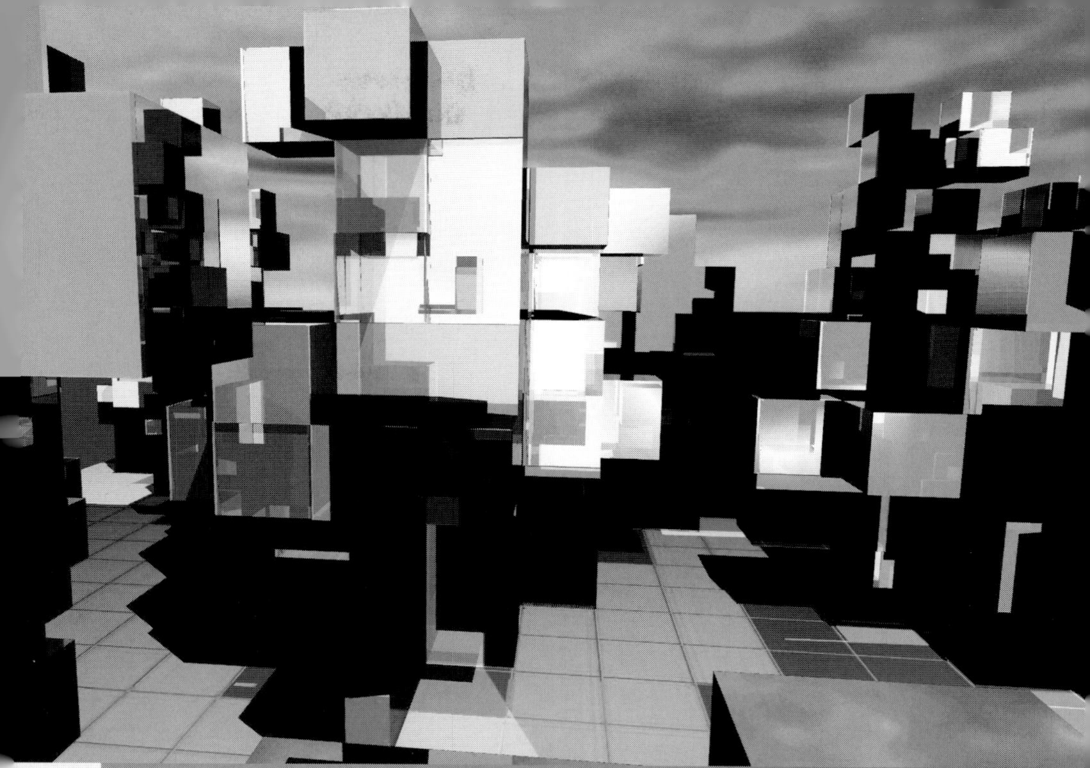
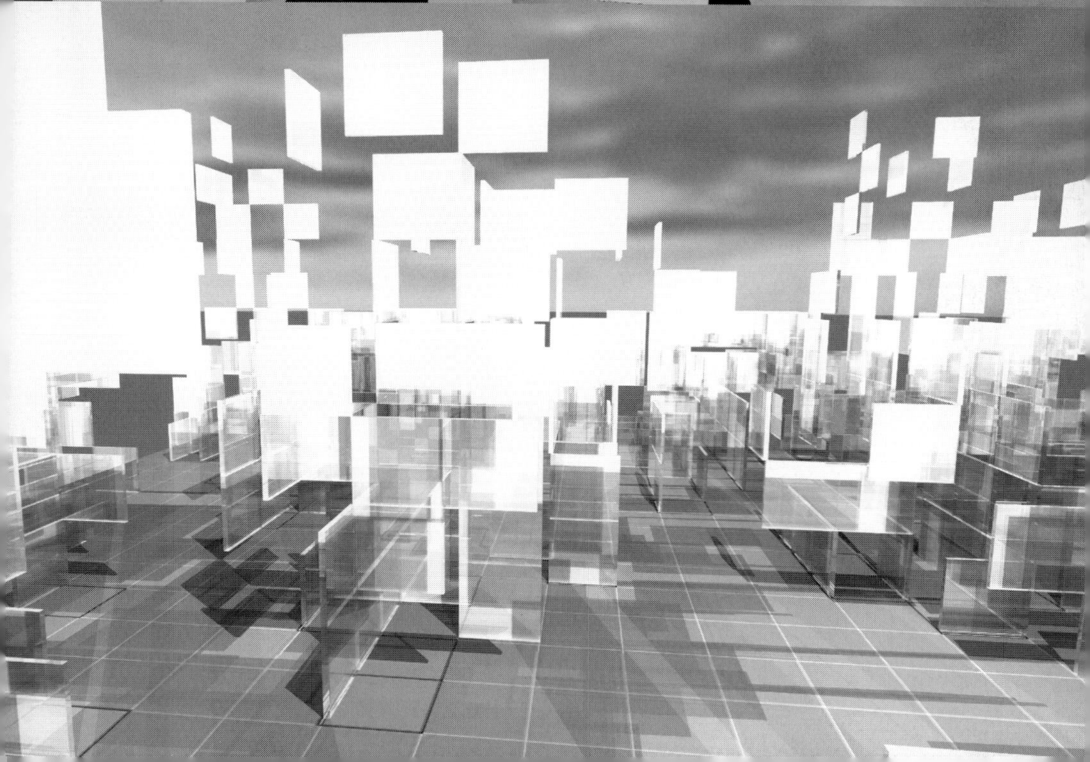

「新・太陽神の都市」＋「視線の都市」
動かしてみよう

次に、「新・太陽神の都市」＋「視線の都市」＝「PRIVA-SUNGOD CITY」を動かします。このプログラムでは種蒔等の操作はできませんが、試行の度に、結果のかたちは変わります。

スタートするとまず「新・太陽神の都市」プログラムが作動します。
しばらくしてユニットが所定数に達すると、視線の都市プログラムに切り替わり、（視線の設定条件上で）可能な開口面を選択していきます。
黄色の面があちこちに増えていきます。これが「可能な開口面＝窓」です。
ユニット数が所定の数に達しないと、いつまでも切り替わることができずに「新・太陽神の都市」を虚しく続けています。そういうときは、いちど停止して、やり直してみてください。

操作：クリック→作動→画面左上のコマンドをクリック→視点の静止／回転、一時停止、等
画面右上の数字：設定ユニット数／設定した視線条件を満たす（＝配置できた）ユニット数

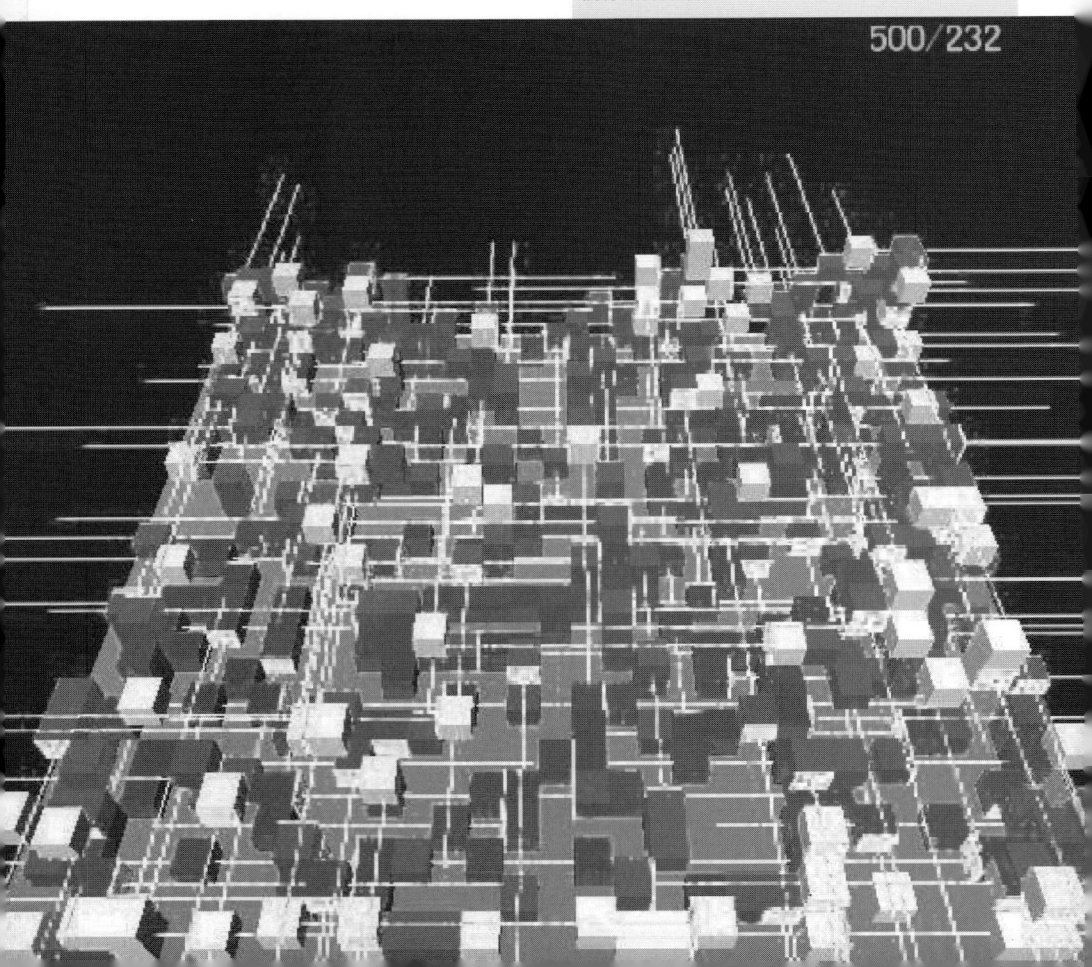

500/232

ふたつのプログラムを連携させた「新・太陽神の都市＋視線の都市」プログラムの試行例。まず「新・太陽神の都市」でユニットの配列が生成され、そこに、「視線の都市」で可能な主開口面＝窓面が示されます。

前頁図：プログラムの実行画面
上図：DXF出力の、CGソフトによる表示。
下図：その状態から、視線条件上で可能な主開口面だけを、表示させたものです。

Unit 1 – 3
プログラムの
つくりかた

1- プログラムって何

プログラムとは、指示書である

プログラムとは、一連の手順を記したものです。その手順通りにコンピュータは作業をして結果を示します。

ワードプロセッサで文を書いても表計算ソフトで集計しても、指示を与えると一連の処理をアプリケーションソフトが行います。これは、指示に従って行う手順があらかじめ用意してあることで、可能になっています。この、あらかじめ用意してある手順、はソフトを使う上では表に現れません。意識することもありません。それがプログラムです。CGソフトやCADでも同様で、コマンドを選んでサイズや位置を指定すれば図形が描かれますが、これも図形を描く手順がプログラムされているからです。

ではそれで十分ではないか、と思われるかもしれませんね。でもこうしたアプリケーションでは、その、用意された仕事しかできません。いくつかのコマンド処理を組み合わせてマクロとして登録することはできますが、そもそも用意されていない仕事は、どうやってもできないのです。

思うような仕事をさせようとすると、その手順を自分でつくる必要があります。これがプログラムを「書く」ということです。

書くのは一種の文章です。文とはいっても、この本の文のようなふつうの日本語では書けません。こうした「自然言語」は、まだいまのコンピュータには理解できないからです。英語でも同様にダメです。コンピュータ用には「プログラム言語」がいくつも用意されています。もう少し正確にいうと、それらのプログラム言語は、そのままではまだコンピュータには理解できません。さらにコンピュータ専用の言語（機械語）に翻訳する処理が必要です。この翻訳は自動的に行われます。機械語をひとが直接理解し、それを書くのは、まず無理なのです。

名称	ひとが理解	コンピュータが理解
自然言語（日本語、英語、等）	○	×
プログラム言語（C++、JAVA 等）	△（学習要）	△（翻訳要）
機械語（コンパイラ等により自動的に翻訳）	×	○

自然言語でも、ネイティブでない外国語はやはり学習が必要で、その点ではプログラム言語も同じです。ならば、プログラム言語に習熟すれば、自然言語のように「自然に」操れるのかどうか。練達したプログラマに聞くと、自然言語と同等まではいかなくても、かなりのところ、プログラムをそのまま頭の中で扱うことができるようです。ということは、こどものころから使っていれば、プログラムで自然言語のように思考できる、ことになるのかもしれませんね。

じぶんでつくるソフト

こうしたプログラム言語を使ってプログラムを書けば、いろいろな仕事をコンピュータにさせることができます。だだ、プログラム言語を習得しなくてはならないので、そのぶん時間と努力が必要です。さてどうしましょう。

そこに、決まったことしかできないアプリケーションと、いちから書くプログラム言語との中間の、ほどよくパッケージ化されたソフト、半プログラムのようなものがあります。そのひとつが、冒頭で使ったProcessingです。
（正確にいえば、Processingはプログラム言語ではなく、Javaというプログラム言語を使った「開発環境」、ということになります）

また、市販のパッケージソフトによっては、部分的なプログラムを自分で書いて本体と組み合わせて使うことができるタイプもあります。こうすることを「スクリプトを書く」といいます。さらに、そのスクリプトをメニュー化して、パッケージにしたようなタイプもあります。Grasshopperはそのひとつといえるでしょう。

そういうプログラムは、C言語のように最初から書く場合に比べれば楽に、CGソフトだけではできない仕事をさせることができます。
もちろん、C言語などに比べればできることには限界があります。でもその限界を知って使えば、効果的なソフト

です。さらに今後、HTML5やJavascript等の進展で、ウエブ上でプログラムを組むことも、容易になることでしょう。またゲーム分野では、簡単な指示で登場人物の複雑な動きなどを可能にする、ゲームエンジンと呼ばれる種類のソフトもあります。「誘導都市」も「デザインエンジン」でもあるのかも、しれません。

みんなでつくっていくソフト

Processingのようなフリーソフトは、マニュアルが付いてくるわけでもなく、誰かが自主的に解説を書いたり、フォーラムと呼ばれるサイトに作品や質疑が集まったりするのがふつうです。
やりたいひとが何かをして、聞きたいひとが聞き、答えたいひとが答える、というwiki的な動きですね。
投稿された作品にはダウンロードして実行できるものも多くあります。行って探検してみましょう。
チュートリアルや、使い方を示す動画も、サイト上にいくつもあります。
この本のレッスンを終えたあとは、そうしたサイトを使って、自分で進めることができます。そしてもし、もっとさらに進みたい、と思えたら、プログラム言語のC++を学習してみましょう。これもチュートリアルは多々あります。

次の頁からは、そうしたプログラムのうち、ProcessingとGrasshopperを使ってみましょう。今度は、用意されたプログラムを動かすだけでなく、プログラムを少し「書いて」みます。

2- Processing を使おう

Processing とは

Processing は、この本の最初の「かんたんプログラム」でも使っているプログラム言語です。

Processing は、Ben Fry (MIT Media Lab) と Casey Reas (UCLA Design Media Arts) によって Java と呼ばれる汎用プログラム言語をベースに開発されたものです。市販ソフトとは（OS は除いて）関係はしない、独立したフリーソフトで、誰でも使用できます。

Processing は「文字」で記述していきますが、その文はシンプルで分かりやすくできています。そしてプログラムの内容を画面にグラフィカルに表示する処理が強力です。

C 言語等でプログラムを書くと、その結果を視覚的に表示するのは結構な手間です。その点、Processing は表示の処理を（あらかじめ用意されたパッケージプログラムが）引き受けてくれるため、きれいなグラフィックがすぐ得られます。そこがこのソフトの強みです。

もともとグラフィック分野で使われだしたようですが、海外では建築領域でもかなり使われています。C 言語で書いたプログラムの移植も可能で、「新・太陽神の都市」シリーズ等は、そうして C++ から Processing に移植しています。

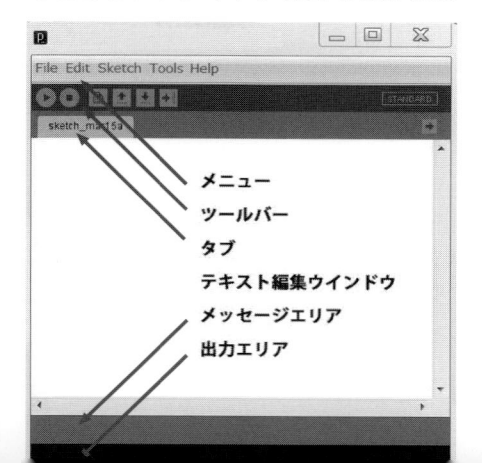

とりあえず、遊んでみよう

検索に Processing と入れて、そのサイトからプログラムをダウンロードして開きます。Processing には、サンプルのプログラムがいろいろ入っています（この本のオリジナルプログラムとは別のものです）。最初は、それらを適当に自分で動かして遊んでみましょう。マウス操作に従ってリアルタイムで変化するものも多いので、楽しいと思います。左下図は Processing を開いたときの最初の画面です。メニューバーの File から Examples をクリックすると、サンプルのメニューが項目別に並んでいます。そうですね、Simulate → SoftBody とか。適当に選んで、動かしてみましょう。

操作：メニューバー→ File → Examples
→各項目からプログラム選択
→別ウィンドウが開く→ ▷印＝ Run をクリック

では、プログラムを書いてみよう

しばらく遊んだら、こんどは自分でプログラムを書いてみましょう。
画面のテキスト編集ウィンドウにカーソルを置いて、以下のテキストを書きます。頭に // のある行は説明文なので書かなくてもプログラムは動きます。（/* と */ で挟まれた複数の行も同様です）下の出力エリアに、もし赤い文字が出たときは、どこかに間違いがあります。

Lesson-1　図形を描く

//**Lesson-1**：このプログラムに付けた名

size(200,100); // 画面全体の表示サイズ
// （横 200 x 縦 100 ピクセル）

stroke(255,0,0); // 線の色指定
// （カッコ内は RGB での指定数値）
ellipse(50,50,100,50); // 楕円を描く指示
// （中心 x 座標、中心 y、横径、縦径）

stroke(0,255,0);
ellipse(100,50,100,50);

stroke(0,0,255);
ellipse(150,50,100,50);

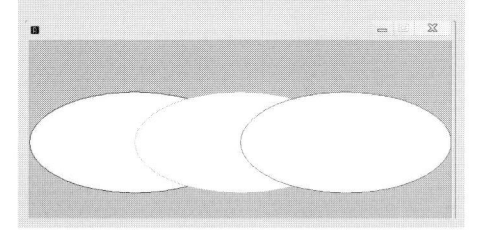

テキストを書いたら、ツールバー左端の▷ボタン＝ Run をクリックします。
すると表示ウィンドウが開いて、上図のように赤緑青の楕円が 3 個描かれています。この図は、いま書いたテキスト＝プログラムに従って描かれたものです。
テキストのいちばん上には　//Lesson-1 とあります。頭に // が付く行は、コメント文と呼ばれます。これはプログラム本文とは関わらないので、何を書いてもかまいません。和文も可です。改行するとプログラム本文とみなされるので、また頭に // を付けるか、あるいは複数行に渡る全体を */ と /* で囲みます。

その下のテキストが、プログラムの本体で、ステートメントと呼ばれます。
ステートメントは、「命令（＝関数と呼ばれます）とパラメータと ;（セミコロン）」という形式で記されます。セミコロンを含めて、ひとつの文だと解釈されます。
命令は、「ほぼ英語」だと思っていいでしょう。英文半角モードで記述します。
; を付け忘れるとエラーになります。

テキスト内の、size は画面全体の大きさ (ピクセル数)、stroke は色指定、ellipse は楕円を描く、という指示です。
stroke と ellipse が一組で、ひとつの楕円を指定色で描く指示になります。
size(200,100) の 100 を、200 にしてみましょう。すると画面全体の縦寸法が 2 倍になります。
ellipse(50,50,100,50) ; の 最 後 の 50 を 200 にすると、左の楕円が縦長（高さ 200）になります。
ellipse 以外にも、ふつうの CG のコマンドのように、基本的な図形を描く指示が用意されています。たとえば ellipse を rect に変えると、四角形が描かれます。

原点 (0,0) はウィンドウの左上角です。
X は右方向に増加ですが、Y は下方向が増加なので注意しましょう。

この、プログラム全体を、Processing では「スケッチ Sketch」と呼びます。

053

Lesson-2　色を塗る

次も同様に、下のテキストを編集ウィンドウに入れて、ツールバーの▷印をクリックします。

backgroundで画面の背景色を指定し、fillで図形の内側に色を付けています。
fillは図形の中に指定色を塗ります。
fillを使わない場合は白色になるので、Lesson-1では楕円の内部は白色でした。

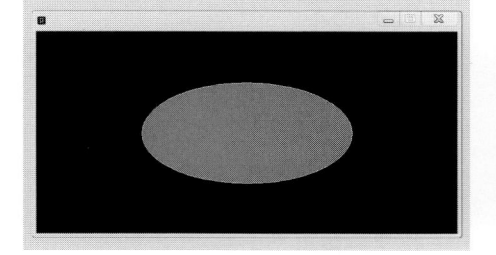

Lesson-2a　線画を描く

塗りつぶしをしない場合には、noFillを使います。

noFillと記すと、図形（この例の場合は楕円）の内側は背景色で塗られます。
結果として、線画で図形を描くことになります。

```
// Lesson-2
size(200,100); // 画面全体のサイズ
//（横 200 x 縦 100 ピクセル）
background(0,0,0); // 背景を塗る指定
//（カッコ内はRGBの数値。黒色の指定）

stroke(255,255,0); // 線の色指定
//（カッコ内はRGBの数値。黄色の指定）

fill(128,128,255); // 図形内部に色を塗る
//（カッコ内はRGBの数値。青色の指定）

ellipse(100,50,100,50);
// 楕円を描く指定：
//（中心x座標、中心y、楕円の横径、縦径）
```

```
//Lesson-2a
size(200,100); // 画面全体のサイズ
//（横 200 x 縦 100 ピクセル）
background(0,0,0); // 背景を塗る指定
//（カッコ内はRGBの数値。黒色の指定）

stroke(255,255,0); // 線の色指定
//（カッコ内はRGBの数値。グレイ指定）

noFill(); // 背景を塗らない指定
ellipse(100,50,100,50); // 楕円を描く
//（中心x座標、中心y、楕円横径、縦径）
```

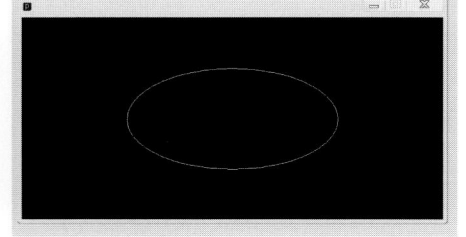

色の指定

色指定には、3 種類の方法があります。

RGB：
Red・Green・Blue の 3 色で色を指定する方法です。一般のテレビ画面の表示方式で、光の三原色の重ね合わせ（加法混色）によって色が決まります。3 色とも 100% だと白になります。

HSB：
Hue（色相）、Saturation（彩度）と、Brightness（明度）、の組み合わせで指定。直感的に理解しやすい方法です。

グレースケール：
白から黒までの中間色を、濃度の異なる灰色で指定します。

RGB は 0 〜 255 の整数、HSB では Hue（色相）が角度を想定した 0 〜 359 の整数、彩度と明度は 0 〜 100 の整数が多いようですが 0.0 〜 1.0 の実数等も可能です。

RGB か HSB かの指定は、最大値を示して、たとえば次のように記します。
colorMode(RGB, 100);
colorMode(HSB, 100);
fill(255); はグレイスケール 255 の指定で白色になり、fill(150,255,255); は RGB 各値の指定で青になります。
色と数値の対応確認は以下の操作です。

操作：メニュー→ Tools → Color Selector
望む色の位置にカーソルを動かすと、右の欄にそれぞれの数値が示されます：右上図

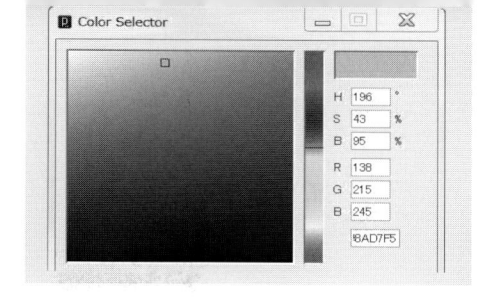

プログラムの作法

プログラム言語には、自然言語とは少し違うところがいろいろあって、とまどうかもしれません。

たとえば、数式では当然ながらイコールの左右は等しいのですが、プログラムでは、左右が等しくない場合があります。プログラム世界の＝は、数式世界の「等号」ではなく、「代入」（←）と考えた方が適切なようです。数式で A=A+B は（B がゼロ以外では）あり得ませんが、プログラムでは A ← A+B の意味として、常に成立することになります。

また、何かひとつでも忘れる＝間違えるとエラーになって、まったく動きません。コメントを書いたあと、和文モードで空き（スペース）が入っていても、エラーになります。空き、は見えないので、気がつかないこともあります。

セミコロン ; も忘れがちです。{ は } と対で成立していますが、何重にも入れ子状になると、どれがセットなのか分かりにくいので、これも抜けがちです。できたと思って Run してもエラーと表示されて、いくら探してもエラーが見つからないことも、よくあります。でもほとんどの場合、やはりどこかに書き間違いがあるのです。窓の外でも眺めてから、ひとつずつ確かめましょう。

Lesson-3　図形をいくつも描く

複数の四角形を、サイズを指定して配置するプログラムです。

これは、敷地へのユニットのレイアウトや、壁面の窓パターンだと想定することもできます。

rect は矩形を描く指示です。( ) 内で、順に（x 座標、y 座標、x 方向のサイズ、y 方向のサイズ）を指定します。

//Lesson-3

```
size( 200,200 ); /* 画面全体のサイズ
（横 200 x 縦 100 ピクセル）*/

// 全体の輪郭となる矩形
rect(0,0,180,180); /* 四角形を描く指示
（カッコ内は順に、左上角の x 座標、y 座標、x 方向のサイズ、y 方向のサイズ）*/

// 下記は同様に 8 個の矩形を描く指示
rect( 30, 20,10,10);
rect( 10,100,40,40);
rect( 50, 20,30,30);
rect( 90, 60,10,10);
rect(110, 20,50,50);
rect( 70,100,30,30);
rect(110,150,10,10);
rect(130,100,30,60);
```

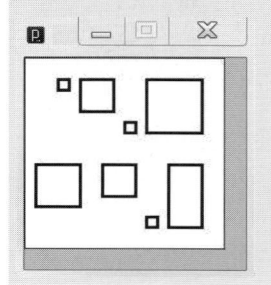

Lesson-3a　プログラムを書く順序

複数の四角形を描く rect の、順序を変えてみます。

最初の輪郭矩形の指示 rect(0,0,180,180); を、プログラムのいちばん下に移動させてみます。

すると、画面はひとつの大きな矩形だけになります。各 rect の後ろにいちばん大きなサイズの rect があるため、残りの矩形は背後に隠れて、ひとつの矩形だけしかないように見えています。

プログラムのいちばん下にある矩形が、画面でもいちばん奥になりそうですが、そうではなく、手前に描かれます。

これは、プログラムが、記述の順に図形を描き直しているからです。

つまり、プログラムでは、下の行にあるほど、画面上では優先されるということです。

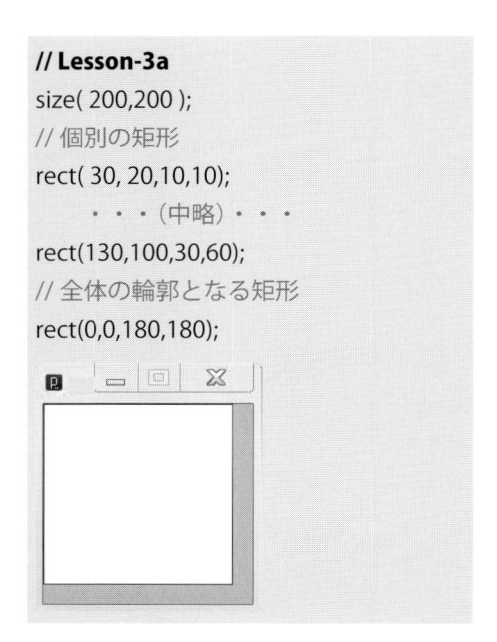

// Lesson-3a

```
size( 200,200 );
// 個別の矩形
rect( 30, 20,10,10);
      ・・・（中略）・・・
rect(130,100,30,60);
// 全体の輪郭となる矩形
rect(0,0,180,180);
```

Lesson-4　一度の指示で変える
変数の利用

Lesson-3 では、rect 関数に個数分の座標数値をひとつずつ、書いていました。この方法で四角形の位置やサイズを変えようとすると、各数値をその都度書き換える必要があります。
もう少し簡単にするために、図形上に基準点を定めて、相対座標で図形の配置を指定してみましょう。

その際に使うのが、「変数」です。
変数は、「名前を付けることができる、値の保管場所」、ともいえます。
ここでは、座標の数値 x、y を変数にします。
その値（int x と int y）を（指定した画面サイズの範囲内で）変えると、全ての矩形の位置が一度に変わります。
x、y の前に付いている int は、整数を指す接頭辞のような符合です。
その説明は Lesson-5 で行います。

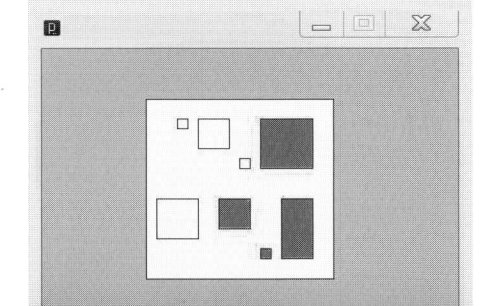

Lesson-2 で行った色指定もしてみましょう。
rect の記述のどれかの後に、色指定の行を入れてみます。
たとえば、fill(150,255,255); の 1 行を入れると、そこより下の rect= 矩形が、下右図のように青緑色で塗られます（図ではグレイ）。
色を変えてやってみましょう。

```
// Lesson-4
size( 400,300 );   /* 画面全体のサイズ
（横 400 x 縦 300 ピクセル */

int x = 100;
/* int x という変数を定義して（図形の原点の） x 座標の数値を指定します */
int y = 50;
/* int y という変数を定義して（図形の原点の）y 座標の数値を指定します */

/* 以下は、上で指定した x、y 座標を使って矩形を描く指示です。
（カッコ内は順に、左上角の x 座標、
y 座標、x 方向のサイズ、y 方向のサイズ）
*/

// 全体の輪郭となる矩形を描く指示
rect( x+0,y+0,180,180);

// 個別の矩形を描く指示
rect( x+ 30,y+ 20,10,10);
rect( x+ 10,y+100,40,40);
rect( x+ 50,y+ 20,30,30);
rect( x+ 90,y+ 60,10,10);
rect( x+110,y+ 20,50,50);
rect( x+ 70,y+100,30,30);
rect( x+110,y+150,10,10);
rect( x+130,y+100,30,60);
```

Lesson-5　いくつかの指示をセットに
関数の利用

さらに、この図形全体を、複数描いてみましょう。

Lesson-4 の方法では、全体をその数だけ書く必要があります。同じ内容を繰り返し書くのではなく、もっと効率的に、Lesson-4 の描画プログラムをひとつのユニットとして扱う方法があります。

それが、「関数」化です。

いままで使った rect や stroke も実は関数なのですが、そうした、あらかじめ用意された関数とは別に、自分でオリジナルの「カスタム関数」を定義して使うことができます。

関数、というと、数学の関数のように「変数の処理を組み合わせて数値を得る、式」を想定すると思いますが、Processing での関数は、それ以外に、「ある決まった動作をさせる、指示ユニット」という意味があります。

まず、Lesson-4 のプログラムを、そのカスタム関数を使って書き換えてみましょう。

```
// Lesson-5
void setup()  /* 最初の設定が以下に書かれることを示します */
{
size( 700,300 );   /* 画面全体のサイズ
（横 700 x 縦 300 ピクセル）*/
}
void draw()   /* 表示用のプログラムが以下に書かれることを示す */
{
```

```
/* 以下は、下で定義する「layout1 関数」
の x,y に入れる数値のセットです。
下記では 3 セットですが、いくつでも
追加できます。
関数を定義する前に、その関数に入力
する数値をこのように指定する、とい
う順序になっています */
layout1 (  50,50 );
layout1( 250,50 );
layout1 ( 450,50 );
}

/* 以下で「layout1 関数」を次のように
定義します：
上で指定した数値を x、y として、{ }
の間のプログラムを実行すること */
void layout1( int x,int y )

{
// 輪郭となる矩形 ひとつを描く
  rect( x+0,y+0,180,180);
// 個別の矩形を複数描く
  rect( x+ 30,y+ 20,10,10);
  rect( x+ 10,y+100,40,40);
  rect( x+ 50,y+ 20,30,30);
  rect( x+ 90,y+ 60,10,10);
  rect( x+110,y+ 20,50,50);
}
```

頭に void がついている文字列が関数です。ここでは、setup、draw、layout1、rect の 4 種の関数が登場します。
setup、draw、rect は、Processing にあらかじめ用意されている関数です。

setup：
実行時の最初に一度だけ呼び出される関数で、ふつう、ここで処理に必要な様々な準備を行います。
draw：
ウィンドウ (画面) を書き換える際に呼び出される関数です。表示用のプログラムはここに書きます。

Lesson-4 までのプログラムのように setup 関数や draw 関数がない場合は、処理全体は一度だけ各命令を通過して終了しますが、アニメーションや、マウスとキーボードに反応した処理をさせる場合には、setup 関数と draw 関数が必要になります。

rect：
すでに使った、矩形を描く関数です。

これらとは違い、次の layout1 は、このプログラム用に作成した（カスタム）関数です。ここでは、別に指定する x、y 座標を受けて仕事をする関数として、定義します。カスタム関数の名前は、重複しない限り自由につけることができます。このプログラムでは x,y の異なる 3 セットの図形が描かれますが、これを関数なしで行おうとするとプログラムの大半を 3 回ぶん繰り返して書く必要があります。関数を使うと短く書けるのです。

setup や draw の前に付いている「void」は、整数や実数などの、数値の型（＝データ型）の種別を示す符合です。

▽データ型	▽表記	▽ (記述の例)
なし	void	
整数	int	(0、1、-10、等)
実数	float	(1.0、-0.23、123.45 等)
文字列	string	("processing123"、等)
ブール型	boolean	true（真）と false（偽）

関数は void layout1(int x,int y) {・・・} のように表記されます。この表記は、下記の形式になっています。

データ型 関数名（引数名 1,引数名 2・・・)
{
処理 A;
処理 B;　・・・
}

「引数 argument」とは、関数に渡す数値データのことで、「ひきすう」と読みます。この後も、やや？な呼び名がいろいろ出てきますが、ここで名付け親のセンスを追求しても仕方ないので。
また boolean は、記号論理学（数理演算）のブール代数を提唱した 19 世紀の数学者 George Boole の名から来ています。
既製の（カスタムでない）関数の説明はメニューバー→ Help → Reference で表示されます。（インターネット接続時）

Lesson-6　指示内容を増やす
関数の利用2

関数は、定型の処理を行いたいときに威力を発揮します。
Lesson-5 では位置を指定しましたが、拡大率 s も指定できるようにすると、異なるサイズの図形をいくつも描くことができます。

拡大縮小したときに配置する位置を、拡大率に合わせて下記の数式で決めます。

新しい座標 P ＝ Po + V*s
Po：図形の原点　（下記の例では、x,y）
V：原点からの相対座標（下記の例では、個別の数値で指示）
s：拡大縮小係数　（下記の例では、個別の数値で指示）
*：掛け算を示す記号

こうすることで、拡大縮小率を変化させて各座標に図形を配置することが簡単になります。
ここでは、x,y に加えて拡大率 s も受け取るカスタム関数として、layout1scale を定義しています。

```
// Lesson-6
void setup()   // 最初の設定
{
size( 700,300 );  // 画面全体のサイズ
}
void draw()    // 表示用のプログラム
{
 int x = 20;  // 変数 int による x 座標指定
 int y = 50;  // 変数 int による y 座標指定

/* 以下で、関数 layout1scale に入力する x,y と拡大率 s を、4セット指定 */
layout1scale (x,y,0.6);
layout1scale ( x+115,y,0.8 );
layout1scale ( x+265,y,1.0 );
layout1scale ( x+450,y,1.2 );
}

/* 以下で、関数 layout1scale を次のように定義します：
上で指定した数値を x,y として、{ } の間のプログラムを実行すること。
ここでの int x は、上の int x とは違い、そこに +30*s 等の各処理をした値が入ります。このように、プログラム上の位置により、変数の値は異なります。
float は s を実数に限る指示をします */
void layout1scale ( int x,int y,float s)
{

/* 以下は輪郭となる矩形を指定した x,y と拡大率 s を使ってひとつ描く指示 */
 rect( x+0*s,y+0*s,180*s,180*s);
 // 以下で同様に個別の矩形を8個描く
 rect( x+ 30*s,y+ 20*s,10*s,10*s);
 rect( x+ 10*s,y+100*s,40*s,40*s);
 rect( x+ 50*s,y+ 20*s,30*s,30*s);
 rect( x+ 90*s,y+ 60*s,10*s,10*s);
 rect( x+110*s,y+ 20*s,50*s,50*s);
 rect( x+ 70*s,y+100*s,30*s,30*s);
 rect( x+110*s,y+150*s,10*s,10*s);
 rect( x+130*s,y+100*s,30*s,60*s);
}
```

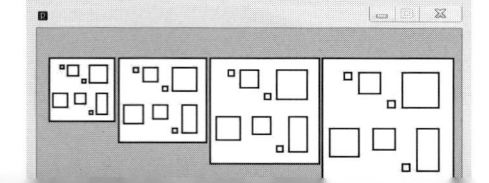

Lesson-7　指示を繰り返し実行させる
for 構文

Lesson-6 では、変数 x と y の値を個別に 4 セット指示していましたが、変数の範囲を指定すれば、個別に指定せずに簡単に描くことができます。それには繰り返しのための for 構文を使います。
for 構文の表記は次のようになります。
for(int i= 初期値 , i<= 終了値 , i+= 増分)
{
繰り返す内容を記す
}

これは、初期値から始めて終了値に達するまで指定した増分ピッチで変数 i を増加させる、という指示です。for 構文は「入れ子」が可能なので、Lesson-7 のプログラムに 1 行足すだけで、y 方向にも図形を増やすことができます：Lesson-7a

```
// Lesson-7
void setup()
{
size( 700,300 );  // 画面全体のサイズ
}

void draw()  // 表示用のプログラム
{
for(int x=30; x<550; x+=160)
/* for 構文で、x の範囲を、初期値 30、
終了値 550、増分 160 と指定 */
{
layout1scale ( x,50,0.8 );
/* 繰り返す内容：x の値を、上の for 構
文の指示により変化させます　*/
}
}

// 以下で、関数 layout1scale を定義：
void layout1scale ( int x,int y,float s )
{
/* 以下は輪郭となる矩形を指定した x,y
と拡大率 s を使ってひとつ描く指示 */
rect(x+0*s,y+0*s,180*s,180*s);
// 以下で同様に個別の矩形を 8 個描く
  rect( x+ 30*s,y+ 20*s,10*s,10*s);
  rect( x+ 10*s,y+100*s,40*s,40*s);
  rect( x+ 50*s,y+ 20*s,30*s,30*s);
  rect( x+ 90*s,y+ 60*s,10*s,10*s);
  rect( x+110*s,y+ 20*s,50*s,50*s);
  rect( x+ 70*s,y+100*s,30*s,30*s);
  rect( x+110*s,y+150*s,10*s,10*s);
  rect( x+130*s,y+100*s,30*s,60*s);
}

// Lesson-7a：7 の x,y 値を変えて描画
  ・・・（途中略）・・・
void draw()  // 表示用のプログラム
{
for( int y=10; y<300; y+=60) {
 /*for 構文の指定値：y の初期値・終了値・
増分。下は入れ子にして x 値を指定 */
for( int x=10; x<700; x+=60) {
layout1scale ( x,y,0.3 );
/* x と y の値を上の for 構文の指示により変化させます */
  }
 }
}　・・・（以下略）・・・
```

Lesson-8　場合分けして、実行させる
if…else…構文

一般に、プログラミングの構成要素は3つあります。
① 順次処理　② 繰り返し　③ 条件分岐
①、② についてはすでに行いました。実は、プログラムが本領を発揮するのは、次の ③、条件判断による分岐、です。

プログラムは、同じ命令をいつまでも繰り返すことができます。それがコンピュータの得意な領域です。この単調な繰り返しの中に、「ある条件を満足する場合にだけそれを実行する」あるいは「この条件を満足するときは A、そうでなければ B を行う」、という処理を組み込むことで、定型でない複雑な処理が可能になります。
この、条件分岐の機構があるからこそ、インテリジェントな処理が可能になるのです。そしてそれを行うのが、if…else…構文です。

では、Lesson-7 を基にして、指定条件によって塗り色を変えるプログラムを書いてみましょう。

```
//Lesson-8：if…else…構文
void setup()
{
size( 700,300 );   /* 画面全体のサイズ（横700 x 縦 300 ピクセル）*/
}
void draw()  /* 表示用のプログラムが以下に書かれることを示す */
{
 for( int x=10; x<700; x+=160)
 /*for 構文の指定値の記述：x の初期値・終了値・増分。この後の { } 内が、繰り返す内容です */
 {
float s = random( 0.6,1.2 );
/* random は（ ）内の数値間に乱数を発生させます。 float は実数を示すデータ型、s は rect で拡大率として使う数値 */

layout1scale ( x,50,s );  /* x の値を上の for 構文の指示で変化させます */
 }

noLoop(); // 繰り返しをしない指示
}

void layout1scale ( int x,int y,float s)
/* 関数の定義：この後の { } 内が、layout1scale 関数の行う内容 */
{
 if ( s < 1.0 ) {
// if…else…構文〔条件分岐命令〕
fill( 128 );  /* 色塗りの指定：（グレイスケールの濃度 128 →グレイ）*/

 } else {
fill( 255 );  /* 色塗りの指定：（グレイスケールの濃度 255 →白）*/
 }

// 輪郭となる矩形をひとつ描く指示
rect( x+0*s,y+0*s,180*s,180*s);
```

```
/* 以下は個別の矩形を8個描く指示 */
fill( 255 ); // 色塗りの指定（→白）//
rect( x+ 30*s,y+ 20*s,10*s,10*s);
rect( x+ 10*s,y+100*s,40*s,40*s);
rect( x+ 50*s,y+ 20*s,30*s,30*s);
rect( x+ 90*s,y+ 60*s,10*s,10*s);
rect( x+110*s,y+ 20*s,50*s,50*s);
rect( x+ 70*s,y+100*s,30*s,30*s);
rect( x+110*s,y+150*s,10*s,10*s);
rect( x+130*s,y+100*s,30*s,60*s);
}
```

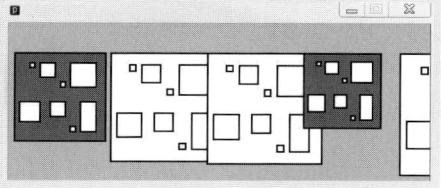

これは、輪郭矩形の拡大縮小率の違いによって、色を変更するプログラムです。「もし拡大縮小率 s が 1.0 より大きかったら」という条件は、if (s > 1.0) { } と記します。{ } の部分を { 処理 A} else { 処理 B} とすると、指定条件を満足するときには処理 A を実行し、満足しないときには処理 B を実行、という指示になります。このプログラムでは、縮小率 s が 1.0 より小さければ矩形をグレイに塗り、1.0 より大きければ白く塗ります。

> は関係演算子 Relational Operators と呼ばれる記号で、他に下記があります。

< (less than)　A<B
　A は B より小さい
<= (less than or equal to)　A<=B
　A は B 以下
== (equality)　A==B
　A は B と等しい
> (greater than)　A>B
　A は B より大きい
>= (greater than or equal to)　A>=B
　A は B 以上
!= (inequality)　A!=B
　A は B と一致しない

複数の条件を組み合わせる場合には、論理演算子 Logical Operators を用います。

| (logical OR)　　　論理和　　A∪B
&& (logical AND)　論理積　　A∩B
! (logical NOT)　　否定補集合　Ā

こうした記号は、論理学と数学とプログラム世界では（定義が同じ場合でも）少し違いがあります。プログラムでは、AND は &、NOT は !、OR は || を使うことが多いようです。

for(int x=10; x<700; x+=160) の x+= の数値（＝増減の一段分）を減らすと、描かれる輪郭矩形の数が増えます。
if (s < 1.0) の数値を大きくするとグレイ色のユニットが増えます。

random() は、ランダムな数値を算出する関数です。書き方はいくつかありますが、float s = random(0.6,1.2); と書くと、最小値 0.6 と最大値 1.2 の間の整数をランダムに算出します。
Run の度に拡大縮小率 s がランダムに変化するので、図形の配列が変わります。

Lesson-8a
if…else…構文 2

こうした「条件判断」を使って、Lesson-7a のプログラムの多数の矩形を、その位置によって塗り分けてみます。
x 座標、y 座標の値によって、2 色 x 2 矩形種＝ 4 タイプの塗り分けが行われています。

```
// Lesson-8a : if…else…構文 2

void setup()
{
  size( 700,300 );
}
void draw() /* 表示用のプログラムが以下に書かれることを示します */
{
  for( int y=10; y<300; y+=40) {
/* for 構文の x の範囲の指定（初期値・終了値・増分）*/
    for( int x=10; x<700; x+=40) {
/*for 構文の y の範囲の指定（初期値・終了値・増分）*/
    layout1scale( x,y,0.2 );
   }
  }
}
void layout1scale( int x,int y,float s )
 // layout1scale 関数の定義：s は拡大率
{
// 輪郭の矩形の塗色の指示
if ( x < 350 ) {
// x が 350 より小さい場合は
fill( 192 );  /* 色塗りの指定：（グレイスケールの濃度 192 →グレイ）*/
} else {    // x がそれ以外の場合は
fill( 255 );  /* 色塗りの指定：（グレイスケールの濃度 255 →白）*/
}

// 輪郭の矩形を描く指示
 rect( x+0*s,y+0*s,180*s,180*s);

// 個別の小さい矩形の塗色の指示
 if ( y < 150 ) {  //y が 150 以下の場合は
fill( 150,255,255 );
// 色塗り指定：（RGB 150,255,255 →青）
} else {   //y がそれ以外の場合は
fill( 64,64,64 );
// 色塗り指定：（RGB 64,64,64 →黒）
 }
// 小さい矩形を描く指示
 rect( x+ 30*s,y+ 20*s,10*s,10*s);
 rect( x+ 10*s,y+100*s,40*s,40*s);
 rect( x+ 50*s,y+ 20*s,30*s,30*s);
 rect( x+ 90*s,y+ 60*s,10*s,10*s);
 rect( x+110*s,y+ 20*s,50*s,50*s);
 rect( x+ 70*s,y+100*s,30*s,30*s);
 rect( x+110*s,y+150*s,10*s,10*s);
 rect( x+130*s,y+100*s,30*s,60*s);
}
```

Lesson-9　多数の変数を箱に入れる
配列の利用

Lesson-5 も、効率のよいプログラムに変えます。それには複数の変数をひとまとめで扱える、「配列」を使います。
ここで使っている wx[i]、wy[i]、ww[i]、wh[i] を「配列」と呼びます。配列は「変数の箱」のようなもので、各箱の中に数値（＝変数）を入れます。配列の「宣言＝定義」の表記はいくつかあります。

1：データ型 [ ] 配列名 = { 各箱 [] 内に入れる数値をカンマ区切りで記します };
(データ型とは、実数、整数等を区別する記号です。int は整数を示します)
例：int[] wx = { 30, 10,・・・};

2：データ型 [ ] 配列名 ;

3：データ型 [ ] 配列名 =new データ型 [データの数];
例：Int[] wx= new int[8]; // 8 つの箱を持つ wx という名の配列を宣言
wx [0]= 30; // その 0 番に値 30 を入れる
（中略）
wx [7]= 130; // 7 番に値 130 を入れる

番号 0 ～ 7 の 8 個の各箱は、wx [0] や wx [1] として変数と同様に扱えます。
たとえば、wx [0]+ wx [1] は 30+10=40 となります。変数はひとつの箱しか持ちませんが、配列はひとつの名前で複数の箱を扱えることが違う点です。
配列を使うと、やや複雑な図形も、簡単に描けるようになります。

```
// Lesson-9：配列
int RecCount = 8;     // RecCount という名の変数を宣言して値に 8 を入れます。
int[] wx = { 30, 10,50,90,110, 70,110,130 };
// x 座標の数値の「配列」を宣言
int[] wy = { 20,100,20,60, 20,100,150,100 };
// y 座標の数値の「配列」を宣言
int[] ww = { 10, 40,30,10, 50, 30, 10, 30 };
// 幅の数値 ww の「配列」を宣言
int[] wh = { 10, 40,30,10, 50, 30, 10, 60 };
// 高さの数値 wh の「配列」を宣言
void setup()
{
  size( 700,300 );
}
void draw()
{
 layout1 ( 50,50 ); // 関数に数値を指定
 layout1 ( 250,50 );
 layout1 ( 450,50 );
}
void layout1 ( int x,int y )// 関数の定義
{
  rect( x,y,180,180); // 輪郭の矩形を描く
  for( int i=0; i<RecCount; i++ ) {
//for 構文の i の上限値に、上で宣言した変数名 RecCount を指定（8 を入れても同じです）。++ は増分が 1 の指定
rect( x+wx[i],y+wy[i],ww[i],wh[i] );
// 小さな矩形を描く指示の x・y 増分と幅・高さに、配列の各箱の番号 i を指定
  }
}
```

Lesson-9a　配列の利用2

次は、Lesson-9の小さな矩形のサイズが変化するようにしてみます。
指定範囲でランダムに作成した数値d1,d2を、各矩形の幅と高さに加算することで、サイズを毎回変えています。Lesson-9のvoid draw以下を、次のようにします。

```
// Lesson-9a：配列の利用2
・・・（中略）・・・
void draw()
{
/* 輪郭の矩形3個の位置xyの指示 */
layout1( 50,50 );
layout1( 250,50 );
layout1( 450,50 );
noLoop();// 繰り返しをしない指示
}
void layout1 ( int x,int y ) // 関数の定義
{
rect( x,y,180,180);
// 輪郭の矩形を描く関数に数値を指示
for( int i=0; i<RecCount; i++ ) { /*for構
文のiの上限に変数RecCountを指定 */
 int d1 = (int)random(-10,10);
// 変数d1を宣言：指定範囲でランダム
 int d2 = (int)random(-10,10);
// 変数d2を宣言：指定範囲でランダム
rect( x+wx[i],y+wy[i],ww[i]+d1,wh[i]+d2 );  /* 矩形を描く関数の各数値に、配列の各箱と変数d1,d2を指定 */
 }
}
```

Lesson-10　図形を移動・回転する

これまでは、図形を描画する命令を、ウィンドウの座標系で指定していました。それを、もう少し柔軟な方法で行います。

```
// Lesson-10：図形の移動・回転
int ox = 50;  // 図形の原点の移動値x
int oy = 50;  // 図形の原点の移動値y
int wx = 100;  // 矩形のサイズwx
int wy = 50;   // 矩形のサイズwy
float wa = radians(30); // 回転角度指定
void setup()
{
size( 700,300 );  // 画面全体のサイズ
}
void draw()
{
noFill();   // 背景の色塗りなしの指定

////////// 1_ 回転なし
pushMatrix(); // 一時的に座標系を変更
translate( 50,50 ); // 図形の原点を指定
stroke( 255,0,0 ); // 色指定→赤色
ellipse( 0,0,5,5 ); // 小さな円を描く
stroke(255,255,0); // 色指定→黄色
translate( ox,oy );
// 上記位置からさらに数値分移動
rect( 0,0,wx,wy ); // 矩形を描く
popMatrix (); // 変えた座標系を戻す

///////// 2_ 移動後、回転
pushMatrix (); // 一時的に座標系を変更
translate( 300,50 ); // 図形の原点を指定
stroke( 255,0,255 ); // 色指定→紫色
```

```
ellipse( 0,0,5,5 );  // 小さな円を描く
stroke( 0,255,255 );  // 色指定→青色
rect( 0,0,wx,wy );   // 矩形を描く

translate( ox,oy );
// 上記位置からさらに数値分移動
rect( 0,0,wx,wy );  // 矩形を描く
stroke( 0,0,255 );  // 色指定→紺色

rotate( wa );  /* 回転 (float wa 関数で
角度を指定：ここでは 30 度 )*/
rect( 0,0,wx,wy );  // 矩形を描く
popMatrix ();  // 変えた座標系を戻す

///////////// 3_ 回転後、移動
pushMatrix ();  // 一時的に座標系を変更
translate( 500,50 );  // 図形の原点を指定
stroke( 255,0,0 );   // 色指定→赤色
ellipse( 0,0,5,5 );   // 小さな円を描く
stroke( 255,255,255 );   // 色指定→白色
rect( 0,0,wx,wy );   // 矩形を描く

rotate( wa );          // 回転 (30 度 )
rect( 0,0,wx,wy );   // 矩形を描く

stroke( 0,255,0 );   // 色指定→緑色
translate( ox,oy );  // 指定数値分移動
rect( 0,0,wx,wy );   // 矩形を描く
popMatrix ();  // 変えた座標系を戻す

/////////////
noLoop();// 繰り返しをしない指示
}
```

図：左から順に 1，2，3 の指示の結果

少し長いプログラムですが、構成はシンプルで、pushMatrix() と popMatrix() のペアに挟まれた 1,2,3 の範囲が、順に並んでいるだけです。その都度、座標の原点を変えてまた戻しています。

ここで新登場の関数は次の 4 つです。

translate(＊ , ＊);
translate 関数は、図形を描く座標系を、指定した位置まで移動させます。
たとえば translate (50,50); を実行した後は、rect (0,0,100,100); で描かれる図形は、rect (50,50,100,100); と同じ位置になります。

rotate(＊);
rotate 関数は、図形を描く座標系を、指定した角度分だけ回転させます。
ラジアンでの入力なので、角度で指定したい場合は、単位を変換する radians 関数を使って radians(角度の数値) と書きます。回転方向は時計回りが正です。

pushMatrix() ／ popMatrix()
座標系を一時変えたり（pushMatrix）、また戻したり（popMatrix）する関数です。
translate() や rotate() は、そのとき使用している座標系に対して作用します。
そこで、座標系を切り替えて使う方が便利な場合、たとえば「部品を描く際と全体を描く際では別な座標系を使う」というようなときは、この pushMatrix() ／ popMatrix() 関数を使います。

Lesson-10a　条件を付けて動かす

Lesson-9aの小さな矩形群を、場合分けの条件を付けて回転させてみます。「図形サイズの調整量dが負」の場合、すなわち「図形が小さくなる」場合に限って、角度を左回りに15度回転させます。

```
// Lesson-10a：図形の移動・回転　2
・・・（途中略）・・・
void layout1 ( int x,int y )
{
// 輪郭の矩形を描く指示
  rect( x,y,180,180);
// 以下は小さい矩形を描く指示

for( int i=0; i<RecCount; i++ ) {
/*  for 構文のiの値の範囲に、上で宣言
した配列名を指定 */

int d = (int)random(-10,10);
// d を指定範囲でランダムに生成
pushMatrix();   // 座標系を一時的に変更
translate( x+wx[i],y+wy[i] );  /* 移動の
指示のx,y数値に配列の各箱を指定 */
if ( d < 0 ) {   //d が 0 より小さければ
rotate( radians(-15));
// 指定角度で回転させる指示
}
rect( 0,0,ww[i]+d,wh[i]+d );
/*  矩形を描く指示の各数値に、配列の
各箱を指定 */
popMatrix();  // 座標系を元に戻します。
 }
}
```

Lesson-11　方法の組み合わせ

ここまで示した方法を組み合わせてプログラムを作成してみましょう。
これは、矩形の変形を連動させるプログラムです。
画面のどれかひとつの矩形の上で左クリックし続けると、その矩形が拡大し、同じ色の矩形は合計面積一定で縮小します。このときプロポーションの細長比に応じて各矩形は回転します。右クリックを続けると逆に縮小します。ここにはマウス操作との呼応等、いままでの説明にない内容も含まれていますが、ここまで来ればあとは自習できると思います。

これだけだと、ただそのまま幾何学の操作です。でもここで行っていることを広く、[ある要素の（意図した）変化を、他の要素を（一定の規則により）変えることによって「間接」的に行う] 設定、と捉えれば、これはCGでは困難で、プログラムによって初めて可能になる操作です。その先には、ALGODesign に向かう道が通じていること、と思います。

```
//Lesson-11  図形の移動・回転 ( 統合版 )
int windowCount = 8;
int winw = 380;
int winh = 380;
int[] wg = {   1,  2,  1,  2,  3,  2,  3,  1 };
/// group
int[] wx = { -160,-100, -40,   0,  60,-150, 40, 120 }; /// position x
int[] wy = { -170,  10, -30,-130,-170, 100, 60, 110 }; /// position y
```

```
float[] ww = {  80, 40, 130, 40, 120, 60,
50, 50 }; /// window width
float[] wh = { 115, 65, 35, 75, 60, 60,
120, 50}; /// window height
color[] wc = { 0, 0, 0, 0, 0, 0, 0, 0 }; ///
color palette

int mx = 0;
int my = 0;
float delta = 0.2;
float angle = 0;
int shapeno = 0;

void setup()
{
  colorMode( HSB,360,100,100 );
  rectMode( CENTER );

 wc[0] = color(  0,100,100 );
//   色設定：パレット番号 =0
 wc[1] = color(  0, 50,100 );
//   色設定：パレット番号 =1
 wc[2] = color( 60, 50,100 );
//   色設定：パレット番号 =2
 wc[3] = color( 120, 50,100 );
//   色設定：パレット番号 =3

// size( 500,500 );
size( screen.width-32,screen.height-64);
  mx = width/2;
  my = height/2;
}

void draw()
{
  noStroke();
//  fill( 0,0,0, 2 );
  fill( 0,0,0 );
  rect( width/2, height/2, width, height );

  layout1( mx,my );
  if ( mousePressed ) {
   // size change
   for( int i=0; i<windowCount; i++ ) {
    float x1 = mx+wx[i]; //-ww[i]/2;
    float x2 = x1+ww[i];
    float y1 = my+wy[i]; //-wh[i]/2;
    float y2 = y1+wh[i];
     if (( x1 < mouseX )&&( mouseX < x2 )&&( y1 < mouseY )&&( mouseY < y2 )) {
      if ( mouseButton == LEFT ) {
       ww[i] += delta;
       wh[i] += delta;
      } else
      if ( mouseButton == RIGHT ) {
       ww[i] -= delta;
       wh[i] -= delta;
      }
      if ( ww[i] < 2 ) ww[i]=2;
      if ( wh[i] < 2 ) wh[i]=2;
      for( int j=0; j<windowCount; j++ ) {
       if ( j == i ) continue;
       if ( wg[j] == wg[i] ) {
        if ( mouseButton == LEFT ) {
         ww[j] -= delta;
         wh[j] -= delta;
        } else
        if ( mouseButton == RIGHT ) {
         ww[j] += delta;
         wh[j] += delta;
```

```
      }
      if ( ww[j] < 2 ) ww[j]=2;
      if ( wh[j] < 2 ) wh[j]=2;
     }
    }
    layout1( mx,my );
    break;
   }
  }
 }
}

void keyPressed()
{
  if (( key == SHIFT )&&( keyCode == RETURN )) {
    mx = width/2;
    my = height/2;
    draw();
  }
}

void layout1( int x,int y )
{
  /// recA
  stroke( 0 );
  fill( 0,0,100 );
  rect( x,y,winw,winh );
  /// recB
  float amax = 0;
  for( int i=0; i<windowCount; i++ ) {
    if ( amax < ww[i]*wh[i] ) amax = ww[i]*wh[i];
  }
  if (( mousePressed )&&( mouseButton == RIGHT )) {
    ;
  }
  if (( keyPressed )&&( keyCode == SHIFT )) {
    angle += 2;
  }
  for( int i=0; i<windowCount; i++ ) {
    pushMatrix();
    translate( x+wx[i]+ww[i]/2,y+wy[i]+wh[i]/2 );

    float d = map( (float)ww[i]/wh[i], 0.0,2.0, -45,45 );
    rotate( radians(d+angle) );
//    rotate( radians(angle) );

    float h = map( (float)ww[i]*wh[i], 0, amax, 0,300 );
    stroke( h,100,100 );

    color c = wc[ wg[i] ];
    fill( c );
    switch( shapeno % 2 ) {
    case 0:
      rect( 0,0,ww[i],wh[i] );
      break;
    case 1:
      ellipse( 0,0,ww[i],wh[i] );
      break;
    }
    popMatrix();
  }
}
```

図：同色の図形が、連動して変形・回転します。

Lesson-12 「area link」

さらに進めて、プログラム「area link」を記します。これは、指定した2セットの矩形を、合計面積を一定にして変形するプログラムです。単純ですが、こうしたプログラムが建築のプランのスタディに使える、かもしれませんね。

操作：クリック→図形選択（赤色）→ドラッグ
→図形移動→ shift ＋別な図形クリック
→相手の選択（黄色）→自分の図形上で縦横
にドラッグ→自他の図形の合計面積一定で
自他のサイズと縦横比が変更される。
自分の図形だけを変形する場合→ shift ＋自分
をクリック→自分の上で縦横ドラッグ
Sキー→PDFデータ保存（CGで使用できます）

```
//Lesson-12   area link program

int narea = 5;
float[][] area = {
 { 100,100, 150,150 },
 { 400,400, 150, 80 },
 { 100,300, 150,150 },
 { 400,500, 150, 80 },
 { 400,100, 150,150 },
};

int carea = -1; // 処理対象図形
int parea = -1; // 対になる操作対象図形
float total = 0;
int priority = -1; // 縦横モード：縦 =0 横 =1
color color0;  // 選択前の図形の色
color color1;  // 選択した図形の色＝自分
color color2;  // 対応する図形の色＝相手

////////
int operation = 0;
int CMD_IDLE = 0;
int CMD_MOVE = 1;
int CMD_SIZE = 2;
int CMD_TSEL = 3;

void setup()
{
  colorMode( HSB,360,100,100 );
  color0 = color( 0,0,100 );    // 選択前の図形色
  color1 = color( 0,100,100 );  // 自分 色
  color2 = color( 60,100,100 ); // 相手色
  rectMode( CENTER );

  size( 600,600,P2D );

  carea = -1;
  parea = -1;
  priority = -1;
  total = getarea();
  operation = 0;
}

void draw()
{
  background( 0 );
  fill( 0,0,100 );
  noFill();
  for( int i=0; i<narea; i++ ) {
    float x = area[i][0];
    float y = area[i][1];
    float w = area[i][2];
    float h = area[i][3];
    if ( carea == i ) {
      stroke( color1 );
    } else
    if ( parea == i ) {
      stroke( color2 );
    } else {
      stroke( color0 );
    }
    strokeWeight( 3 ); // 線幅
    rect( x,y,w,h );
  }
}

void mousePressed()
{
 if (( mouseButton == LEFT )&&( keyPressed ))
 {
   operation = CMD_TSEL;
   return;
 } else
```

```
if ( mouseButton == CENTER ) {
  operation = CMD_TSEL;
  return;
}

int index = getindex( mouseX,mouseY );
if ( carea >= 0 ) {
  if ( index < 0 ) {
    operation = CMD_IDLE;
  } else {
    if ( carea == index ) {
      // selected
      if ( mouseButton == LEFT ) {
        if ( parea < 0 ) {
          operation = CMD_MOVE;
        } else {
          operation = CMD_SIZE;
          priority = random(-1,1)>0 ? 0:1;
        }
      } else
      if ( mouseButton == RIGHT ) {
        operation = CMD_MOVE;
      } else {
        operation = CMD_IDLE;
      }
    } else {
      operation = CMD_IDLE;
    }
  }
} else {
  // not selected
  operation = CMD_IDLE;
}
total = getarea();
}

void mouseReleased()
{
  int index = getindex( mouseX,mouseY );
  if ( operation == CMD_TSEL ) {
    parea = index;
  } else
  if ( carea >= 0 ) {
    if ( index < 0 ) {
      carea = -1;
      parea = -1;
    } else {
      if ( carea == index ) {
        // selected
        if ( operation == CMD_MOVE ) {
        } else
        if ( operation == CMD_SIZE ) {
        }
      } else {
        // disselected
        carea = index;
      }
    }
  } else {
    carea = index;
  }
  operation = CMD_IDLE;
}

void mouseDragged()
{
  float dx = (mouseX-pmouseX);
  float dy = (mouseY-pmouseY);
  if ( operation == CMD_MOVE ) {
    if ( carea < 0 ) return;
    float x = area[carea][0];
    float y = area[carea][1];
    float w = area[carea][2];
    float h = area[carea][3];
    x += dx;
    y += dy;
    area[carea][0] = x;
    area[carea][1] = y;

    stroke( color1 );
    rect( x,y,w,h );
  } else
  if ( operation == CMD_SIZE ) {
    if ( carea < 0 ) return;

    float x = area[carea][0];
    float y = area[carea][1];
    float w = area[carea][2];
    float h = area[carea][3];
    float da = 0;
    da = w*h;
    w += dx/2;
    h += dy/2;
    if ( w < 10 ) return;
```

```
    if ( h < 10 ) return;
    if ( w > width-20 ) return;
    if ( h > height-20 ) return;
    da -= w*h;

    if ( parea < 0 ) return;
    /// area deformation
    float px = area[parea][0];
    float py = area[parea][1];
    float pw = area[parea][2];
    float ph = area[parea][3];
    if ( priority > 0 ) {
      pw += da/ph;
    } else {
      ph += da/pw;
    }
    if ( pw < 10 ) return;
    if ( ph < 10 ) return;
    if ( pw > width-20 ) return;
    if ( ph > height-20 ) return;

    area[parea][2] = pw;
    area[parea][3] = ph;
    stroke( color2 );
    rect( px,py,pw,ph );

    area[carea][2] = w;
    area[carea][3] = h;
    stroke( color1 );
    rect( x,y,w,h );
/// debug ///
float c1 = w*h;
float c2 = pw*ph;
println( c1+"\t"+c2+"\t"+(c1+c2) );
  }
}

// 図形の内部かを調べる
int getindex( float mx,float my )
{
  int index = -1;
  for( int i=0; i<narea; i++ ) {
    float x = area[i][0];
    float y = area[i][1];
    float w = area[i][2];
    float h = area[i][3];
    if ( mx < x-w/2 ) continue;
    if ( mx > x+w/2 ) continue;
    if ( my < y-h/2 ) continue;
    if ( my > y+h/2 ) continue;
    index = i;
    break;
  }
  return index;
}

// 総面積を算定
float getarea()
{
  float a = 0;
  for( int i=0; i<narea; i++ ) {
    float w = area[i][2];
    float h = area[i][3];
    a += w*h;
  }
  return a;
}
```

下各図：プログラムの作動例です。
薄い色（赤）が自分の図形。相手の図形（黄色）を選んで、自分をドラッグすると、相手と自分の合計面積を一定にしたまま、両者のサイズとプロポーションが変化します。このプログラムを発展させれば、複数のユニット間に指定した関係を持たせながら、全体の配置や変形をスタディすること、ができるでしょう。

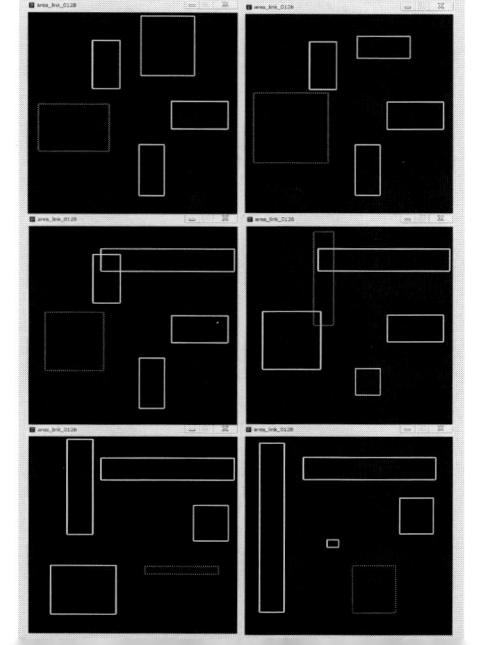

3- GH を動かしてみよう

Grasshopper とは

Processing の次は、Grasshopper です。Grasshopper（以下 GH と略します）は Rhinoceros（以下 Rhino と略）という市販の CG ソフト（アプリケーション）と連携して動く「プラグイン」です。
すでに使っている方も多いと思いますが、ここでは初めての方向けに少しだけレッスンをします。
GH をふつうに使う分にはパッケージソフトと同じような感覚です。違うのは、コンポーネントを組み合わせることで、ある程度複雑な手順と動作を行えることです。
GH を使うことは、プログラムをつくることとは少し違い、既存のソフトのコマンドを組み合わせて一連の動作をさせるようなものです。GH でかたちをつくるだけでは、「アルゴデザイン／アルゴリズミック・デザイン」とは、いえないと思われます。でも、CG を超えてそこに向かう、その一歩になるでしょう。

CG ソフトでのコマンドに相当するものを GH ではパラメータまたは「コンポーネント」と呼んでいます。それぞれに、その程度や位置などを数値で指定できます。その指定数値をスライダーで変化させれば形状やサイズ等が変わります。
テキストだけで書かれるふつうのプログラムは、慣れないと何がどう動くのか直感的には分かりにくいものです。GH では、ちょうどレゴブロックを組み合わせるように、コンポーネントとその連携が視覚的に動かせるため、テキストでの記述よりは分かりやすくなっています。

GH を使うには、Rhino を少し使える必要があります。（この本に Rhino の宣伝意図はありませんので、使わない場合はこの項は飛ばして次に行きましょう）
Rhino をインストールしたら、GH をダウンロードします。
Rhino を開き、左上のコマンド欄に Grasshopper と入力して enter。これで GH が開きます。
GH で何かを入れて enter すると、その指示で作成される３D 図形が、Rhino の画面上に表示されます。GH 画面で入力、Rhino 画面は結果表示、となります。
Rhino は CG ソフトですから、他のソフトと同様に、コマンドを選んで３D 形態をつくることができます。それを変形したり切ったり貼ったりして、求める形態をつくるのがふつうです。
では GH は何をするのでしょう。

それを知るには、何か動かしてみます。GH 画面の上横に並んでいるツールバーから、アイコン（コンポーネント）のひとつを下の画面内にドラッグします。コンポーネントのアイコンには左右に電極のような突起がいくつかあります。この接点から他のコンポーネントの接点にドラッグすると、ケーブルでつないだ（ような）図が描かれます。こうして、いくつものコンポーネントを連携させると、ひとつひとつのコンポーネントに

割り当てられた仕事を連携して行うことができます。これは、プログラムですね。GH は、絵文字を使ったプログラムといえるでしょう。画面上では、電線で結ばれた電池が並んだように見えます。また、これはパッケージソフトでのマクロ機能にも似ています。

この本での記述内容や GH のバージョンは、変更・更新されていることもあります：以下共通。（また GH は市販ソフトのプラグインなので、いずれ有料化されるかもしれません）

動かしてみよう

GH のツールバーの、Params、Curve、Mesh、というような「カテゴリー」をクリックして、その下に示されるアイコン（コンポーネント）を、下の画面にドラッグします。
ドラッグしたコンポーネントアイコンの、左の突起が入力接点、右が出力です。

操作：右クリック→プロパティ
他のコンポーネントとの接続
→接点から接点へドラッグ
ひとつの接点に複数の線を接続する
→ Shift+ ドラッグ
接続した線の消去→ Ctrl ＋ドラッグ

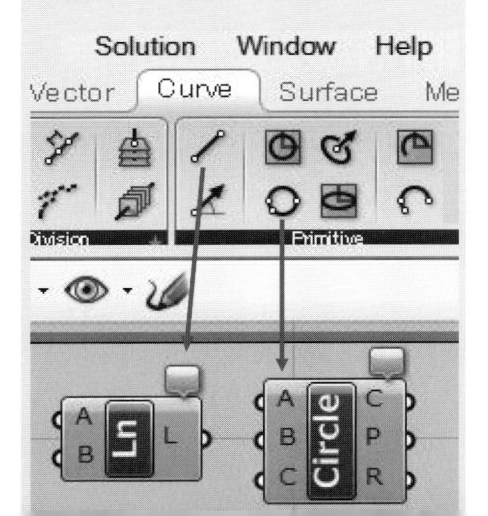

Lesson-1　4 つの点を指定する

まず、4 つの点を指定して、その間に面を張ってみます。点を動かすと、面も追随します。同様な機能は CG ソフトの history にもありますが、GH ではスライダーのつまみの操作で点の移動が可能です。まず、スライダーを用意します。

操作：左上のツールバーの Params をクリック
→ Number Slider を下の画面内にドラッグ
→ Number Slider のアイコン左部をダブルクリック→開いたウィンドウで Rounding の N をクリック→ Integer(整数) が指定される
→ Max にたとえば 50、Min に -50 と入れる (各数値は自由に設定)
Name 欄に名前を入れる→ OK
作成した Number Slider のアイコンをキー操作でコピー
→ 2 つペーストして、全部で 3 つにする
→重なったアイコンはドラッグで並べます。
Number Slider アイコンの数値の所にカーソルを置いてクリック
→左右にドラッグすると数値が変わる
→ 3 つの Number Slider の数値を適宜に変えます。Name も変えておきます。

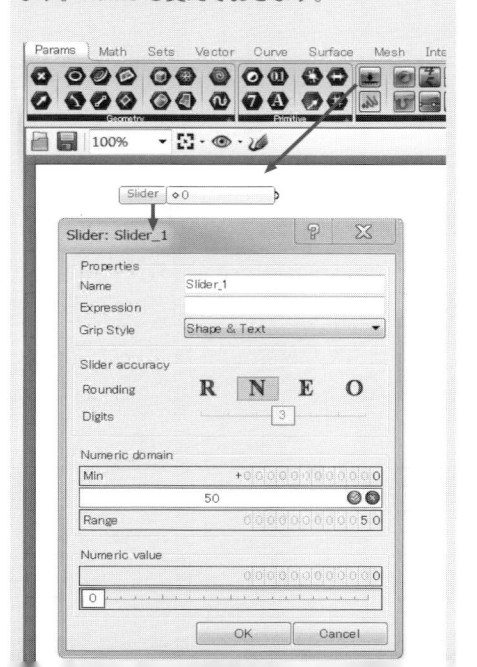

次に、このスライダーで座標を指定した「点」を、図化していきます。

操作：ツールバーの Vector をクリック
→ PointXYZ を画面内にドラッグ
先ほど並べた、いちばん上の Number Slider の右の接点からドラッグして、PointXYZ の左の X の接点につなぎます。
→ケーブルでつないだように表示されます。
同様にして 2 番目の Number Slider は Y 接点、3 番目は Z 接点につなぎます：下図

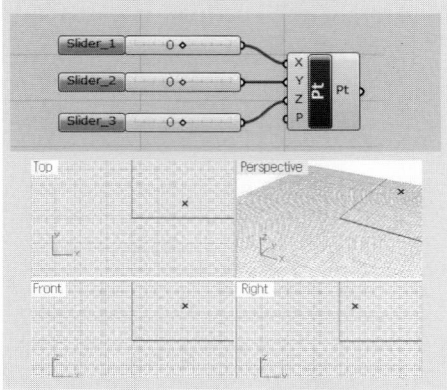

Rhino の画面を見ると、上図のように、小さな×で表された点がひとつ表示されています。これが、3 つの Number Slider でそれぞれ XYZ 座標を指定した点です。Number Slider を動かすと Rhino の画面の点が動くのが分かります。

操作：GH の画面上でドラッグして、画面上にあるアイコンを全部緑色表示にします。
これが選択した状態→ここでコピー・ペーストする→アイコンが重なるので、そのままドラッグして位置をずらします。
→これを繰り返して、4セットを並べます。
→できたら、Number Slider をいくつか適当に動かして、それぞれの座標値を変えます。

Rhino の画面には 4 つの点があります。近過ぎるようであれば Number Slider を動かして離します。

Lesson-2　点の指定による面をつくる

次に、この 4 点の間に、面を張ってみます。

操作：ツールバーの Surface
→ 4Point Surface を画面内にドラッグ。
いちばん上の PointXYZ の Pt 接点と 4Point Surface の X 接点をドラッグして結ぶ。
→同様に、2 番目と Y、3 番目と Z を結びます。

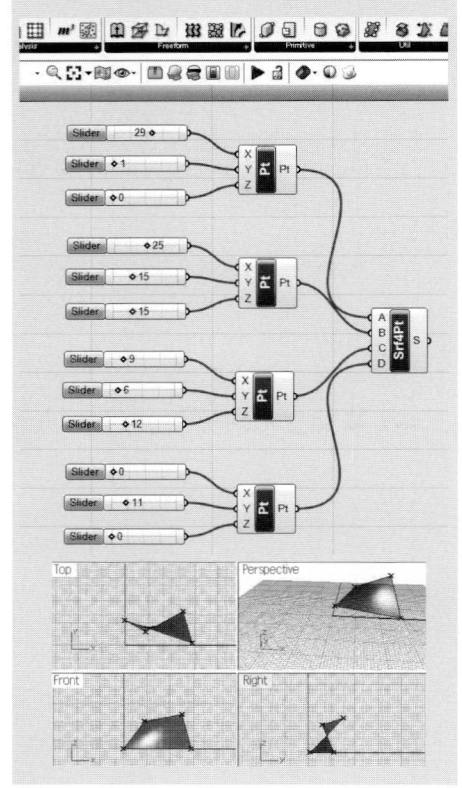

Rhino の画面に、4 つの点を頂点にする面ができました。4 点は同一平面上にはないので、面はねじれているはずです。HP シェル面ですね。
Number Slider をいくつか適当に動かして、「きれいな」曲面や、「おもしろい」曲面、にしてみましょう。

Lesson-3 面をボロノイ分割する

こんどは、面にパターンを入れていきます。おなじみのボロノイ図形で面を分割します。
まず、平面上にボロノイ分割を描きます。これは簡単です。

操作：先ほどの4つのPointXYZと12個のSliderをすべてコピーペースト→ペーストしたSliderのz座標をすべて0にしておきます。
→それをもういちどコピーペーストして全部で8つのPointXYZと24個のスライダーをきれいに並べる。これはいくつでもかまいませんが、少し多くないと面白くないので。
Mesh → Voronoi をドラッグ→アイコンのP接点と上記全部のPt出力とを結線
スライダーをひとつだけコピーペーストして、VoronoiのR接点につなぎます：下図

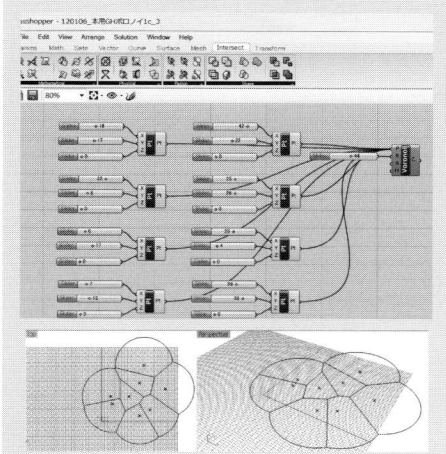

Rhino画面を見てみましょう。上図のようなボロノイ分割図があるはずです。
R接点につないだスライダーの数値を動かすと、全体の大きさが変わります。これは各点からの半径です。
各点のスライダーを動かすと、ボロノイ図形の形状が変わります。この状態だと、輪郭は円弧の連続です。

次に、範囲を指定してみます。まず指定範囲の図形をRhinoに描きます。

操作：Rhino：曲線→長方形
→適当なサイズで描く（高さZはゼロで）
GH：Intersection → Regional Intersection をドラッグ
→ A接点を VoronoiのC出力接点につなぐ
→ Regional Intersection のBを右クリック
→ Set One Curve
→先ほど作ったRhino上の長方形を選択
→ enter → Voronoi を選択→ Solution
→マスクのアイコンをクリックして非表示にします：下図

これで、Rhino画面には上図のように、指定した長方形の輪郭内をボロノイ分割した図形が描かれています。
各点のスライダーの数値が指定の輪郭範囲外になると、点は表示されません。
ここでは簡単にするために長方形で指定しましたが、この図形は自由曲線でも可能です。RIntのBの右クリックで、その図形を指定すればいいのです。
ただ、これは平面図形に限ります。それでは面白くないですね。では、次に立体図形をボロノイ分割してみましょう。

Lesson-4 分割を曲面に貼り付ける

それには、平面図形でのボロノイ分割パターンを、3D曲面に貼り付ける、という操作をします。ここでは、分割線に幅を与えてそれを貼り付けます。

操作：Curve → Offset をドラッグ
→ 上の C を RInt の R と接続
→ Slider を2つドラッグ
→ Offset の D と下の C に接続
→ C の Slider をダブルクリック
→ N(integer) を選択
→ C の Slider は max を4に、D の Slider は max を5にする。

これでボロノイ分割線に幅ができています。D 端子につないだ Slider の数値を動かすと線の幅が変化します。
次にこれを Lesson-2 で作成した曲面に貼り付けます。

操作：GH：
Transform → Map to Surface をドラッグ
→ Curve → Polyline をドラッグ
→ Params → Boolean Toggle をドラッグ
→ これらを下図のように接続
→ Boolean Toggle をダブルクリックして True にします。
Rhino：先程輪郭指定した図形の輪郭部に点を打つ→長方形なら各隅に計4個の点を作成
GH：PLline の V を右クリック
→ Set Multiple Points
→ Rhino 上の当該点を順にクリック→ enter

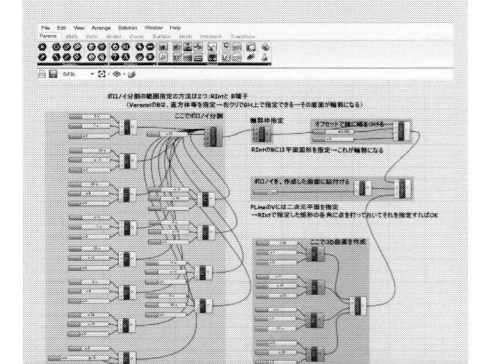

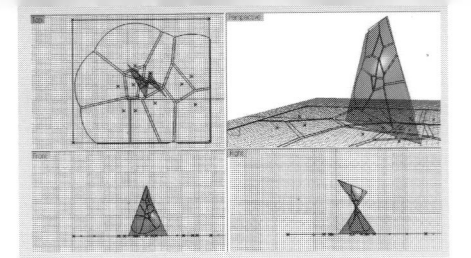

これで、上図のように、3次元の曲面上に、幅を持つ線によるボロノイ分割パターンが転写されます。

MapSurf は2次元の曲線を3次元のサーフェスに貼り込みます。曲面とパターンが少しずれますが、Voronoi の R のスライダーを調整してみてください。
このパターンを、建築の架構と開口部と想定することもできますね。
この方法の特長は、各スライダーを動かせばいつでも曲線や分割パターンを変えられることです。そしてそのパラメータ変化をプログラム化すれば、プログラムでかたちを変えることができます。
さらに、そのプログラムを「目的解決型」に組めば、求める目的をかなえることのできるかたちを見つけることができるはず、です。ここまでくると、ALGODesign となります。
さて、それはそれとして、できた GH を Rhino に「焼き」ましょう。

操作：MapSurf をクリック→ Solution
→ BakeSelected → Rhino にできた画像を選択
→ 新規レイアに保存します。
→ 同様に Surf4Pt と Voronoi も別レイアに保存
→ GH と Rhino 全体もそれぞれ保存
作業は、選択した対象の表示・非表示を GH のアイコンまたは Solution で切り替えながら行うと、Rhino 画面での選択がしやすくなります。

Lesson-5 曲面を貼付パターンで切抜く

これは GH でも Rhino でも可能ですが、簡単なので Rhino 上で行います。まず Lesson-4 で Rhino データ化したパターンを、やはり Rhino データ化した曲面に貼り付けます。GH 上のコンポーネント類はすべて非表示にしておきます。

操作：Rhino：曲線→オブジェクトから曲線を作成
→ UV 曲線を割り当て（ApplyCrv）
→ Rhino データ化した Voronoi（貼り付けた MapSurf ではなく平面のデータ）を選択

下図：複数の HP シェル面を組み合わせた多面体にボロノイ分割パターンを転写する GH
下右 2 図：その GH による形態の、Rhino 表示（右）と CG ソフトでの表示（左）

次にこのパターンで面を切り抜きます。

操作：編集→分割→貼り付け先の曲面＝ Rhino データ化した Surf4Pt を選択→ enter
→上で貼り付けた曲面上のボロノイパターンを選択→ enter
→いちど全体を別レイアにコピー
→ひとつのレイアだけを表示させて
→開口部としたい面を選択→別レイアに移動

同様な手順で、下図の GH のように、複数の HP シェル面を組み合わせた多面体にボロノイ分割パターンを転写することもできます。

ここまではボロノイ分割パターンをそのまま使ったので直線ですが、分割直線から曲線パターンを作成することもできます。次はそれをやってみましょう。

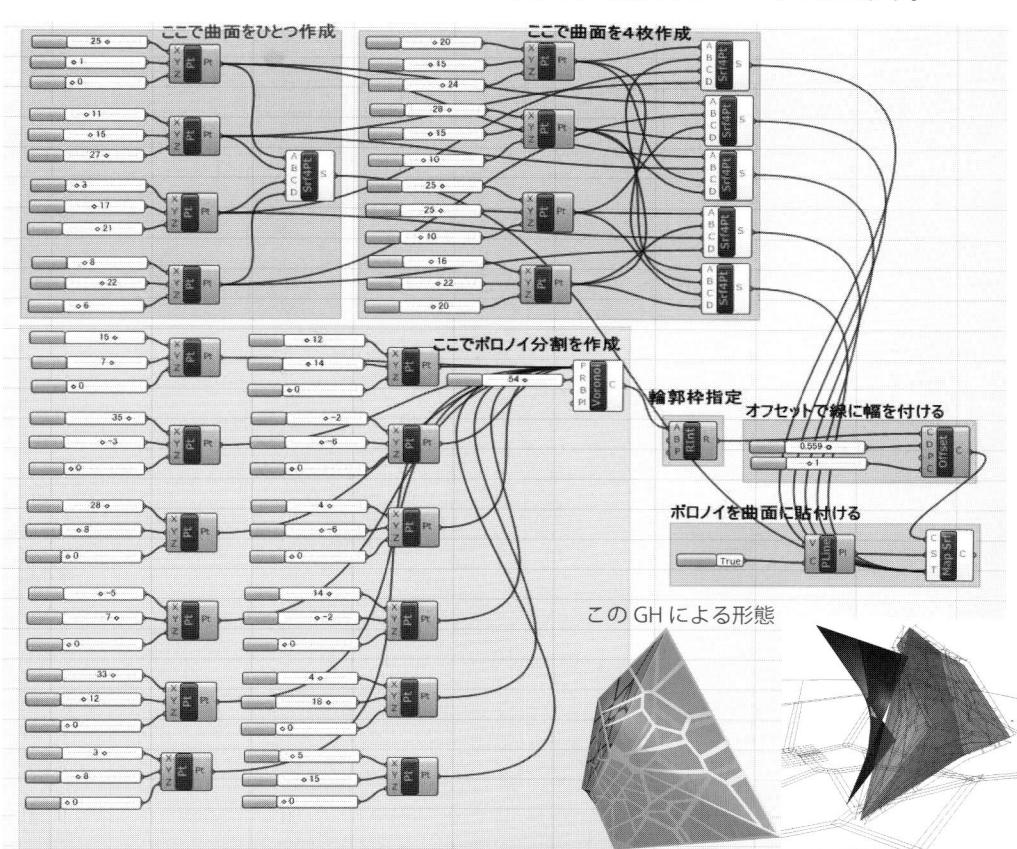

Lesson-6　切り抜くパターンを曲線化

いままでのGHに、コンポーネントをふたつ加えるだけです。

操作：Divide Curveで線から点群を取り出し
→ Curveでその点群からループ状の曲線をつくり
→ MapSurfにつなげます：下図の上段

また、指定した点の代わりに、下図中段のようにランダムに多数の点を発生させることもできます。それだけだと、まぐれ当たりを期待することになるので、ALGODesignとしては、ほかに何か、意思や条件を反映する操作が必要ですね。

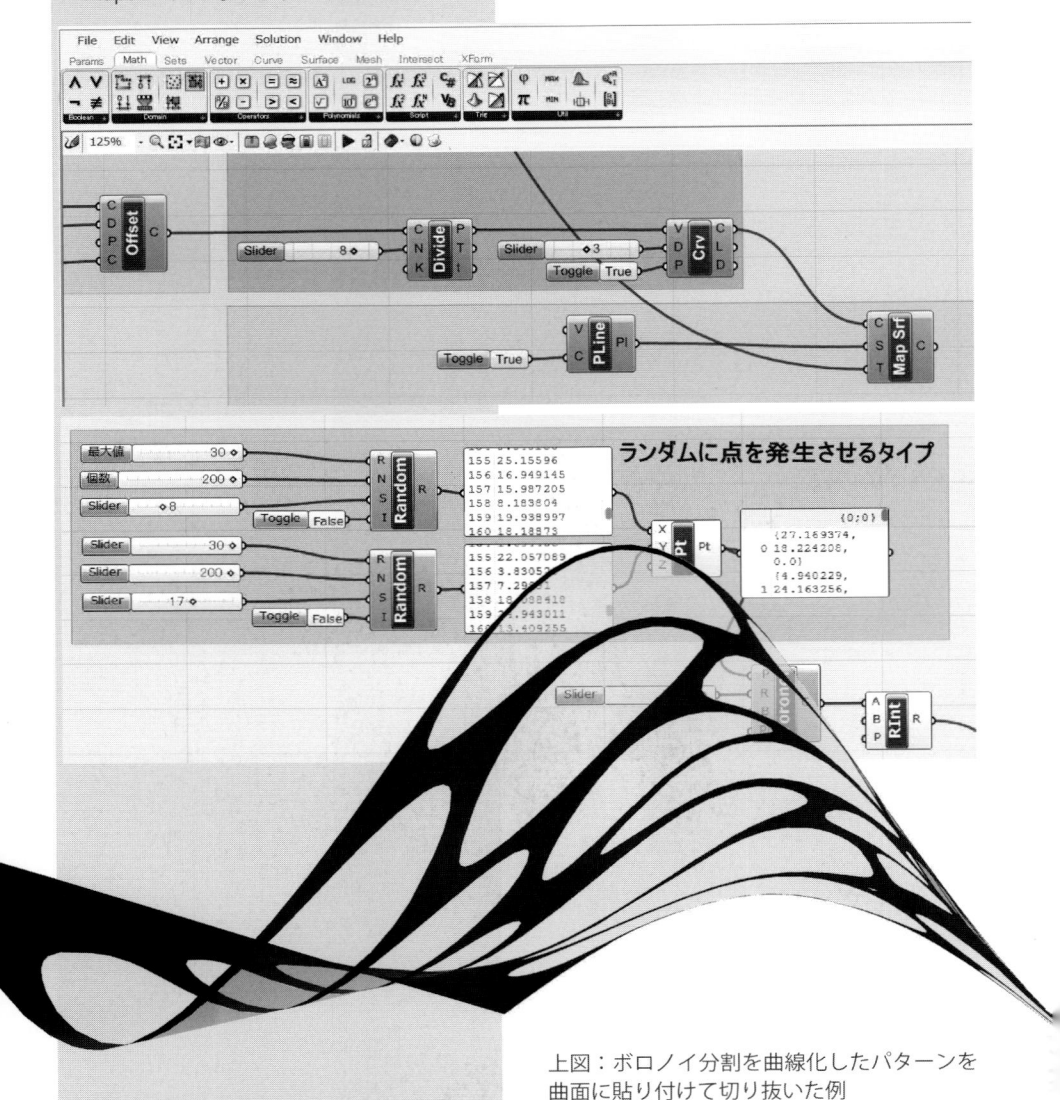

上図：ボロノイ分割を曲線化したパターンを曲面に貼り付けて切り抜いた例

3Dボロノイ分割

GHには立体ボロノイ分割のコンポーネント（3D Voronoi）があります。この本の執筆時点では直方体枠に限られていますが、いずれもっと自由なかたちでも可能になるでしょう。

このコンポーネントでは、何も考えずに点を動かすだけで、下図のようにこうした3D分割がすぐにできます。そのまま設計案になりそうにも見えます。

ただしここには、このかたちの理由や利点はまだ何もありません。ボロノイ分割は、ただの数理的な規則で、それを使ったからといって、いいことがあるわけではありません。パラメータで操作しても同様です。でも、指定したルールで、かたちが生成されていることは確かです。前にも述べたように、そのルールを目的をかなえるためのものにできるなら、こうした方法を使う意義が出てきます。そうなればそれは、ALGODesignです。そうでないと、この方法は、かたちのバリエーションを簡単につくれる、という「スライダーデザイン」に留まります。

下図：基本コンポーネントによる立体ボロノイ分割を、CGソフトで表示した例。

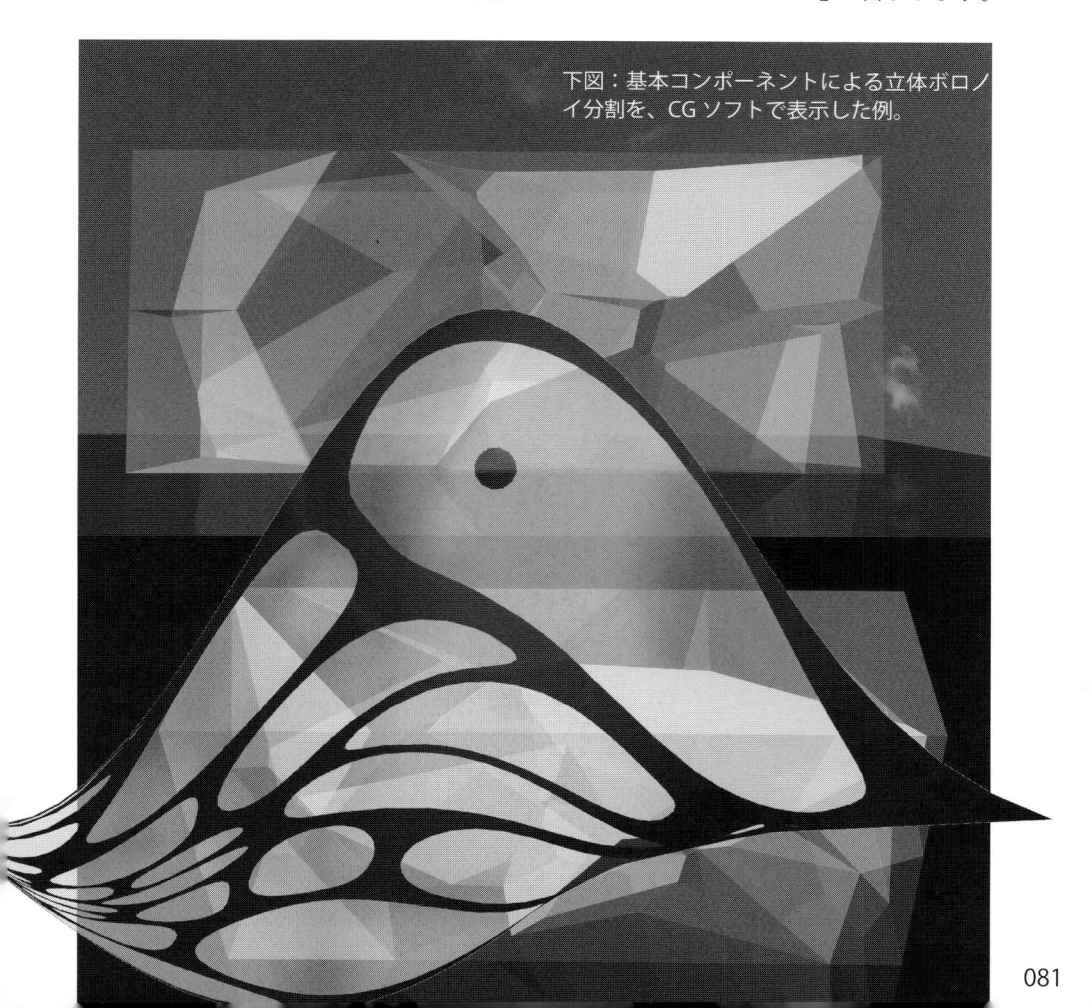

Unit 1 − 4
「誘導都市」
その2

GHのこの先は自習として、ここから、もういちど「誘導都市」に戻って、シリーズの、次のプログラムを使ってみます。

1-「新・発生街区の都市」
neo Generated City Blocks

よい道路、とはどういうものか

「発生街区の都市」は、「よい」街路計画を見つけようとするプログラムです。このプログラムの原型は、1994年の初期「誘導都市」時につくられました。今回扱うのは、その2012-年新版です。

街や都市など、広い範囲を設計するときは、ふつう、まず道路を決めます。
道路によって土地が区画され、敷地ができます。道路を配置するとは、線でパターンを描くことにほかなりません。ではどんなパターンでもいいかというと、そうも行きません。
よい道路、とはどういう道路でしょう。まずは、目的地に早く着くこと。道路の第一の目的は、どこかに行くことなのですから。これは主に車での移動を想定した場合になります。
それと、楽しさも大事です。単調でつまらない道より、歩いて楽しい街の方がずっといいですね。もうひとつの目的は、どこかに着くまでの過程を楽しめること、としてもいいでしょう。

早く着くことと、楽しいこと、このふたつが道路に求められる大きな設計条件だと、ここでは設定します。
もちろん、他にも、進む方向が分かりやすいとか、荷物の積み下ろしがしやすい、緊急車両が走りやすいなど、要求される機能は多々あります。条件を広げていくと扱いが難しくなるので、まず大きなふたつ、「早く着く」と、「楽しい」、を選んで、それに応えるプログラムをつくろうとしました。

早く着く

「早く着く」、とはどういうことでしょうか。
車で道路を走るときに、広いまっすぐの道は走りやすいのは当然ですね。
交差点があるとそこで止まるのでそのぶん時間がかかります。そこで、道の直線性と分岐数や分岐角度等に係数を掛けて、道の「抵抗値」を設定しました。抵抗値の多い道は、着くのに時間がかかる、ということです。
実際には、起伏や交通量、信号の有無などにもよりますが、まずは条件を単純化してしまいます。

歩いて楽しい

「歩いて楽しい」は、「早く着く」、より難題です。
ひとが道を歩いて楽しいかどうかは、道だけで判断するのは無理があります。道の両側の建築や樹々や、お店や、他の歩行者や遠くの景色など、多くの事柄が関わっていて、その総合直感として、

面白い、楽しいという判断になるからです。でもそういっていては何も進まないので、ここではあえて道の条件だけから、面白さ、を決めてしまいます。その決定要因は、道の曲がり具合の程度、としました。

まっすぐ単調な道をどこまでも歩いていては飽きてしまいます。かといっていつも同じ曲がり具合が続いても、やはりそのうち単調と感じることになるでしょう。

そこで、道の曲率の、その変化率を、楽しさの指標としました。

これらの設定内容の一部は、（いずれ）サイトに示す（予定）です。

発生プログラム＋評価プログラム

さて、こうして、「早く着く」と「歩いて楽しい」、のふたつの指標が定義されました。そうすると、この指標を評価するプログラムをつくることができます。これが「評価プログラム」です。

一方で、評価プログラムに入れる道路パターンが必要です。そのパターンをつくるプログラム、「発生プログラム」も用意します。パターンの発生方法はいろいろ考えられますが、異なったいくつかの方法を組み合わせたプログラムとしました。

発生プログラムと評価プログラムができたら、それをつなげばいいだけです。発生プログラムのつくる街路パターンが、次々に評価プログラムで評価されていきます。そして高い評価スコアを得た発生プログラムを選び出します。

それが、早く着くし、歩いて楽しい、「優秀な街路」を発生させるプログラム、ということになります。

この評価プログラムは、街路状のパターンであれば何でも評価してしまいます。発生プログラムからできたものでなくても、既存の街の街路を入れれば、その街路がどの程度優秀かを示すことになります。もちろんその評価が正しいという「保証」はありません。

あくまで、「設定した指標と判定方式を使った場合」のスコアです。

でも、その同じ設定のもとで複数の都市を比較すると、条件が同じですから、有意な結果が得られるかもしれません。

このプログラムは、現時点ではまだ不安定なところがあります。そのため、作動の手順は記していません。確度が少し向上できたら、公開の予定です。

下図：「発生街区の都市1994」初号版。
太い線は、この時点でプログラムが2つの評価基準のスコアを計算している道筋です。
こうして、すべての交差点を結ぶ、すべての道筋のスコアを算定し、それを合計したものが、この道路パターンのスコアです。
そして、異なるパターンでの試行を通じて、合計スコアが高い発生プログラムが、優れたプログラム、ということになります。

STEP1: 生成された街路パターンの、すべての2点間を結ぶすべての可能なルートの、「アクセス性」と「おもしろさ」の評価点を算定する

このパターンでの
アクセス性の評価（平均点）
Access Valuation of this pattern
2921

このパターンでの
おもしろさの評価（平均点）
Amusing Valuation of this pattern
2051
score

調べたスタートとゴールの数
Total Route of select 32
Total Length of route 5017
Total Point 108
30

「新・発生街区の都市」
既存の街路を評価してみる

「新・発生街区の都市」に、実在の都市の街区を入れて評価をさせてみました。下左の図が実行画面、右がその評価グラフです。グラフは縦軸が「楽しさ」、横軸が目的地に「早く着く＝速さ」です。

プログラムは、すべての交差点のすべての組み合わせごとに、この2つの評価値を算定します。そのひとつひとつが、下右の各図の、小さな丸い点です。そしてその総合値が、スコアとして下左の各図の小さな欄に記されます。（比較には交点数等の条件を同じにする必要があります）

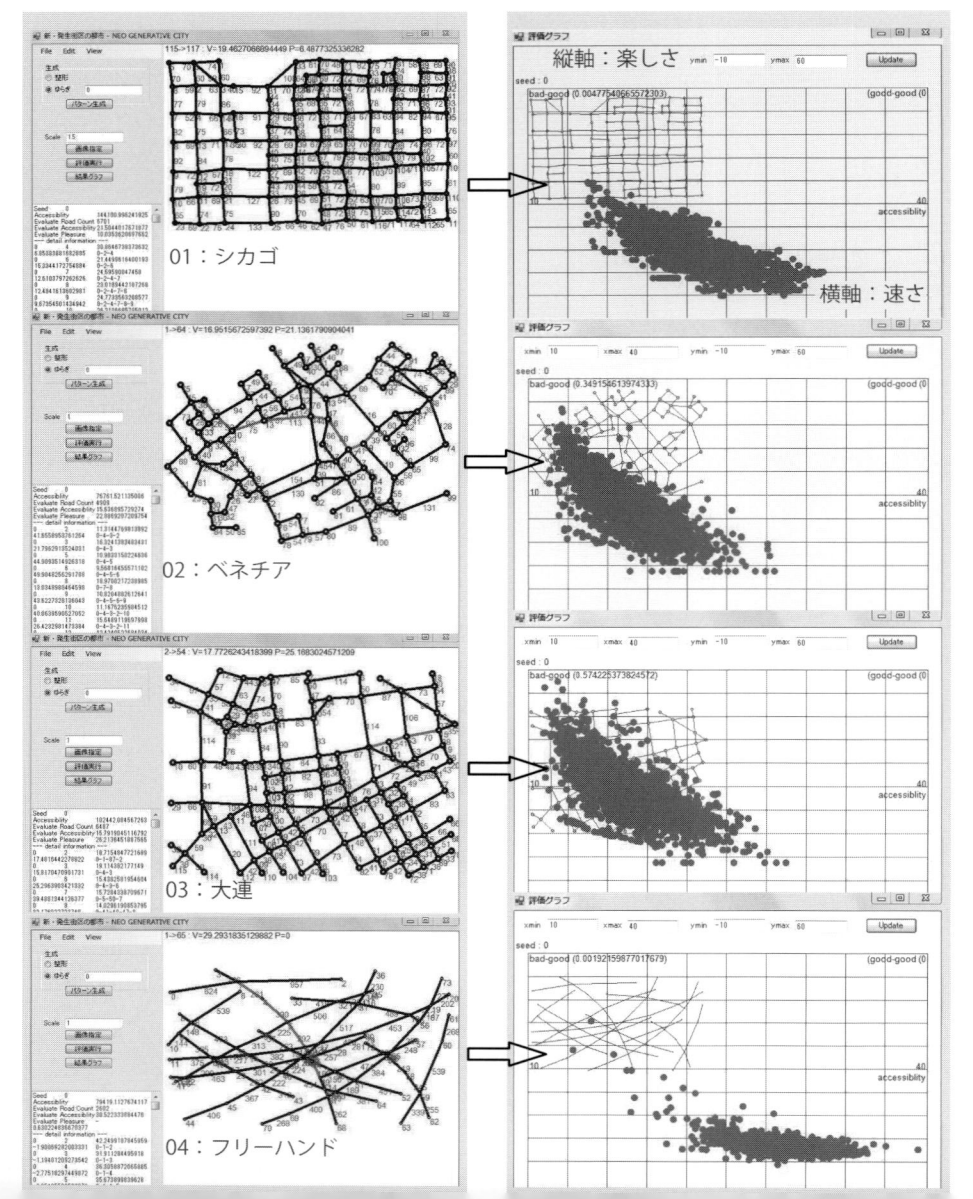

01：シカゴ

02：ベネチア

03：大連

04：フリーハンド

01
整形グリッドの街区。シカゴ（米国）です。横軸の「速さ」はこの3都市の中では最速。当然の結果と思われます。

02
迷路状の街区。ベネチア（イタリア）です。「速さ」はシカゴより少し落ちますが、縦軸の「楽しさ」では上回ります。これも予想通りです。結果と感覚が符合する場合は、設定が（その範囲では）的確である可能性が高い、といえます。

03
直行グリッドに基準角度の異なるグリッドが組み合わされた街区。大連（中国）です。「速さ」に加えて「楽しさ」も高得点です。それは、設定が、直行でも多くの街路が異なった角度で交差すると高評価するため、と思われます。

いろいろなパターンを街路とみなす、と

04
ここまでは実在の都市でしたが、フリーハンドの街路パターンで試してみます。「楽しさ」、は意外にも低調。逆に、「速さ」、はとても良く、シカゴを凌いで断然トップです。このプログラムで「楽しさ」の指標にしているのは交差点での屈曲等で、緩やかなカーブは得点が少ない設定だから、と思われます。

05
もうひとつ、「葉脈パターン」です。
これもフリーハンドに似た傾向で、「楽しさ」は低く、逆に、「速さ」の評価はフリーハンドに次いで高得点でした。

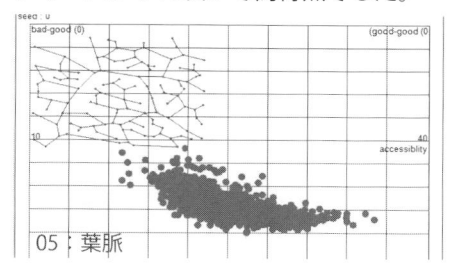

直感の予想とプログラムの評価は、このように、「合わない」こともあります。それがどうしてかを考えてみることで、プログラムに組み込んだ評価基準を、より効果的なものに近づけることができます。その評価基準を妥当と判断するには、多くの検証が必要です。これが正しいという答えは出ないかもしれません。ただ、基準が絶対でなくても、ひとつの基準で複数の対象を評価してみることで、それらの都市や街区の特性を掴むことも、可能になるでしょう。

ひとと、プログラムの、役割を交代する

このプログラムは本来、「発生プログラム＋評価プログラム」のセットで稼働します。街路を自動生成し、そのスコアを比較して、よいスコアの街／パターンを生む生成プログラムを示すことが、機能です。しかし、役割を交代して、この「生成プログラム」を、プログラムではなく、ひとが代替することもできます。
未知の評価基準のもと、高いスコアを得るにはどういうパターンがいいのか、それを推理＝設計すること。そこでは、ひとの側の、「知力」、が試されます。

2-「neON DEMAND CITY」

望ましい距離を決めると、街ができる

これは、街のどこに施設を配置したらいいか、を決めるプログラムです。「かんたんプログラム」で試行した「dinner table」の発展版です。(開発順は逆です)「新・発生街区の都市」と同様に最初の「ON DEMAND CITY」の作成は1994年で、ここで扱うのはその2012-年新版です。

近い方がいいか、遠い方がいいか

施設等は、住宅、コンビニ、学校、公園、工場、といったいわゆるビルディングタイプで分けるのがいちばん分かりやすいでしょう。そのほかにも、サイズや形状、単一機能か複合か、利用者の違い、時間帯など、街に求められる施設の分類方法は、いろいろ考えられます。

ビルディングタイプでの分類を採用した場合、配置の決め手は、「距離」であると設定しました。互いに近い方がいいか、遠い方がいいか。たとえば工場は住宅からは離れた位置が望ましいでしょう。(職住近接をより上位の条件にした場合は別です) 診療所や公園はなるべく近い方が歓迎されるでしょう。

そのように、各施設の望ましい近さ／遠さの程度を数値にしてみます。すると施設の種類数を縦横の升目にした、距離指標のマトリクスができます。

対象とするエリアに配置する各施設の数は、あらかじめ他の都市計画データから決めておきます。あとはプログラムの仕事です。その数の施設要素を、対象地域にばら撒きます。そして、すべての要素の相互距離を計算して、それが指定した望ましいマトリクスからどれくらい違うかのスコアを出します。そしてひとつの要素は、指示された街路に沿ってランダムに動かします。(道のないところには配置されない設定です)

そしてスコアが前より少しでもよくなっていたらそれでよし、またどれか別の要素を動かします。もしスコアが下がっていたら、さっきの移動は取り消して、違うどれかを動かします。以後、この繰り返しを延々と続けるのです。

そうすると、スコアはよくなり続けるはずです。そしていつか、どう動いてもスコアがもう上がらないようになります。そこがゴール、望ましい街、です。

プログラムから生まれる、「自然な」街

そうしてできた配置を見ると、これは実際の街の地図を色分けしたものに似ています。密なところと疎なところがあって、自然に発生したようにも見えます。その、意図的に配置したふうでない「自然さ」が、この「誘導都市」のデザインの特性のひとつといえるでしょう。

それは、デタラメとは違います。

「neON DEMAND CITY」には、明確な条件があります。その条件を守りながら配置パターンはできています。

でも、一見して規則の分かるような、一律のパターンではないので、「設計」されたようには見えないのです。

設計されたようには見えない「設計」。それが「誘導都市」です。

「neON DEMAND CITY 」
動かしてみよう

まず敷地の街路図を読み込みます。
このプログラムは地図を入力するとそこから道路と水路を認識します。
といっても、現段階では色分けによる判別なので、黄色の部分を道路、グレイを地、水色の部分を水路と判別します。黄色であれば何でも道路とみなしてしまいます。あらかじめ地図の道路と水路を、黄色と水色に色変換しておけば、地図を描く必要はなく、読ませるだけで済みます。（水路は、なくても可です）サイト上などの既存の地図も、地がグレイで道路（だけ）が黄色であれば、そのまま使うことができます。
その色分けがあればいいので、相手は地図に限りません。「新・発生街区の都市」で使った「葉脈」も可能です。

操作：File → open image
→用意しておいた地図ファイルを選択
→地図が読み込まれます。
あらかじめフォルダに入っている図を、そのまま読み込んで使うことができます。

下図：「要素単位」の設定ウィンドウ

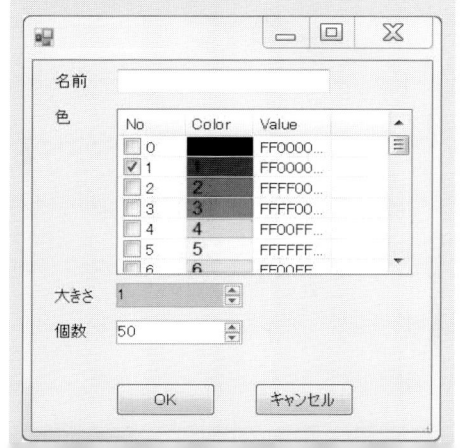

要素の「間柄」を決める

次に、この「葉脈の都市」に、「要素単位」を配置します。
ここでいう要素とは、それを機能の単位として扱えば、たとえば住宅とか、オフィスとか、ということになります。何を要素にするかは任意ですから、そうしたビルディングタイプに限らず、どんな分類にするかは自由です。
気持ちとか雰囲気といった、曖昧な要因も可能かもしれません。
このプログラムは、要素が何であるかには関係がなく、要素相互の「関係」（この場合は距離）を扱うのです。

「大きさ」は、要素ひとつの、プログラム上で扱われるサイズです。たとえば住戸ユニットは1、広場は10、というように。（マトリクスが上半分のみでないのは、「片思い」の設定を許すため・・・です）

操作：「Unit」の項のどれかをダブルクリック
→開いたウィンドウで必要に応じて「Color・Size・Count」を設定して→ OK
→要素を増やす場合→ Add →設定して→ OK
消す場合は→選択して→ remove
設定がよければ→ Start → Mapping をクリック
→配置の状態表示→ひたすらずっと待ちます。
→配置が変化しなくなったら→ stop
（自動的には止まりません）

下図：プログラムを実行すると、各要素は、地図上の道に沿って移動していきます。

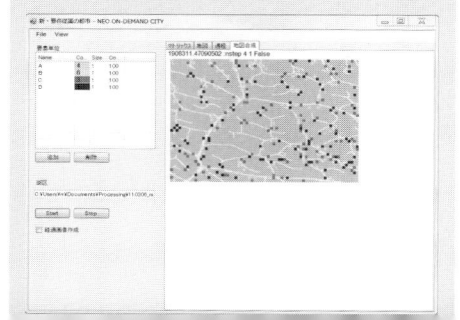

01

この例では、青と緑、赤と緑は共に距離5、青と赤は距離10ですから、青と赤がやや離れた方がいいという設定です。要素の数は青を多くしています。色分けはモノクロの誌面からは読みとりにくいですが・・・（このプログラムは未だ途上品で、動作不安定なところもあります）

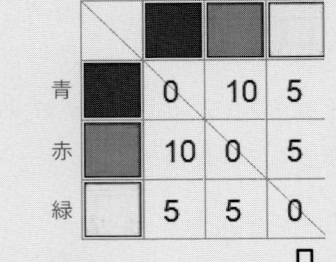

上図：要素間の距離マトリクス

下図：実行画面（以下の各図同様）

図：各要素の設定画面 color、サイズ、個数を指定します。（以下各図同）

02

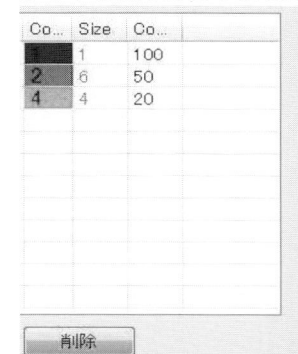

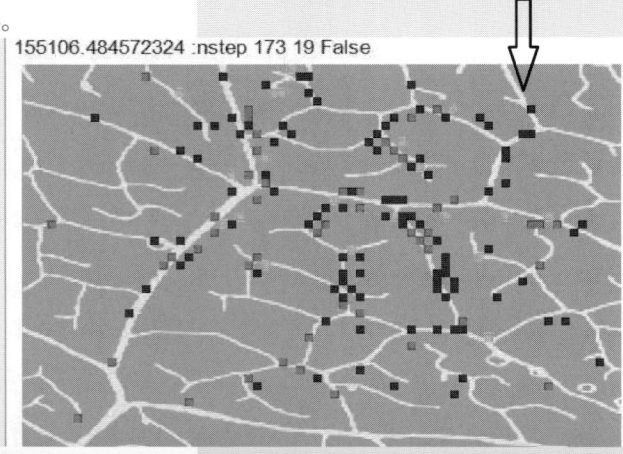

緑のユニットが他から少し離れた位置にあることをよしとする設定です。
→赤と青の要素が近接してクラスタを形成している箇所が多いのに対して、緑色の要素は単独のことが多いようです。それは予測される方向ですが、この場合は緑色の要素の数が少ないので結果がやや有意ではありません。

03

赤色の要素が他の要素からかなり離れることをよしとする設定。
→赤色の要素が敷地の主に左半分、緑と空色の要素が右半分に分かれて配置されています。
設定通りの配置とみなせます。

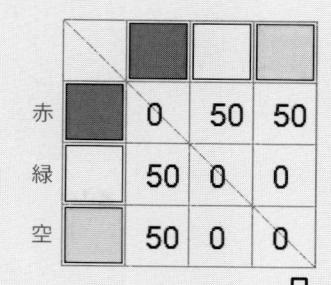

	赤	緑	空
赤	0	50	50
緑	50	0	0
空	50	0	0

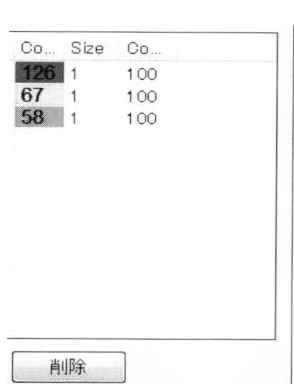

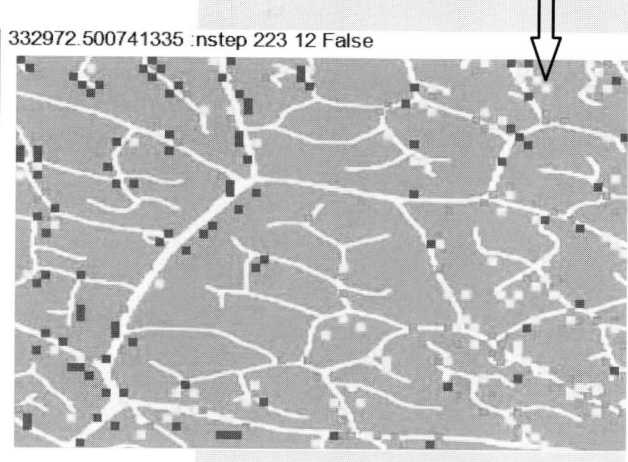

332972.500741335 :nstep 223 12 False

04

空色の要素から遠く離れることをよしとする、紺色の要素を加えます。
→紺色の要素は赤色の要素ほど明快な配置とはなっていません。空色の要素から離れる指示と、緑色の要素に近づく指示の、相反する指示が拮抗した結果と思われます。

	赤	緑	空	紺
赤	0	50	50	0
緑	50	0	0	0
空	50	0	0	100
紺	0	0	100	0

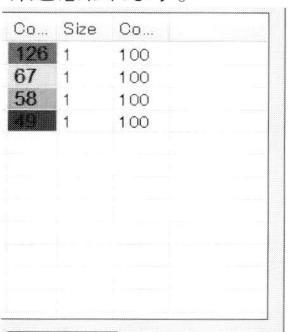

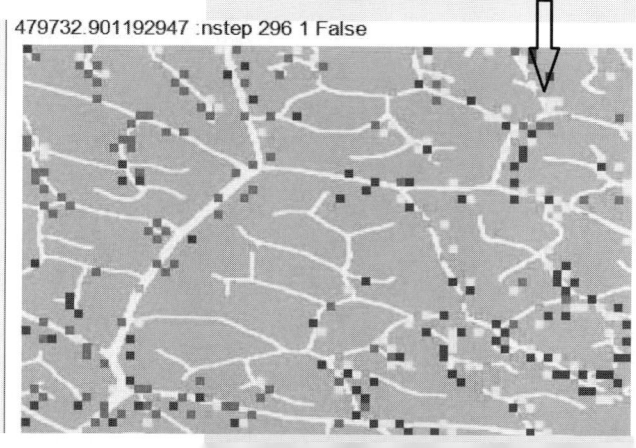

479732.901192947 :nstep 296 1 False

05

すべての要素が近接することをよしとする設定。
→ほぼ均等モザイク状に、街路沿いに配置されています。設定から当然の配置と思われます。

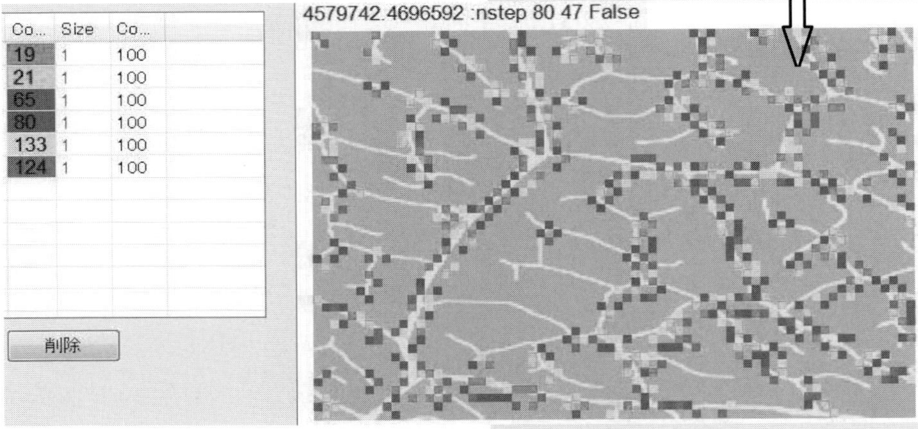

06

「新・発生街区の都市」と同様にフリーハンドのスケッチを入れてみます。
紺色のユニットが緑色のユニットからかなり離れるのをよしとする設定。
→紺色のユニットの多くは、敷地の上半部に、緑色のユニットは敷地の下半部に配置されています。空色のユニットは両者の中間に配置。ほぼ設定通り。

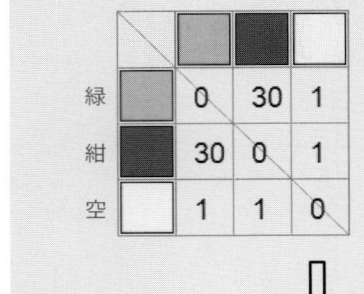

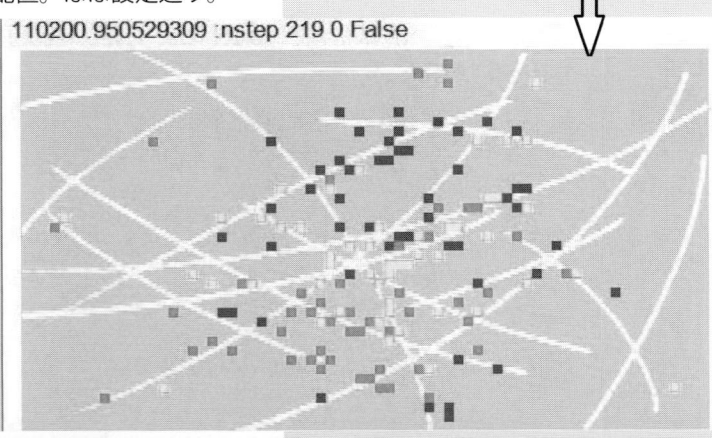

**発生プログラム＋評価プログラム
→設計**

要素単位の設定を同じにしておけば、自分でデザインした「街路」の「評価」を繰り返すことで、より優れた街路を「設計」することができるはず、です。

「発生街区の都市 1994」では、「街区発生プログラム＋評価プログラム」という構成にすることで、この過程をある程度「自動化」しようとしていました。

正答は、ひとつではないこと

**プログラム設計者だけが、
知っていること**

このプログラムでは、近づいてほしいという設定の方が、離れてもらいたい、という設定より有意に働きます。総合評価が加点方式のため、そのような傾向が強くなります。

ここで、減点も行うようにすると、離れてもらいたいという設定の寄与度が強められます。

そうすると、同じパラメータを与えても、現れるパターンは違ってきます。

そのどちらが「妥当」かの判定は、できるでしょうか。

このように、こうしたプログラムでは、過程のちょっとした変更で、結果は大きく変わることがあります。

プログラムに、「最」適という形容が適当ではないように思える理由のひとつは、そこにもあります。かんたんにいえば、プログラムの結果をそのまま信用してはいけない、ということです。

というと、この本で示している研究や試行の意味を失わせるようですが、そういう意図ではありません。

プログラムの前提と結果の間には、いくつもの（表に出てこないことも多い）「設定」がある、ということを、知っておく必要がある、ということです。

埋め込まれた、バイアス

それを知って、答えのブレや確度を意識した上で使えば、プログラムは有用なものになるでしょう。

プログラムの開発者は、そうした設定は当然承知していて、別に秘密にしているわけではありません。しかし、その類の設定を要する場所はあちこちにあって、その都度、何かの判断をして設定を選んでいるわけですが、そこには他の選択もありうる場合も多く、他の道を選んでいれば違った答えを出すプログラムになっていた可能性も高い、のです。

暗黙の前提、想定の範囲、選択肢の限定、パラメータのピッチ、ウエイトの掛け方、等々、それを決めないと進まない要因を目の前にして、でもそこに絶対の根拠は見当たらないとき、えいやっと選んでしまう。（プログラムを使わない、ふだんの設計のときのように）

それは中立ではなく、バイアスが伴います。そうやってプログラムに「埋め込まれた」数々の「偏り」に、プログラムを使う側は気づかない、知らないことが多いのです。知らない、ということを知ること、が、大事なのですね。

3- 「形力」
KeiRiki シリーズ

「形力-1」　線材による構造体
KeiRiki-1

次は、構造に関わっていきます。
「かたちをつくり、そこに合理的な構造を与える」、それが「形力」（KeiRiki）シリーズプログラムです。
「かたちとちから」の関係を解くプログラム、という意味で、「形＋力」と名付けられています。
「形力」シリーズには、開発順に「形力ー1」「形力ー2」「形力ー3」の3タイプがあります。

<small>ネーミングは、「かたちから」あるいは「カタチカラ」も候補でした。（スポーツ飲料の名前のようでもありますが）これらは別バージョンで登場するかもしれません。</small>

ALGO RITHMIC DESIGN
DUCTION DESIGN -III-
SHIN MANAMATA M... generated with
KeiRiki-1 program

「形力ー1」を用いて設計された「新水俣門」

構造の「合理」、とは何でしょうか。
それはひとつとは限りません。同じ大きさのかたちを支えるために、いちばんコストのかからない構造、というのも、合理かもしれません。「経済」上の合理性ですね。合理性を「時間」に求めれば、最短工期、が合理ですね。
でも構造上の合理性としてよく用いられるのは、いちばん軽いこと、でしょう。最小限の部材で、自分と積載荷重を支えられること。その、「重量」の合理性をここでも採用しています。

プログラムの、形態生成＝かたちをつくるパートは、ふたつに分かれています。
ひとつは全体の形状をつくる役割。
ここは通常のCGと変わりません。
次は、そうしてできたかたちに、枝分かれ状のwebパターンを発生させる役割。
ここは数値指定（パラメータ入力）によります。分岐や長さなどのいくつものパラメータの指定により、生成されるかたちは変わります。

そうしてできた全体を、構造高適化（最適化）パートが処理します。
線材のパターンだった形態に、大中小3種類の部材幅が選択適用されます。
必要なところは太く、そうでないところは細く。そして応力が一定以下の材は、消去されます。

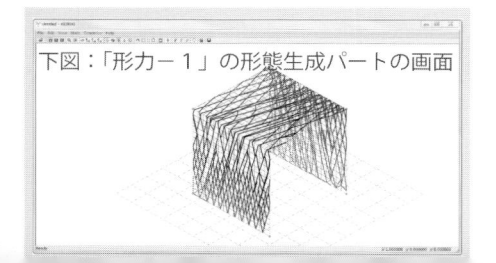

下図：「形力ー1」の形態生成パートの画面

その結果、S・M・Lの部材による、適材適所の構造架構が現れます。
このプログラムでは、部材の「せい」を一定にして、幅を変えています。
（逆に幅を一定にしてせいを変えるプログラムも可能ですが「形カ－1」には実装されていません）
プログラムの「お任せモード」では、指示できるパラメータを少なくして、操作を簡単にしています。「上位モード」では、部材の種類や材厚を指定できます。部材の「せい」の指定も可能です。
「形カ－1」は、実際に「新水俣門」の設計に用いたプログラムです：左頁図。

「形カ－2」　線と面：多面体
KeiRiki-2

「形カ－1」の機能拡張版が「形カ－2」です。
「形カ－1」は線材のみを扱っていますが、「形カ－2」では、線材の間に面を張ることができます。そしてその面が受ける風荷重を含めて、荷重条件を解きます。
「形カ－1」では、透けた網の目状の架構を扱うことになりますが、「形カ－2」ではガラスや壁で覆われた建築を扱うことができます。

デフォルトではすべての面を自動で張りますが、任意の面を無くす／張ることもできます。また、面だけでなく、任意の線材を消去／追加することも可能です。構造高適化の結果を見て、部材や面を消去したり追加したりして、再度構造高適化処理をかけることで、結果をある程度「誘導」することもできるでしょう。

「形カ－3」　連続曲面：シェル
KeiRiki-3

「形カ－1」は線材でつくられたかたちを対象にし、「形カ－2」は多面体を扱っていました。
次の「形カ－3」は、連続した曲面、シェルを対象にしています。

線材を扱う際は、構造高適化パートで部材幅を変えていましたが、面材を扱う「形カ－3」では、シェルの厚さを変えて対応します。
指定したかたちを成り立たせる最軽量の構造を見つける、という点は、同じです。
「形カ－1」では、形態はプログラム内で作成していましたが、「形カ－3」は構造高適化とインターフェースに特化したプログラムで、形態は外部のCGソフトで制作したデータを入力します。

構造高適化の結果は、厚さの分布を示す色分けと、形状を示すワイヤフレームの、両方が重ねて表示されます。
処理結果はSTLファイルで出力して、他のCGソフトでのレンダリングや利用が可能です。
現行版の「形カ－3」では、厚さの変化は不連続なので、CG表示にはある程度の凹凸が残りますが、それをより滑らかにする研究も続いています。

「形力ー2」
動かしてみよう

形力シリーズのうち、まず「形力ー2」を動かしてみましょう。

形態生成／Genemize

最初は形態をつくります。
ここでいう「形態」には、「全体」の形状と、その表面に発生するweb状の「パターン」の、2種類があります。
全体形状は、ふつうのCGソフトと同様な手順でつくります。
まず下図Initial Shapeの5つの基本形状からひとつを選びます。ここではいちばん左のVault Surfaceを選んでいます。

下図：基本形状のメニュー

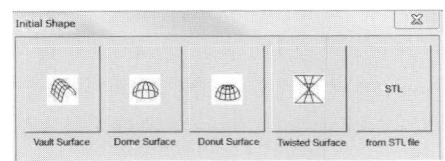

基本形状の変形は、あとで行います。
いまは基本形状のままで、その上にweb状のパターンを発生させます。

操作：Initial Shape 左端の Vault Surface をクリック→ツールバーの Genemize → generate3 →開いたウィンドウで OK

下図：基本形の上に発生した web 状パターン

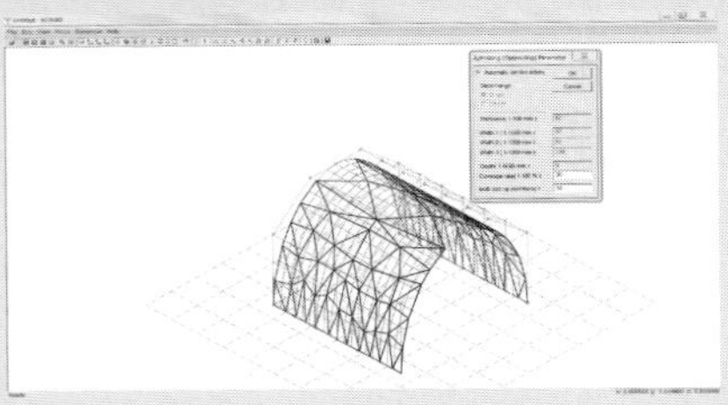

下の図はコマンドの概要です。適当にクリックして確認してみてください。
おかしな事態になったら、いちど削除して、もういちど開いてください。
コマンドの中には作動しないものもあります。動かなければ、（そこで止めずに）次に行きましょう。まずは、デフォルト設定のままやってみてください。

下図：「形力ー2」の操作画面

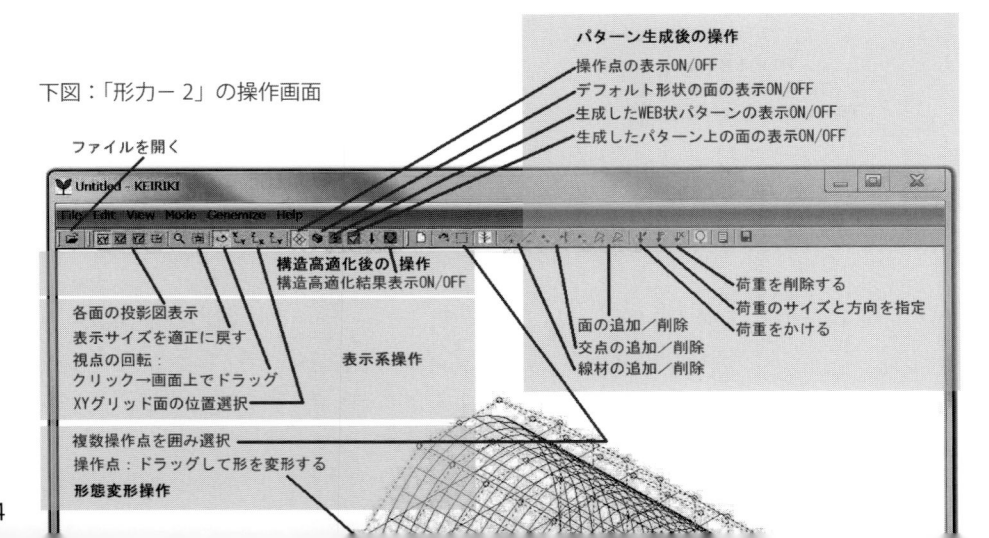

ファイルを開く

各面の投影図表示
表示サイズを適正に戻す
視点の回転：
クリック→画面上でドラッグ
XYグリッド面の位置選択

複数操作点を囲み選択
操作点：ドラッグして形を変形する
形態変形操作

表示系操作

構造高適化後の操作
構造高適化結果表示ON/OFF

パターン生成後の操作
操作点の表示ON/OFF
デフォルト形状の面の表示ON/OFF
生成したWEB状パターンの表示ON/OFF
生成したパターン上の面の表示ON/OFF

面の追加／削除
交点の追加／削除
線材の追加／削除

荷重を削除する
荷重のサイズと方向を指定
荷重をかける

構造高適化／Aptimize

次に、この架構パターンに、構造高適化（最適化）処理を行います。

ここで表示された画像が構造高適化の結果です。ここには、もとの鞍形とその次に生成したweb形と、構造高適化された部材との、3種のかたちが重ねて表示されています。それぞれの表示・非表示は、ツールバーのアイコンの、菱形・樹形・輪形、で選択します。
切り替えて表示すると、どの材が太くなり、どの材が消えたのかが分かります。

操作：ツールバーの Genemize → Aptimize
→開いたウィンドウで OK
黒い背景の別ウィンドウで構造高適化計算過程が示されて、計算終了でウィンドウは自動的に閉じます。
→開いた白い背景のウィンドウで→ OK

視点移動：
ドラッグ→回転
右ドラッグ→前後
視点回転ができなくなったら、ツールバーの回転アイコンをクリックしてみます。
キーボードの矢印キー→上下左右

図面選択：
View → View Plan XY 等を選択
→どの図上でもドラッグで透視図モード

視点操作中にモデルが行方不明になった場合
→ View で平面や立面を選び
→ドラッグで回転すると視点を動かせます。

下図：web 状パターンの構造高適化の結果

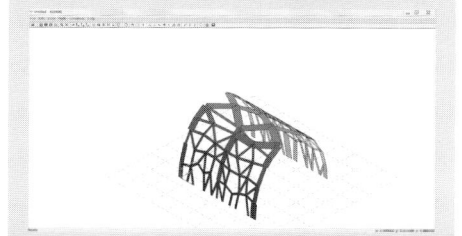

部材は、幅の違う SML の3種類になっています。応力が大きいところはL材、少ないところはS材、という具合に配置されて、応力が一定以下の材は削除されます。

デフォルトでは、構造材が太いなあと感じるかもしれませんね。部材はフラットバー（とその並列使用）の設定ですが、たとえばH型鋼にすると、同じ形態、同じ条件でも、部材は細くなります。
（上位モードではそうした設定も可能）

それとは別に、下記の操作で、部材そのものは変えずに、表示上のサイズを変えることも可能です。部材の断面性能を上げた場合に結果がどう見えるか、という相対評価ができます。
部材サイズの組み合わせの印象理解のためには、その方が適当な場合もあります。

操作：File → Document setting
→開いたウィンドウ下部の％段階を指定

下図：Document setting ウィンドウ

Generate（構造高適化）結果の画像が、ワイヤフレームのままで材幅が表示されない場合
→ View → Aptimized (Optimized) Member
のチェックをはずします。

設定を変えるとかたちも変わる

さて、ここまではいわばランチメニューのようなセット品の試行でした。次は、少し操作してみましょう。
操作するのは、形態生成パート (generate)、荷重条件、そして構造高適化パート (aptimize) の、それぞれの過程でのパラメータです。
まず形態生成パートから。

操作：ツールバー → Genemize → generate3 →各パラメータを指定します。

下図：パラメータ設定を変えた3例です。

下の図で、左端縦列は、デフォルトモードのままです。ランダム性 (Distribution factor) は少ない設定で、比較的整形に近いパターンを発生させています。
中列はランダム性を増やしたもの。
右列は、ランダムさを増した上で、さらに枝に可能な最大長（Maximum member length）を小さく設定して、細かい部材の網の目を生成したものです。
これらはいずれも荷重設定はしていないので、自重と風荷重だけで構造高適化を行っています。

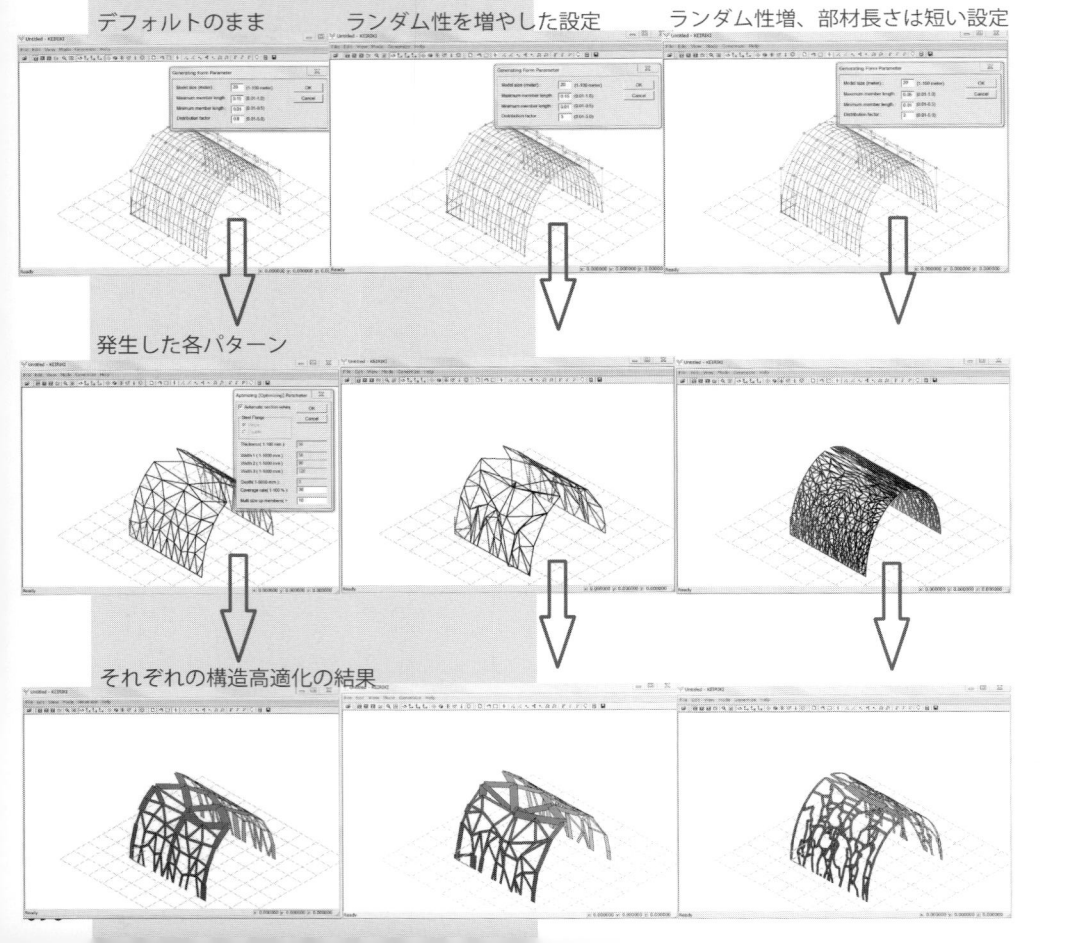

デフォルトのまま　　　ランダム性を増やした設定　　　ランダム性増、部材長さは短い設定

発生した各パターン

それぞれの構造高適化の結果

荷重条件を変えると構造形態も変わる

下の図2点は、前ページのパターンに異なった荷重をかけて構造高適化した結果です。荷重点と部材サイズの分布の関係を見ると、力がどう流れていくのかが、ある程度理解できます。

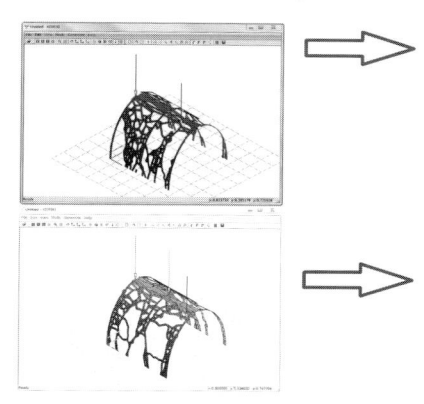

パラメータの変化で構造形態も変わる

同じパターンの形態でも、構造高適化の設定を変えると結果は変わります。

操作：ツールバー→ Genemize → Aptimize → Automatic section- をはずして各値を指定

右3段目の図は部材の可能最大サイズを大きく設定しているので、頂部の部材は数少なく、ひとつが太くなっています。最下段図は、部材の可能最大サイズを小さくしているので部材数が多く、また太さの差も少なくなっています。ランダム性の大小の設定もかたちに現れています。同じサイズのかたちを、同じ荷重条件で支えても、このように違うデザインができる。どちらも、（ここが肝心な点ですが）部材の総重量が最小になるように、高適化されている（はず）です。

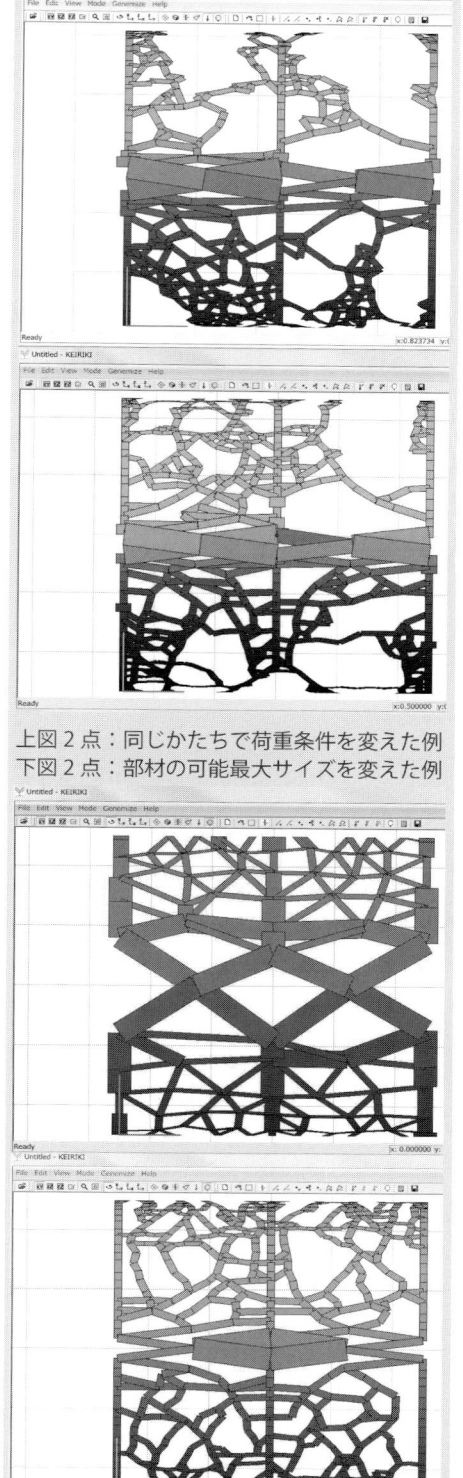

上図2点：同じかたちで荷重条件を変えた例
下図2点：部材の可能最大サイズを変えた例

基本形態を変形する

次は基本形態のうち、Torus を選択してみます。この基本形態の各点を動かして、望む形状をつくります。これは CG ソフトの操作点移動と同様です。

操作：Mode → Shape Edit by Point
→白い小さな丸＝操作点をクリック
→赤色に変わる
→ドラッグで点を移動して形態を変形
→点移動がその位置でよければ右クリックで確定です。

複数の点を一度に選択するには
→ Mode → Shape Edit by Area または
ツールバーの破線四角アイコンを選択→ドラッグ

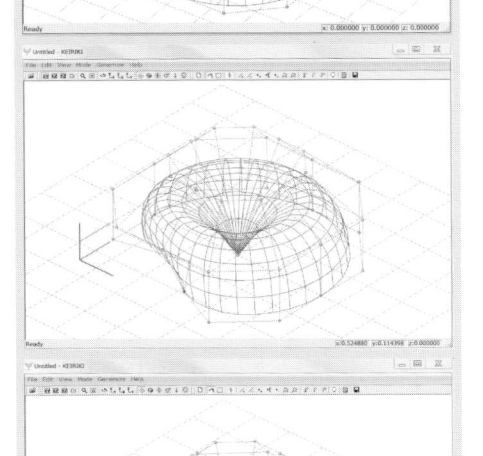

ドラッグする際は、視点を立面や平面に変えて行った方が思うような位置に動かしやすくなります。ただし、この方法で望みの形態をつくるのは、容易ではありません。自由な形状をつくるのは困難という前提で実行してください。この例では、接地している点を中心方向に移動して、裾の絞られたかたちをつくろうとしています。デフォルトでは中央部の下端は点接触ですので、下端を地表より下に持って行き、孔を広げて接地させればトーラスになります。

次に、対象物全体のサイズと、部材の表示上のサイズを選びます。

操作：File → Document Setting → Model Size（設計する対象のサイズ）と Scale factor for members（部材幅の表示上のサイズ）を指定

部材幅の表示サイズは、計算通りのサイズで表示する場合は 100%、細く表示する場合はそれ以下の数値を選びます。この操作をすると、たとえば、部材の断面性能を上げたとした想定で、部材幅が細くなった状態を確認することができます。

この段階で、名前を付けて保存します。

操作：file → save as
このファイルは「形力」形式です。
保存しておけば、この後の過程で間違えても、file → open で、ここからまた続けることができます。

パターンの生成　Genemize

かたちが決まったら、そこに web 状の
パターンを発生させます。

操作：Genemize → Generate3
→ Generating Form Parameter
→全体のサイズ、枝の最大・最小長さ、分散
の度合い、を指定→ OK
→パターンが生成される

表示選択→ツールバーのアイコン（菱形・直
方体・枝・三角）のクリック→操作点・立体・
生成した web パターン・面、の表示選択

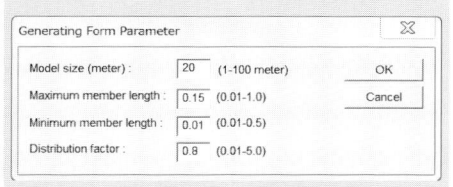

上図：Generate3 パラメータ設定ウィンドウ
Model size：モデル全体のスケール
Maximum member length：
　枝に可能な最大サイズ
Minimum member length：
　枝に可能な最小サイズ
Distribution factor：枝発生のランダム性度合

上図：Generate2
交点数、初期発生点の数、等を指定できます。
右下欄のクリックで上位モード選択→下図
ただし、Generate3 の方が安定しています。

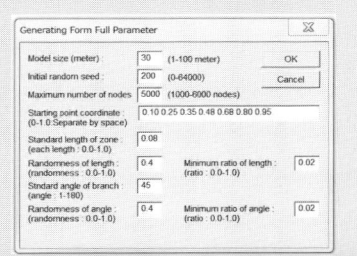

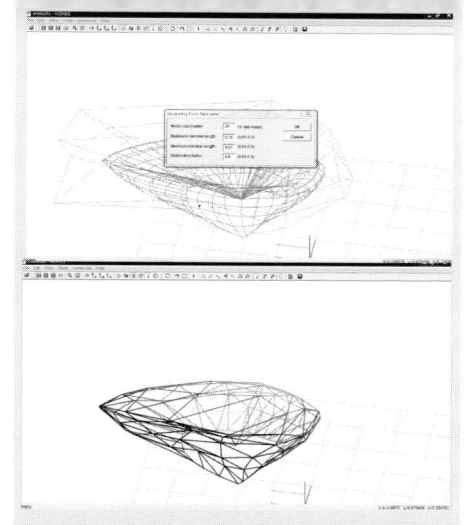

上段図：Generate3 のパラメータ設定画面
下段図：Generate3 の実行結果

荷重を掛ける

自重と風荷重は自動的に算入されます。
それ以外に、スラブを渡す、吊る等の
荷重点や他の積載を想定して、任意の
位置と大きさで荷重を配置できます。

鉛直以外の方向の荷重の場合は、if you
want to …をクリックして、XYZ 各方向
の荷重数値を入れます。
他の場所にも荷重を掛ける場合は、こ
の操作を繰り返します。

操作：ツールバーの赤い矢印をクリック
→荷重を掛ける点をクリック
→ P マークの矢印をクリック→開いたウィン
ドウで荷重のサイズと方向を数値指定

下図：鉛直下向きの任意荷重を掛けた状態

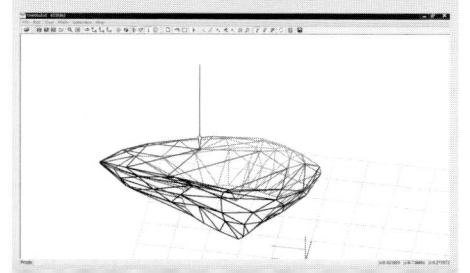

構造高適化　Aptimize

パターンを決めたら、次は構造高適化を行います。

操作：Genemize → Aptimize
パラメータ指定用のウィンドウが開く

Automatic section solving にチェックを入れてあると、おまかせモードになります。この場合、選ぶのは 2 項目だけです。チェックを外すと、指定項目が増えて、部材の断面サイズを指定できます。
Single は 1 枚の平板材、Double は 2 枚の平板材を距離を空けて配置＝H 型鋼のようなもの、となります。

操作：よければ OK →構造高適化計算の開始→別ウィンドウの黒バックで数値スクロール→いちばん下まで行ったら完了→計算完了のウィンドウ表示→ OK →結果が表示されます。

サイズや形態の複雑さによっては計算が終わらないこともあります。そういう場合は設定を変えてみて、それでもダメなら気分を変えて、かたちも変えましょう。

ツールバーで、操作点や web 状の形態パターンの表示を消すと、視認しやすくなります。
元の形態パターンの各部材に働く応力の大きさに応じて、SML の 3 種の材が選ばれて、配置されています。
一定以下の応力しか働かない材は消去されるので、元のパターンとは少し違う web 状パターンになります。
視点を回転させて SML の部材サイズの違いを確認してみましょう。荷重点に対して、力がどう流れ伝えられ、どこが大きな力を負担しているのか、を理解しやすくなっていることでしょう。

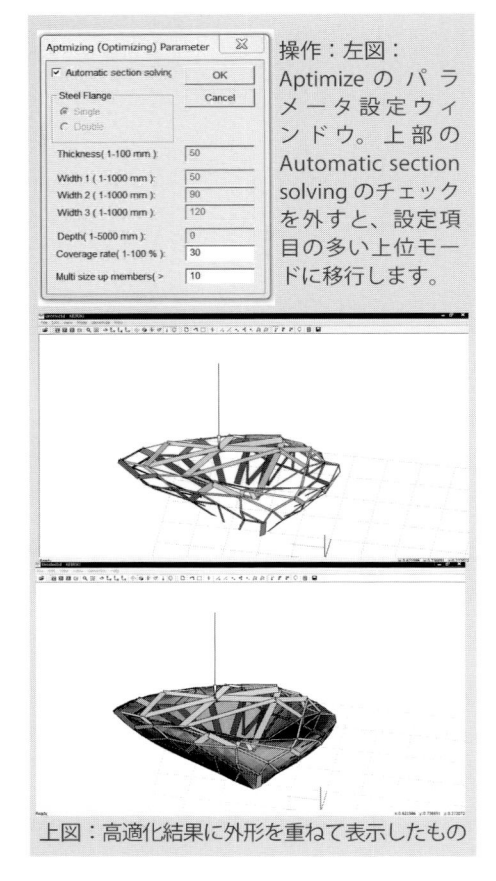

操作：左図：Aptimize のパラメータ設定ウィンドウ。上部の Automatic section solving のチェックを外すと、設定項目の多い上位モードに移行します。

上図：高適化結果に外形を重ねて表示したもの

これが、このかたち（外形）を成立させる（この web 状パターンでは）最軽量の構造、ということになります。
軽い、ということは、その「余力」をかたちの自由度に振り向けられる、ということでもあります。
何事も余力がないと、面白い、とか楽しい、とかは難しいですね。

右の図のように、ツールバーのアイコン（菱形・直方体・枝・三角形・矢印・円形）で、操作点・立体・生成した web パターン・面・荷重線・構造高適化結果、の各表示の ON/OFF を選択できます。
（View の選択も同様です）

パターンの 再調整

構造高適化の結果を見て、これはどうもという場合は、もとの web 状パターンの一部を変えることもできます。
（高適化前でも可能です）
次頁の図のように、ツールバーのアイコンの選択で、交点・線材・面の、消去と付加を行います。
ただし、この処理は、部材の選択やその後の過程が、うまくいかないこともあります。

面を消去すると、その部分の風荷重は算入されません。
すべての面を削除すると、「形力ー2」の前身の、「形力ー1」プログラムと同じ、フレーム材だけの形態になります。
「形力ー1」は、すべての面のない、線材だけの（透けた）状態での、（線材が受ける）風荷重を算定しています。

データの保存

「形力ー2」の結果を DXF データで保存すれば、CG ソフトで表示ができます。

操作：File → Save、Save as で「形力」ファイル形式での保存になります。
File → Export to DXF → DXF 形式で保存

操作：上図：各表示の ON/OFF アイコン
左から順に、操作点・立体・生成した web パターン・面・荷重線・構造高適化結果、の各表示。
（File →各項選択 でも同様に可能です）

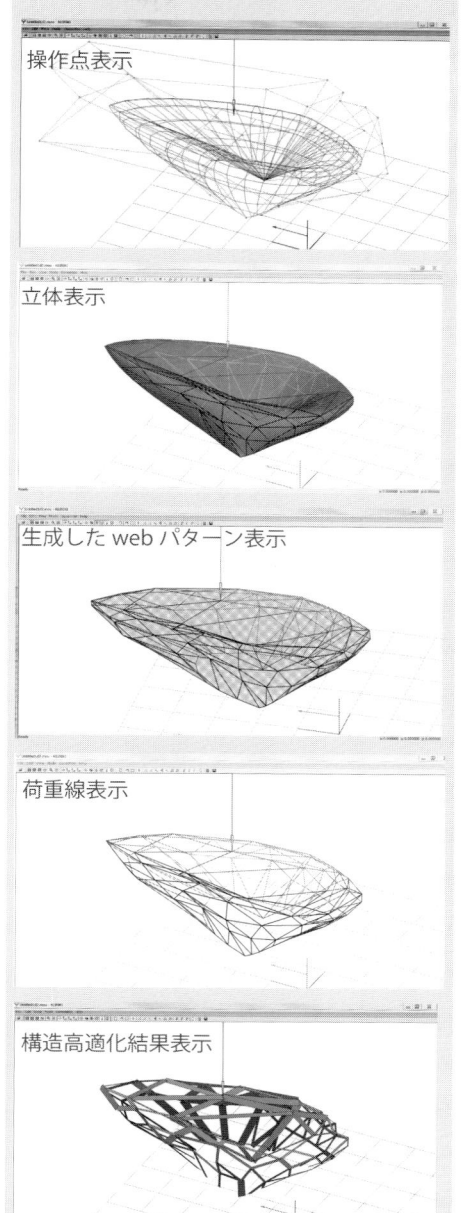

操作点表示

立体表示

生成した web パターン表示

荷重線表示

構造高適化結果表示

操作：上図：部材の付加／消去アイコン
各アイコンの選択で、線材・交点・面の、消去と付加を行います。左から、線材の＋ー、点（とF点）の＋ー、面の＋ーです。
（Edit→各項の選択　でも同様です）
点は形態の表面上、F点は（地表面等の）任意の位置の点です。

下図3点：部材変更をした例。
構造高適化結果から、材の一部を消去して、再度の構造高適化を行っています。
その結果、材のサイズが増すだけでなく、新規の材も発生しています。

下図：構造高適化の結果の例

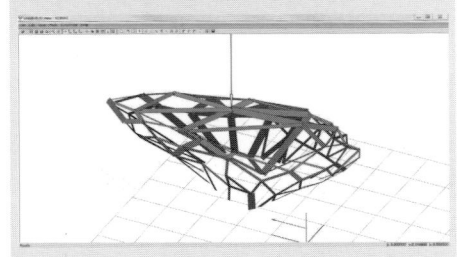

下図：上の例から、中央の材の一部を消去して、再度高適化した結果です。

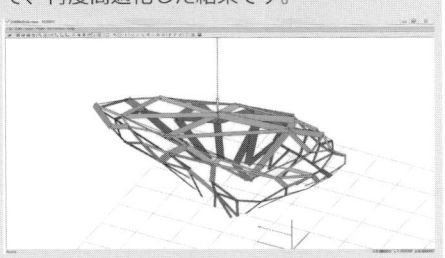

下図：その両者の、相違部だけを取り出した図。黒い部分がサイズの変化した材、グレイの部分は、新規に生じた材、です。

他のソフトで作成したかたちを使う

ここまでを実行された方は実感されていると思いますが、「形力ー2」で思うような形態をつくるのは、結構手間がかかります。違う方法、他のCGソフトで作成したかたちを使うことも可能です。それにはメッシュデータを使うので、「形力ー2」内部で生成される分岐パターンとは違って、直交系のパターンとなります。作成データはSTL形式にします。

この2頁後で、GHで作成した、SIN波による連続曲面のSTLデータを、「形力ー2」に入れています。

操作：
基本形状メニュー右のSTLを選択
→ 用意したSTLファイルを選択
→ Document Setting
→ Model sizeとScale factor(表示倍率)指定
→ 荷重点と大きさを設定
→ (Genemizeは行いません) → Aptimize

接地点は、Z座標がゼロに近い点が（許容範囲内で）自動的に選ばれます。
デフォルトでは、メッシュを基にした格子状のパターンが多くなりますが、「形力ー2」のコマンドで線材を個別に消去・付加することで、ある程度、パターンを操作することも可能です。
メッシュデータを使う場合、メッシュが細かいと、高適化処理がクラッシュすることが（よく）あります。その場合は、CGソフトでデータのメッシュを粗くしてから再度行ってみてください。粗さの程度は試行錯誤で判断してください。

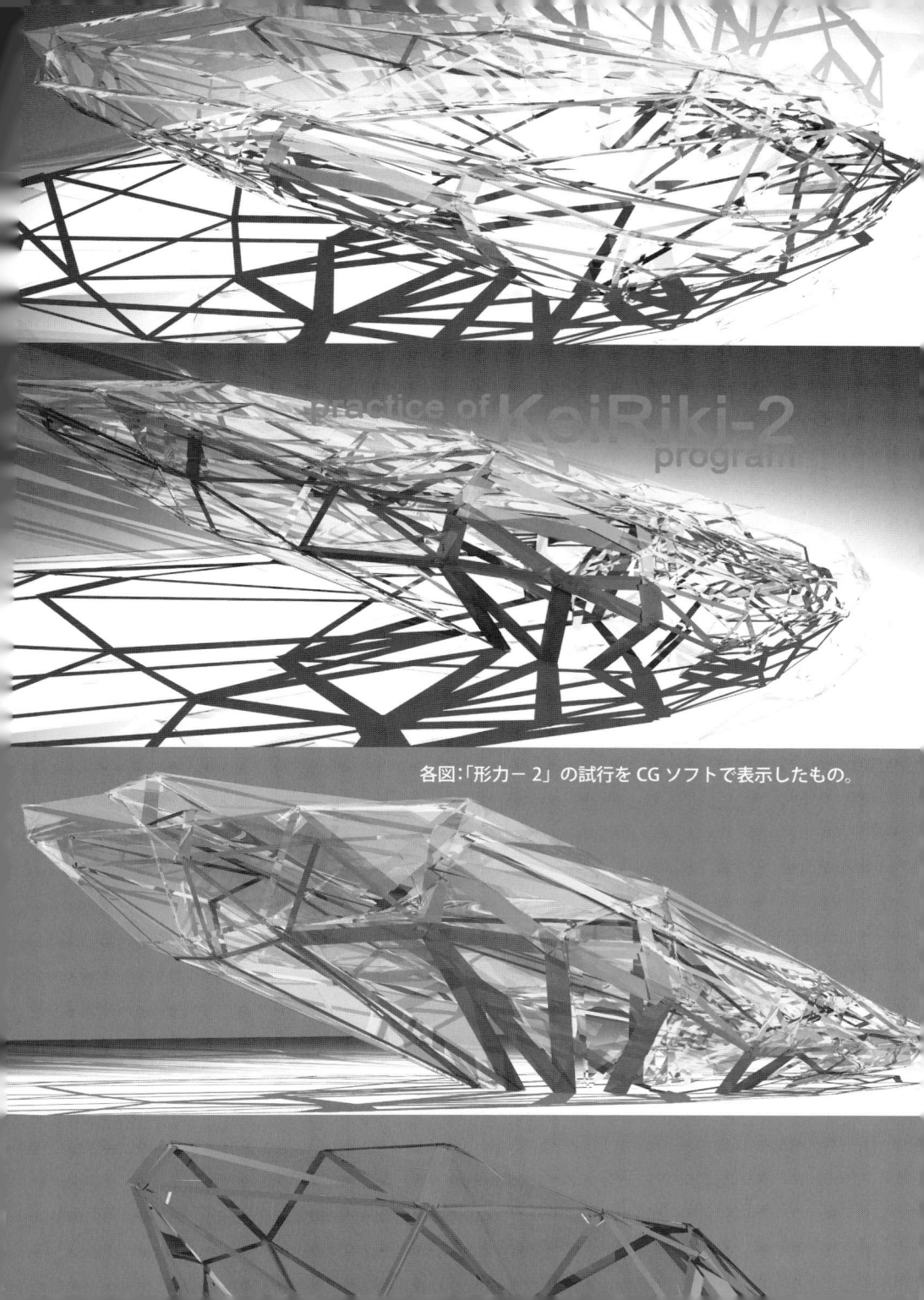

各図:「形力ー 2」の試行を CG ソフトで表示したもの。

「形力-2」の画面。線材で解きます。

「形力-2」で解いた場合

同じかたちを、線材とシェルの両方で解いてみます。上の図は、STLデータを「形力-2」で実行したものです。
SIN波の複合による曲面体を、線材（＝鉄骨等）で構成した場合の、「高適解」が示されています。

「高適」とは、（選んだ構造形式での）部材の総重量を最小にすること、と（このプログラムでは）定義しています。
このかたちを、「設計者が選んだ構造形式と設計者が掛けた荷重条件のもとで成立させる、最も軽い架構」が、これです、ということになります。

「形力-2」のデータをCGソフトで表示したもの。

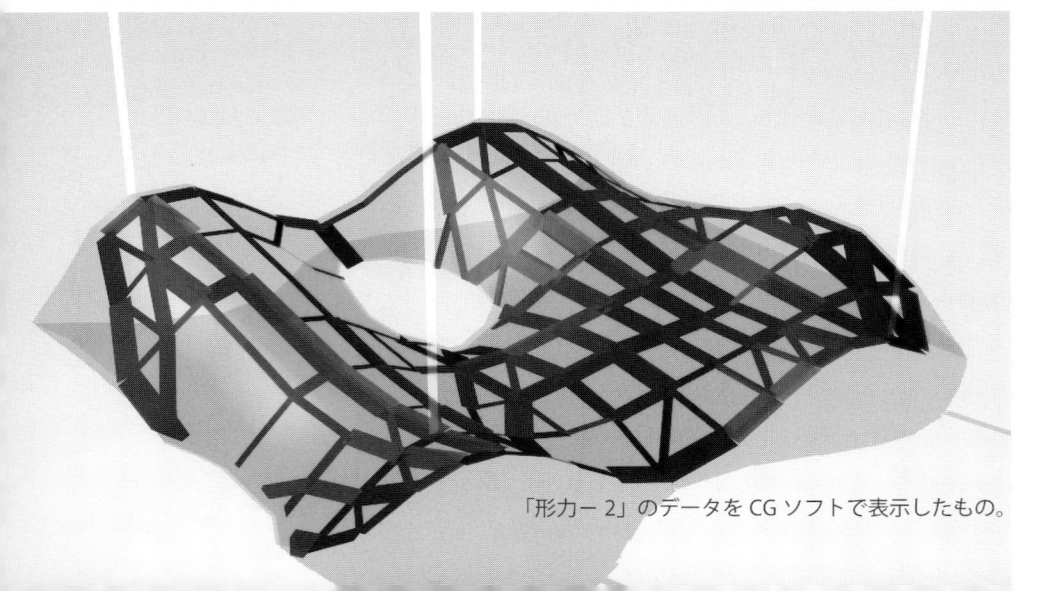

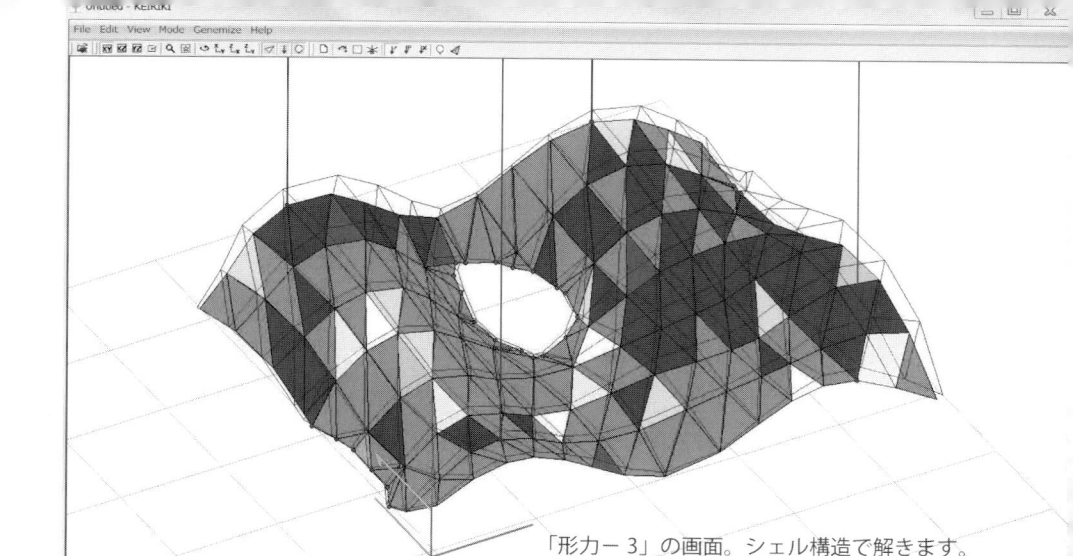

「形カー3」の画面。シェル構造で解きます。

「形カー3」で解いた場合

前頁の「形カー2」と同じ形態データを、次の項目で使う「形カー3」で実行した場合です。
同じ曲面体を、面材（＝RCシェル等）でつくる場合の「高適解」です。
（部材が変わるので自重は異なります）

上の図は、高適化による厚みの変化をメッシュの色分けで表示しています。ワイヤフレームはその形状変化表示です。
下の図は、高適化結果と、もとのかたちを重ねて、他のソフトで表示したもの。上の面と下の面の差が、シェル面の「厚み」です。（厚さの表示は強調してあります。使用したSTLデータは、他のソフトによる処理で、少し滑らかにしています）

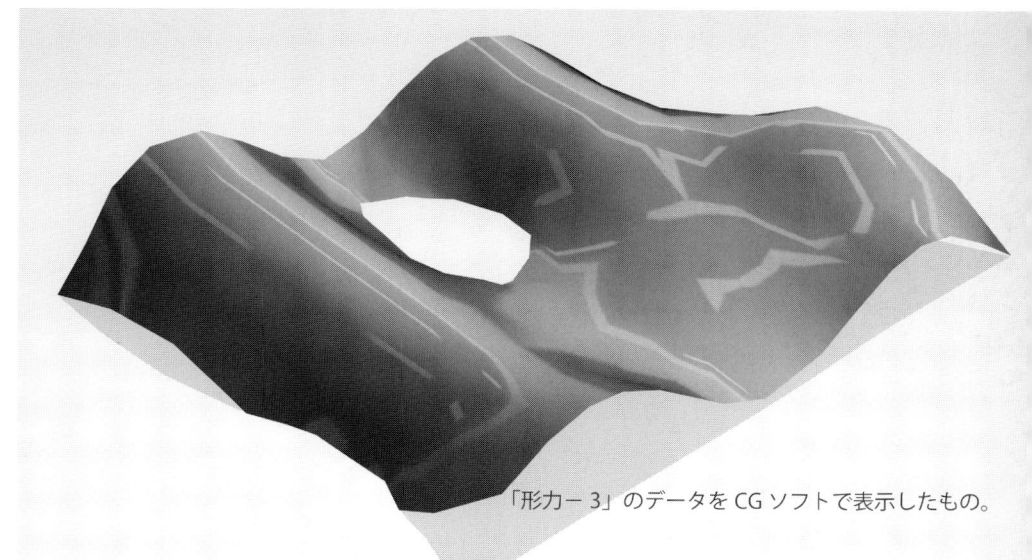

「形カー3」のデータをCGソフトで表示したもの。

Flow of KeiRiki-1 program
default　　　GENERATED　　　LOAD　　　APTIMIZED (optimized)

上図：「形力ー2」の前身となる
「形力ー1」プログラムの各プロセス
下図：「形力ー1」を用いて実際に設計され、
建設された「新水俣門」です。

INDUCTION DESIGN / ALGOD
ShinMinamataMON
by KeiRiki-1 program 2004
形と力

Required
Condition → Solution
　　＝　　　　　＝
Load+Shape　Form
aptimize　　generate
　　Program

「新水俣門」は樹木（左図）に似ているように
見えますが、それは木のかたちの真似をした
からではありません。
樹々の枝の成長と近い「しくみ」で発生した
ために、「結果として」木に似た、のです。
よく見ると、自然の樹の枝はふつうは交差し
ませんが、「新水俣門」の枝は幾度も交差し
ています。
「近い」しくみでも「同じ」ではないのです。

「形力ー3」

動かしてみよう
次は「形力ー3」を動かします。形態に荷重を与えてプログラムを実行すると、シェル構造としての「構造高適化」が開始されます。ツールバーは「形力ー2」のものに基づいています。

データの読み込みと表示
「形力ー3」で読めるデータはSTL形式のみです。他のCGソフト等で作成したかたちをSTL形式で保存しておきます。

操作：ツールバー左のFile
→ open STLでファイルを指定して読み込み
左ドラッグ→表示の回転
右ドラッグ→前後移動
ツールバーのView→平面・立面等選択

接地点の指定
GLに接地して力を伝える点を指示します。形態を支える脚部を指定するということです。Viewで立面図にしておくと指定しやすくなります。

操作：ツールバー → Shape Edit by Area mode（囲み範囲の点をまとめて選択）
→図の接地予定部分を囲む
→接地候補点が赤く表示される
→ Xアイコンのset freedom
→ FixedにチェックOK→画面内クリック
点の色がグレイになれば、接地点化済です。

荷重を掛ける
自重と風または地震荷重は自動計算されます。積載荷重は任意に設定します。
操作は「形力ー2」とほぼ同様です。
下向きの荷重はマイナス設定。大きさはー3000程度で試して適宜調整ください。

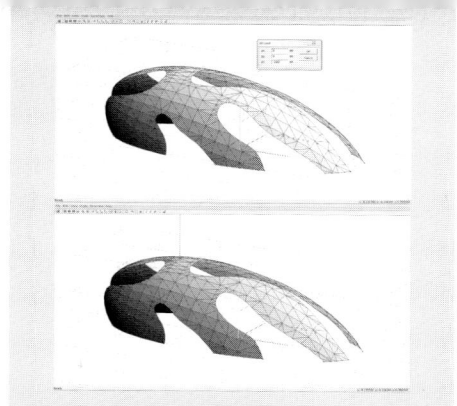

操作：ツールバーの赤い矢印をクリック
→画像の任意の交点でクリック
→荷重点が赤く表示されます。
ツールバーのPマークの赤い矢印をクリック
→開いたウィンドウで
荷重の方向（xyz）ごとの大きさを入力
→ OK→赤い荷重線が表示されます。

条件設定
これは実際の厚さを強調して示し、凹凸を分かりやすくするための処置です。1と入れれば計算値のまま。数値を増やすと、見かけの凹凸が強められます。STL output surfaceでは、応力により厚さを変える面を、もとのシェルの上・下・両方のどちらにするかを選択します。

操作：File → Document Setting
→ Result thickness scale factorの数値を入力

構造高適化
メッシュの数等により、時間がかかったり、結果が出せないこともあります。別ウィンドウの黒い画面で、数値が変化していればプログラムは動いています。そうでなければ、何らかのトラブルです。その場合は、やり直しましょう。

操作：Genemize → Aptimize Shell
→構造高適化プログラムが作動します。

01

その結果。応力に応じて変化するシェル面の厚さが色分けで表示されます。
同時に、その面がワイヤフレームで重ねて示されます。
集中荷重を与えた付近は厚くなるのは当然として、それ以外にも応力が集中する部分が発生しているのが分かります。
部材の自重と風／地震荷重は自動的に処理されています。

図のワイヤフレームは、構造高適化を行った結果の、シェルの「厚さ」の増分を示しています。
（部材の厚さは、Document Setting で係数を掛けて、実際より大きく表示してあります。構造の変化を分かりやすく示すためです）

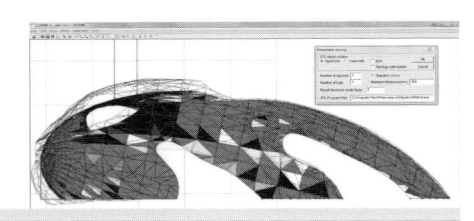

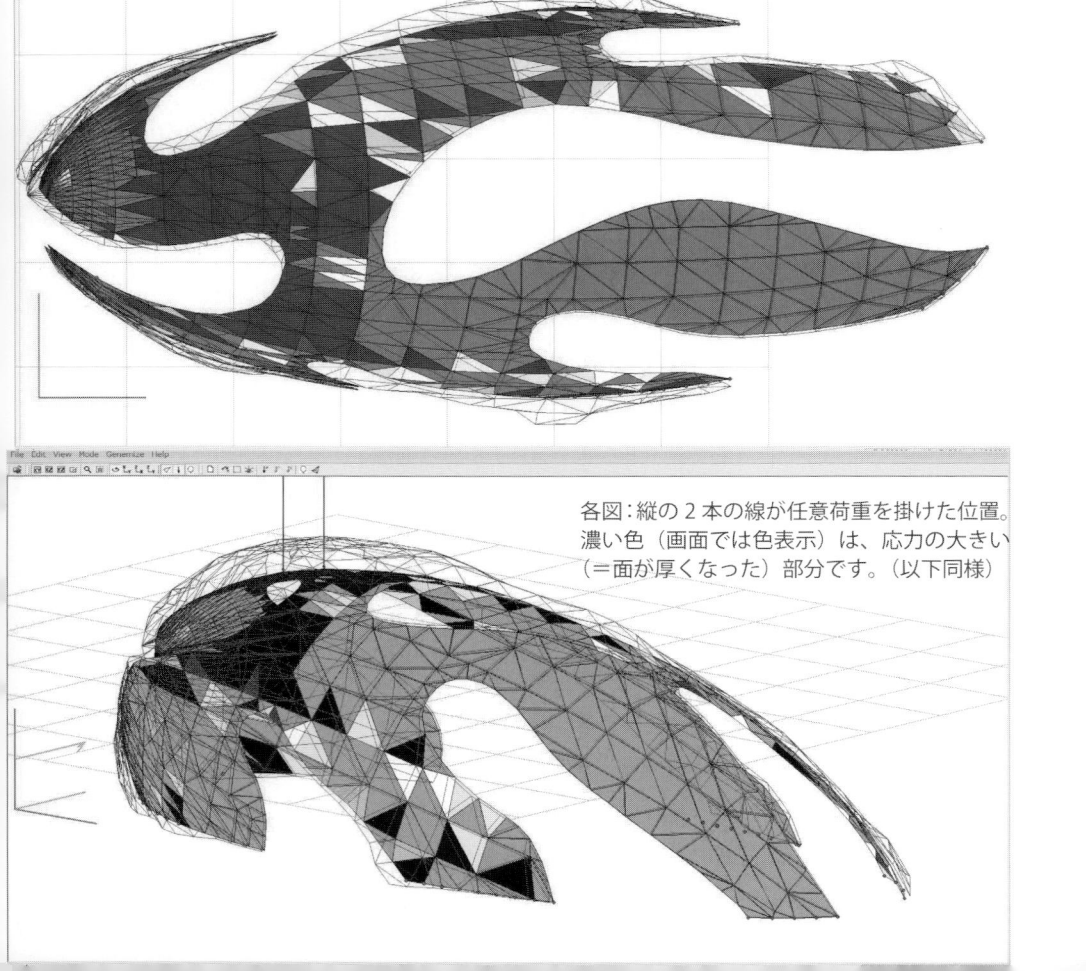

各図：縦の2本の線が任意荷重を掛けた位置。濃い色（画面では色表示）は、応力の大きい（＝面が厚くなった）部分です。（以下同様）

02

同じかたちで、荷重点を変えた場合の構造高適化（最適化）の比較が、下の図です。
荷重点の移動により、シェル面が厚くなる場所も移動しているのが分かります。
ただしその場所の移動は均一ではないようです。荷重を移動させると、思わぬところが「厚く」なることもあります。

自分のデザインが、力学という「合理」によって、どう変化していくか。デザインという「生き物」を、「力学」の支配する「自然 - 物理系」に解き放ったとき、どのような姿になるか、このプログラムは、それを見せることになります。

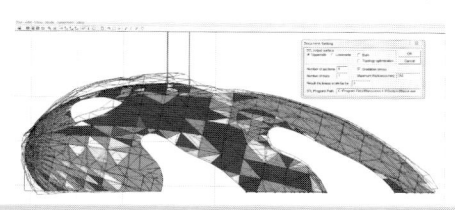

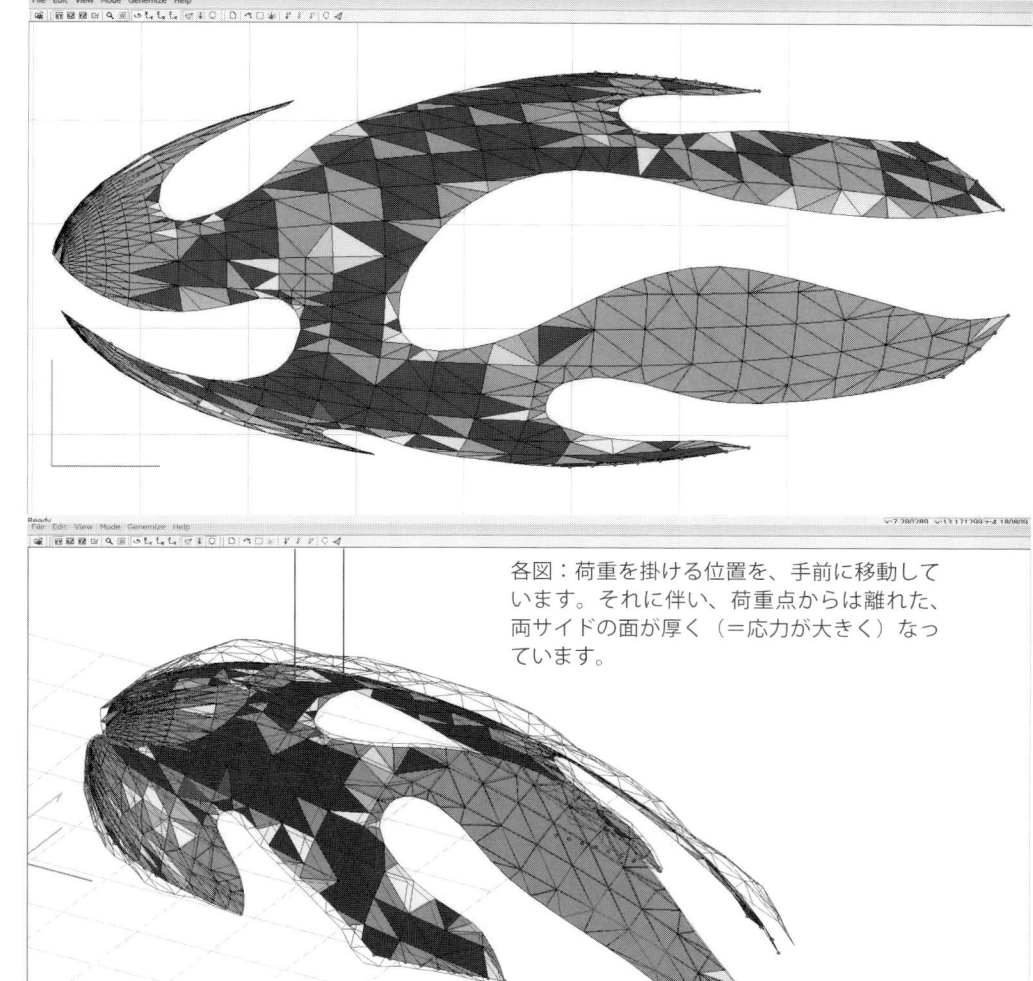

各図：荷重を掛ける位置を、手前に移動しています。それに伴い、荷重点からは離れた、両サイドの面が厚く（＝応力が大きく）なっています。

03

荷重を掛ける位置を、さらに右に移動したものです。
荷重点を移動しても、開口部の縁には常に応力が集中していることが分かります。

操作：風荷重算定時の風向の指定を行う場合
→ Edit → Set Wind Direction

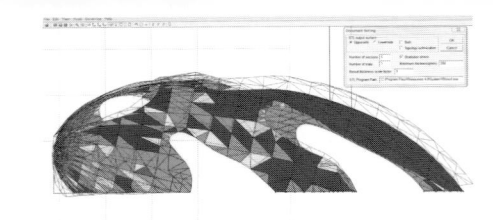

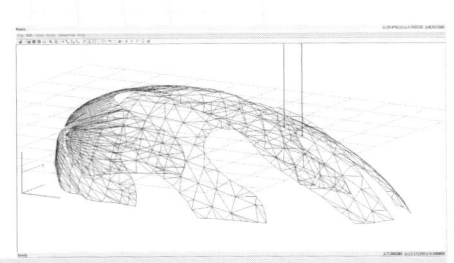

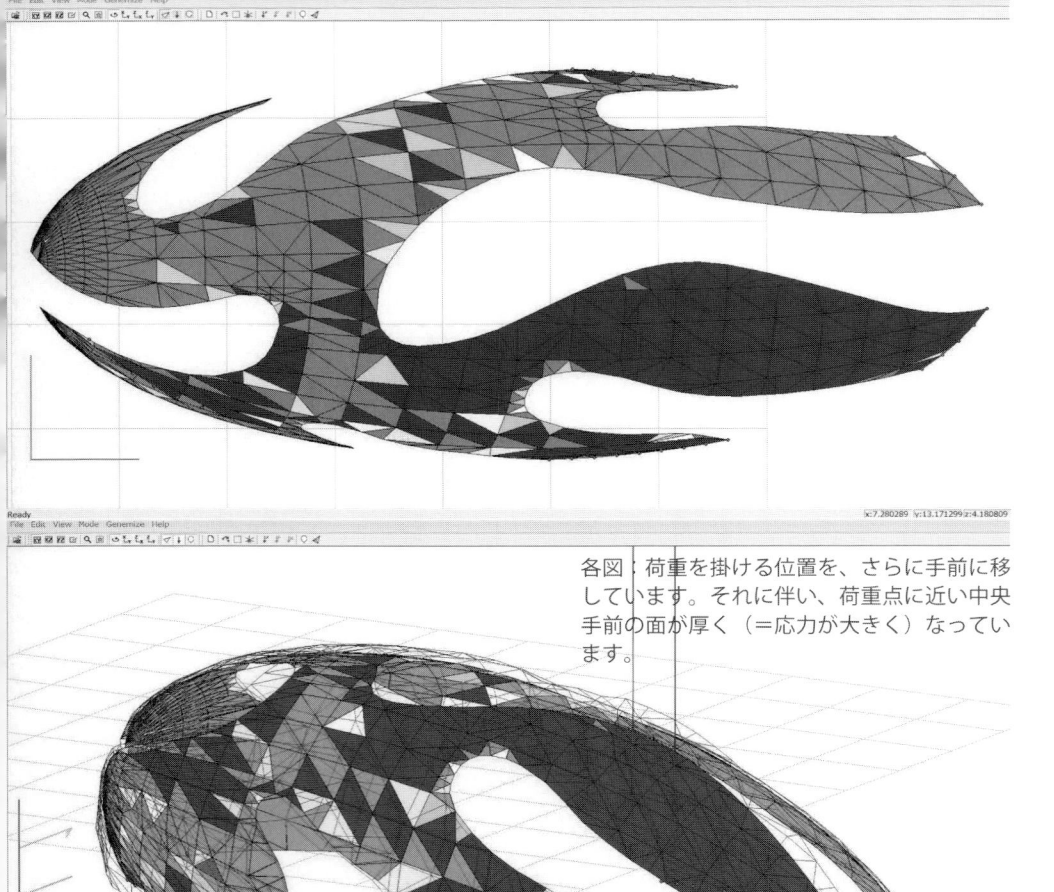

各図：荷重を掛ける位置を、さらに手前に移しています。それに伴い、荷重点に近い中央手前の面が厚く（＝応力が大きく）なっています。

04

下の図は結果の DXF データを CG ソフトで処理したものです。
矢印で挟まれた部分に大きな応力が発生して、それを支える面が厚くなっています。

「形力」シリーズのプログラムには、ここで説明した以外にも、コマンドや設定が多々あります。
紹介していない機能もあります。
（まだ作動しないものもあります）
これは何だろう、と興味を引くアイテムがあれば、試してみてください。
作動するはずなのに正しく作動しないことも、よくあります。
うまく動かなくても、ご容赦。

右図：3種類の荷重条件による高適化結果を重ねて表示した画像です。
荷重条件に応じた厚さの変化が分かります。
下図：矢印に挟まれた部分が、荷重設定により増加したシェルの厚さです。（強調表示）

高適化計算が完了しない場合

他の CG ソフトで作成した曲面形態をそのまま STL データにすると、メッシュが細かいため、計算できない場合もあります。（高適化計算部にはリミッターを設定してあります）
その場合は、データを STL 化する際に「粗さ」を選択し、メッシュの密度を減らしてデータを軽くすることで、計算が可能になる場合もあります。
ただしメッシュを少なくすると、かたちのスムーズさは減じます。
その頃合いは適宜調整ください。

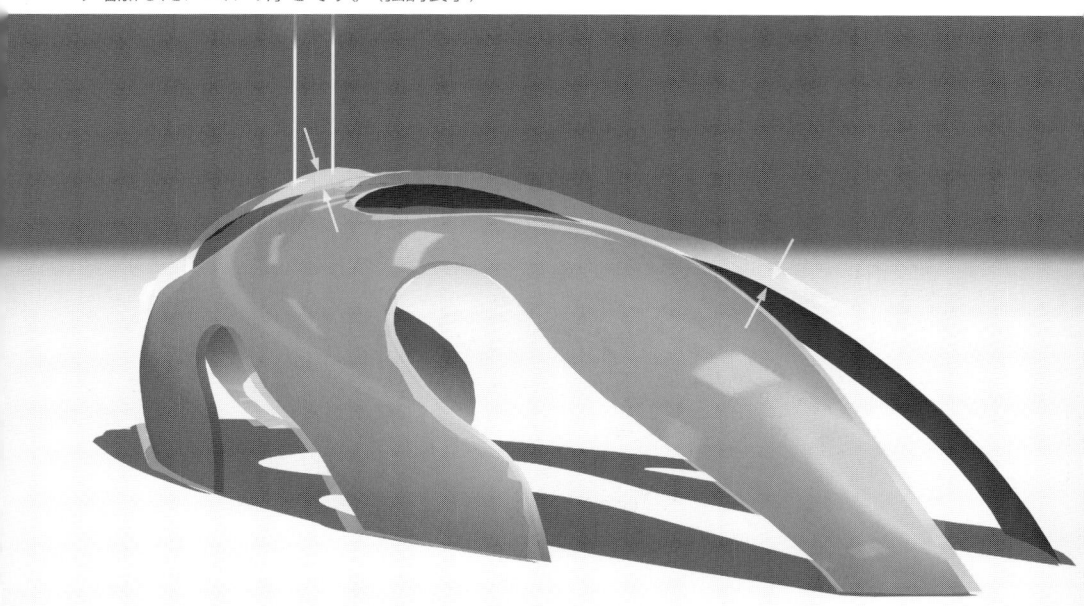

4- デザイン×構造→建築

描いたかたちが即、構造化される
「形力」は、なんの役に立つか

「新水俣門」を「形力-1」で設計したように、「形力」シリーズを実際の設計で使うことができます。

でも、「形力」を使わずに、いままでの方法で設計することもできます。

その違いは何でしょうか。

いままでの設計方法だと、設計者がデザインした形態が構造的に成り立つかどうかは、設計者にはその時点では分かりません。構造設計者にデザインを渡して、構造解析を行った結果を聞いて初めていいかダメかを知ります。それでダメならどこかのデザインを変えて、また構造設計者に聞くことになります。このワークフローでは、その繰り返しをいつまでもやっているわけにはいきません。あるところで、これでいいやと決めることになります。

もしデザインと構造チェックが同時にできたらどうでしょう。部材が太すぎるとかの意に沿わない結果が出れば、思うような構造になるまで何度でもデザインを変えることができます。

ここで大切なのは、時間が節約できることより、途中で諦める必要がなくなる（あるいは減る）、ということです。

時間の節約はコスト削減にはなりますが、設計の質が向上するとは限りません（しないことも多く・・・）。でも、諦めないトライが可能になれば、設計の質は、まちがいなく、よくなるでしょう。

これは構造設計者が不要になるということではありません。構造設計者はルーティンワークを超えて新しい構造を提案する、というような、より創造的な役割を担うことになるでしょう。

さらに、デザインと構造力学が同時に確認できれば、構造上の負担の大きな部位を理解しやすくなります。それはより安全性の高い設計ができることにもつながるはずです。

「形力」シリーズは、まだできることに限りがありますが、設計ツールとしてのソフトウエアは、今後、こうしたデザインと構造が連携する機能を持つ方向に進むことでしょう。「形力」シリーズは、その第一歩なのです。

高適化　隣の窪地、に辿り着けるか
最も適した解、は、いくつあるか

構造力学の研究の中には、構造最適化と呼ばれている分野があります。

それは、構造設計上の前提条件を同じにしたとき（たとえば同じスパン、同じ高さ、同じ荷重、というような条件で）、力学的・法的に成立する構造のうち、指定した条件をもっともよく満たす解を得ること、というように定義されると考えられます。（これは学会による定義ではありません）

指定する条件は任意ですが、部材の総重量を使うことが多いと思われます。要するに、「同じかたちを支えるための、いちばん軽い構造」ということになるでしょう。

この分野の方法としては拡張ESO法（大

森 博司：名古屋大学 都市環境学、他）が有名です。

「形力」シリーズの方法は、greedy method（貪欲法）といわれる heuristics（発見的手法）で、最初に全部材の幅を最小ランクとし、応力比が最大となっている部材のランクをひとつ上げる操作を繰り返します。「応力制約あるいはひずみエネルギー制約の下で部材体積の総和を最小化する最適設計問題」の、「近似解」です。

「誘導都市」で「高適」という言葉を使っているのは、ふつう使われている「最適」という単語にすこし？があるからです。最適という言葉は文字通り、最も適したもの、という意味ですね。最という言葉は、いちばん、という意味です。
二番ではなく、一番。これよりさらに上は、もうないということです。
ところが、構造「最適化」処理では、条件を解く際に、さらに前提としている条件がいくつもあります。たとえば変化の順序や回数、段階の選択等は任意です。それらは、どういう方法で最適解を求めるかという技術的な設定です。これは「要求された」条件ではなく、解答を出す側が「設定する条件」です。

だから、この設定を変えると、最適解は変わります。同じ要求条件に対していくつもの「最適」解があるのです。
これは最適という言葉の定義からは？ですね。最適、はひとつでないと言葉の定義に合わないような。

ここで得られるのは、要求条件に適合した唯一無二の解、ではなくて、要求条件によく適合した解のうちの、ひとつ、なのです。

高度に適合した解、は、いくつもある

そういう類の解を、なんと呼んだら適当か、と考えると、要求に高度に適合した解、という表現がふさわしいと思いました。
英語では最適化は optimize ですが、これも翻訳者と相談の上、高適化 aptimize という用語をつくりました。
この用語はみなさんに押し付ける意図はありません。ただ、最高級の形容詞、絶対、とか最適、とか（サイアクとか）は、みだりに使ってしまうのではなく、本当にその形容に値する対象のためにとっておきたい、という意図で、このような用語を使っています。

最高ではないが、満足はできる、解

こうした考え方には、窪地のたとえがよく使われます。
いちばん標高の低い場所が、求める解答だとします。いまひとつの窪地に辿りついたとき、もっと低い位置があるかもしれませんが、それを探すにはいちど窪地から出て、縁の高いところを登らなくてはなりません。より低い位置に行くには、いちどより高い位置を経由しなくてはならない。
いまよりよいものを得るには、いまの利点を捨てなくてはならない。でも、安住の地から出るのはいやだ。そうしてい

ると、いまの位置が最適かどうかはいつまでも分からない、というわけです。
構造最適化で得られる解答は、この窪みのひとつ、のことになります。
他にも窪みはいくつもあるかもしれず、どこかでまだ知られていない「もっと」最適な（これは言葉の意味からはおかしいですね）窪みが発見を待っているかもしれないのです。このように、もっと「最適」な解答があるかもしれないが、いま見つかった解で満足してそれ以上は探さない、という状態の解は、経済（経営）学では「満足解」と呼ばれています。満足という言葉には、希望は、あきらめとセット、というような実感も伴っているかもしれません。

モデルか学習か
法則が見つからない
とにかく何かのアルゴリズムを用意して、そこから出てきた結果を使う、というのは、プログラムを利用するデザインの、最初の一歩です。
もう少し進むと、何を求めるのかという「目的」と、それをどの程度達成しているかという「評価」を設定する段階になります。その目的に「合致する解答を見つけるアルゴリズムを用意」し、パラメータを変えながら解答を探す、という方法は、「モデル化」です。
モデルをつくるには法則を見つけることが前提です。法則が見つからないときは、モデルはできないということです。
では、モデルなしで「解答」を見つける、方法はないでしょうか。

失敗しながら学習していく
私たちが何かを覚えたり、よい案を探すとき、そこに法則があるとは限りません。
たとえば、こどもは言葉を覚えていきますが、言葉の法則、つまり体系的な文法は、言葉を話せるようになってから、学校で学ぶことになります。
文法という法則から始めなくても、ひとりでに言葉は話せるようになります。これが、学習、ですね。この「学習」という方法でプログラムをつくれる可能性もあります。

ロボットの分野では、この方向のプログラムが研究されています。
たとえば、ボールを打つ動作をさせるのに、動作を教えるのではなく、打つ動作を繰り返す中から、技術を上達させる、という方法です。私たちが腕を上げていく過程と、よく似た方法です。
「誘導都市」のひとつ、「流れのプログラム」では、これに関係した方法を使おうとしました。ヒトとプログラムが対話を続けていくと、やがてヒトが求める解答に近いものをプログラムが出すようになる（はず）という狙いです。このプログラムはニューラルネットを使って開発し、稼働はしましたが、思ったようには「腕前を上げる」ことができませんでした。
そういうこともあります。
それでも、その成果の一部は、実際の建築の「つくばエクスプレス 柏の葉キャンパス駅」（2004）で使われています。

Unit II 理論編

ここからは「Unit II」理論編です。
理論といっても、プログラムの技術論ではなく、その背後にある、考え方、について、です。
プログラムを動かすことはせずに、そうした考え方の、なりたちや進む方向、そしてその先にあるものについて、考えてみます。

プログラムは、技術です。
技術は、使う目的によって、プラスにもマイナスにもなります。
使えるから使う、より、何かをよくするために使う、その「何」を考える、手掛かりになればと思います。

これは、ひとつの結論に導く論ではありません。
設計とその方法について、複数の位相から接近し、それぞれの接触点での可能性を考察します。
そして、それらの接点を結んで生まれる複数の曲面の摺動に、これから向かう方向を探ろう、という主旨です。
そこでどの方向を見つけ出すかは、みなさんそれぞれにかかっています。
その方向を想定した上で、ALGODesignを進めることで、より強く明らかな成果も得られること、でしょう。
ひとつの答えを示すのではなく、複数のオブジェクトを巡る中で、みなさんそれぞれが、どこかに発想の手掛かりを見つけ、何か新しいものが生まれること。
プログラムをつくることと、なぜどうしてと考えること、そのふたつの面の間を行き来する心的エネルギーが、やがて臨界点を超え、その二面を破って外にほとばしる、激しく明るい光となること。
2枚の鏡の間で反射を繰り返すうちに強度を増していき、ついには鏡を超えて発生するレーザー光の、励起の過程のように。
そんな現象が起きることを、期待しています。(この比喩は前にも・・・)

理論編は、次の4つのユニットからできています。

Unit II － 1
設計は　何のために　するのか

Unit II － 2
世界は「設計」されている

Unit II － 3
世界を設計する　6つの方法

Unit II － 4
「柔らかい科学」　としての　設計

Unit II − 1
設計は何のためにするのか

では、こうしたプログラムは、何の役に立つでしょうか。
それを使うことで、建築は、都市は、どうよくなるのでしょうか。

1- 設計には
かなえるべき条件がある

建築に求められること
書き出せる条件
設計には様々な要求条件があります。
建築にとって大きな条件は何でしょう。
まず敷地ですね。
建築は車やスマートフォンなどのプロダクトとは違い、ふつう、ひとつの敷地にひとつつくられます。大量生産ではなく一品生産のオーダーメイド。だから、その敷地に適したように設計されることが求められます。
その敷地では、太陽の光はどの方向から当たるのか、季節による風向きの変化はどうか。起伏や傾斜、水の流れや樹々の状態。ひとはどちらから来るのか、昔はどうだったか、今後の計画はあるか、等。
そうした敷地と環境の条件の、どれにどのように対応するのか、その選択と重み付けから、設計で満たすべき条件が決まります。
もちろん敷地だけが建築に求められる条件ではないですね。機能、サイズ、カタチ、法規、予算、工期等々、たくさんあります。そうした大項目はさらに小さな項目に分かれていきます。リストし始めたらキリがないくらいに多くの条件が出てきます。
リストするときりがない。そう、条件のすべてを書き出すことは、ふつうはできない、といっていいでしょう。

その設計条件を書き出すこと
たとえば最初に挙げた敷地条件で、風の条件を決めたいとしましょう。
気持ちのよい風が吹き渡る建築にしたい、とします。でもこれはまだ設計の「条件」にはなりません。気持ちのよい風とは何か、分かりませんね。
それで、夏は涼しい風がそよぎ、冬は風が吹かないようにしたい、とします。
すると涼しい風とはどういうものか、温度湿度風速風向はどんな数値なのか、風が吹かないとは風速何メートルのことなのか、決めなくてはなりません。
そうなると、ひとが気持ちよいと感じる風のデータ、が必要になります。
その場所の風の季節と日々の変動データも要ります。それらを揃えて、やっと条件が決まってきます。
ただ、それと、その条件を満たす設計ができるかどうかは、また別の話です。設計できるかどうかには関わりなく、こうあるべき、これをかなえてもらいたい、という、設計が満たすべき条件が、ようやく書き出せた段階です。

2- しかし数値化できない条件がある

気持ちいい、は定義困難
何が好きか、自分でも分からないとき

曖昧にしか表せないことは、条件になるでしょうか。

条件が風だけであれば、それはできないことではないでしょう。

でも、条件は他に膨大にあります。

図書館の設計で、快適な閲覧室にしたい、といっただけでは、条件にはまだなりません。快適とはどういう状態なのか、閲覧室に特有の快適な状態というのはあるのか、等々をもっとはっきりさせないと、曖昧すぎて条件にはなりませんね。

そんなことはない、曖昧な記述だって条件だ、という方もいるでしょう。

美しい建築、とか、環境にやさしい建築、とかいうだけでも、条件だと。たしかにそうです。それも条件。

でも、では、できた建築がその条件をかなえているかどうかは、どうやって判断するのでしょう。

環境に優しい建築、かどうかは、どうやって決めるのか。判断には基準が必要です。エネルギー負荷や、廃棄物の種類や量等、何かの指標がないと、気分、で決めるしかなくなります。

さらに、自分でも分からない「条件」もあります。もっといいもの、がほしい、でも何をどうよくしたいのかは、分からない、というような「条件」。

3- そして、満たせない条件がある

矛盾した条件は、かなえられない
無理なことは無理

条件を記述することはできても、その要求がかなうとは、限りません。

もともと無理な注文は、できません。

風の話で、建築の戸外や半戸外部にはすべて夏は風速3m/sの風が吹く、と、もし決めても、いつでもそうなるように設計するのは、まず無理でしょう。

風は絶えず変わる自然現象ですから、人工物で調整できる範囲には限界があります。無風の日にそよぎがほしければ人工の風を起こすしかありません。

そうした、もともとスペックに無理がある条件は別だ、といわれるかもしれません。

では、達成できるはずの条件なのに、それがかなえられない、決定的な場合があるとしたらどうでしょう。

「dinner table」のプログラムと、「新・発生街区の都市」を思い出してください。たとえば、住宅とスーパーと町工場をひとつずつ配置するとしましょう。この3者を便利で住みやすく使いやすくなるように配置する、というのが設計条件だとします。住宅も工場も、スーパーは近い方が便利です。住宅は工場から遠い方が騒音や交通安全上よいでしょう。ではどれとどれを近くに配置すると、設計条件がかなうでしょう。

これは「3すくみ」の状態になります。

どれを近くに置いても、どれかにとってはマイナスになる。どれもが満足するような配置はできません。

近くに置くか遠くに置くかという、簡単容易なはずのことが、できなくなるのです。

そうなるのは、要求条件に矛盾が含まれているからです。条件の中に、互いに拮抗する関係が含まれる場合、条件を完全に満たす設計は、できません。

まとめてみましょう。

条件とするにはまず、基準が記述できることが必要で、多くの場合それが難しいので曖昧な記述になり、曖昧にしても満たせない無理な条件の場合があり、さらに個々は無理でないのに対立関係が含まれているので結局達成できない場合がある、ということが「分かり」ました。（なんのことか・・）

設計を評価する
いいか悪いか、は分かるか

さて、こうした困難を克服して、条件をなんとか設定し、それを達成すべく設計ができたとします。その設計は、求める条件をうまくかなえているでしょうか。

条件のうち、基準が明らかに記述されているものについては、設計を評価することが可能なものがあります。

避難距離のように数値化されているものは、達成度を計れます。面積・容積・天井高のような幾何学上の数値や、コストのような算定値、遮音性や断熱性等の物性値も可能です。部屋の近接性やアクセス性もある程度算定できるでしょう。

曖昧な記述の条件はどうでしょう。

気持ちのいい閲覧室、はそうなっているでしょうか。それを評価しようと実体感シミュレーションをしても、それは実物とは違います。結局は、実際の閲覧室に自分が居る状態を「思い浮かべる」しかありません。室内を歩き、書棚から本を取り出し、机に座って本のページを開く。窓からの光の具合、聞こえる音、天井の高さ、壁のテクスチャ、それらの中で、自分の気持ちを確認します。ああ、気持ちいい、と思えれば、よし。でもこれは、とっても不確か、です。

いまが、コンペ当選の知らせを受けた直後なら、この空想の閲覧室にもいいねといってしまいそうだし、落選のときはダメというかもしれません。自分ですら確かでないかもしれない、揺れ動く評価。

そしてその評価は、何をどう判断してそういう結論になったのかも、よく分かりません。とにかく、全体として、いいか、いまひとつか、という直感頼りです。

この直感こそ、ひとの脳の優れた能力だと思いますが、直感は分析が困難です。直感は直接の感覚、小分けにできない総合性が、直たる所以です。これを被験者の脳波パターンで指標化することは可能ですが、指標は判断の根拠を教えてはくれません。結局、曖昧な条件は、直感評価しかできないことになります。

だだし、その直「感」の「印象評価」は、さらに直「観」の「総合的判断」に高めることもまた、できるかもしれません。

4- 数値化できない条件と満たせない条件をどうやってかなえるのか

達成できない条件
まとめてみましょう

建築に求められる条件は、はっきり数値などの基準で示せるものと、気持ちのように曖昧な文でしか表現できないものがあります。そして、できあがった建築がその条件を達成したかどうかも、曖昧な条件は、直感で判断することになります。

評価できること、と、設計できること、の違い

たとえば天井の高さを4m以上に設計する、という条件をクリアするのは容易です。天井や床が波のような曲面の場合でも、床から4mの高さに仮想の面を張って、それより下に天井の面が来ないようにデザインしていけばいいのです。
日影はどうでしょう。隣の敷地に落ちる影が規定以下になるようなデザインは、ひとつだけではありません。選択肢は無限にあるともいえるでしょう。設計する建築のかたちが複雑になれば、そのあちこちからの影が複合するからです。天井高さのときのように単純にはいきません。だから、スタディの中である程度のところで手を打つ、ことになります。もっと数限りなく試せば、もっと望ましいかたちがあったかもしれない、という可能性は、いつでも残るのです。
数値で明確に指定できる条件であれば、基準ははっきりしているのだから、それを満たしたより望ましい設計が得られるはず、と思えますが、その保証はないのです。
いいか悪いかは客観的数値で評価できるからといって、その数値の高い、いいものを、つくることができるとは限りません。
評価と生成は、別なのですね。

曖昧な条件から、解をつくる
褒めて伸ばす、方法

これを可能にするひとつの道は、前にも記した「学習」方式です。
これは、何がよいことか、を定義しないで、よいものを得よう、という方法です。赤ん坊が、はいはいを覚えるように、こどもが言葉をひとりでに使えるようになるように、自分で学習して上達するプログラムを使います。
学習の過程では、よくできましたね、と褒めること、が大事ですね。
プログラムでも同じです。プログラムの解答が、よいものと判断できたら、褒めること。これを繰り返すだけです。
いずれ、この方法以外にも、道はきっと見つかることでしょう。
いままで、何がどうよくなるのか、よく分からなかったことが、分かるようになるかもしれないこと。(どういう意味?) それが、何がどうよくなるのか、という冒頭の疑問の答えです。
わからないことが分かるようになりたい、それは、科学の開始点です。
たぶん文学も社会学も、哲学も、きっと。

Unit II − 2
世界は「設計」されている

1- 環境選択 としての、樹木
生物のデザイン

花鳥と風月、ふたつの自然

自然、というとき、そこには2種類の自然があります。
ひとつは月を愛で雲を観ずるときの自然。これは物理現象です。
もうひとつは、花の美しさ、鳥の囀りに心惹かれるときの自然。これは生物の世界です。
花鳥風月、は、花鳥と風月の、ふたつの異なる領域から成っているのです。
そのどちらにもひとは美を見出すとして、その違いはどこにあるでしょう。
まず、花鳥から。その代表として、樹木のデザインを見てみましょう。

自然の設計は「最適」か
数値を変えると、違う種の樹ができる

この本の「かんたんプログラム」編で使った、「tree」のような樹木状の生成プログラムでは、パラメータを変えることで、横に広がった枝ぶりから、箒を逆に立てたように上に枝が伸びる形状にもなります。
数値を変えて得られる、いろいろなかたちを見ていると、実際の樹々のあれこれに似ているようにも思えます。
このプログラムのしくみはシンプルで、枝分かれの数と角度、枝の長さ等の上限や下限、そしてその序列の規則、などを決めているだけです。それらの限られた数値を変えることで、結果は大きく変わります。
そして、結果が変わっただけでなく、実際の自然の樹々の種類に対応するかのような、かたちをつくるのです。
ということは、逆に、実際の自然の樹々の枝の形状も、このプログラムと同じような単純な設定でできているのではないか、という考えが生まれます。これは当然の推論ですね。逆もまた真なりではないかと。

隣に付いて行くだけで、群れができる

やはり「かんたんプログラム」編のひとつ、「particle」では、風や群れや群衆の動きのようなパターンを形成します。これも、スライダーを動かすことで、異なるパターンが生まれます。

全体は、誰も設計していない
互いの関係を決めることが、設計

植物のかたちと動物の群れ、どちらも、一見すると複雑なしくみでできているように思えますが、実は単純な少数のルールに従った結果だった（と推測される）のです。
単純なルール、というだけでなく、このしくみのもうひとつの特徴は、全体像を指定していない、という点にあります。
およそ私たちの行う設計は、完成するとどうなるか、という姿を描きます。
全体の完成像をつくり、その姿を成り立

たせるための仕様や手順をつくります。
それを記述したものが「設計図」ですね。
しかし、樹木にも鳥の群れにも、この全体設計図はみあたりません。
あるのは、枝が分かれるときの角度は何度以内とか、前の鳥に付いて行け、とかいう、直近のルールだけです。
目の前だけ、の指示で、全体がどうなるのか、誰も保証はしていません。
これで先行きは大丈夫なのか、心配なくらいです。
でもその結果はどうでしょう。
小手先にしか思えない指示しかしていないのに、全体は見事な樹形を描き、美しい群舞が生まれます。
私たちの行う設計とはまったく違う方法で、「デザイン」ができているのです。

下図：上から下まで一律な太さで「生産」されるＨ型鋼に対して、ヒトの骨は、各部の要求条件に対応した太さに「育ち」ます。
腕の橈骨（とうこつ）の例です。

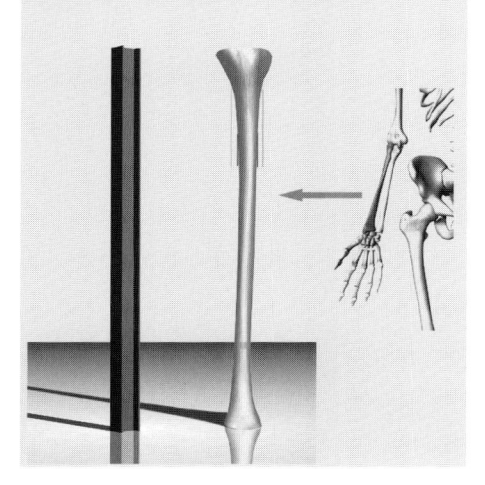

生物は、設計図を描かない

ふつうの設計では、膨大な量の図面を描きます。ボルト１本、板１枚まで仕様や位置やサイズを指定します。その多量の情報を記述し読み出すメディアとして、多くの図面＝データが必要になります。

樹形や群れの設計では、たくさんのバリアントをつくるのに必要な情報量は、僅かです。もし樹形や群れを通常の設計でつくるとすれば、プログラムの文よりずっと多くの情報＝図面が必要になるでしょう。

誰も全体を決めていない、ということと共に、この、情報の効率性が、もうひとつの特徴です。

まとめてみましょう

樹形や群れなどの自然のデザインでは、設計に必要な情報は、単純で少数、そして直近の指示のみ、です。設計図は部分的。

私たちの通常の設計では、情報は多量で複雑、そして全体を体系的に指示する。設計図は全体像を描く。

そして、その設計の結果は、自然の設計の方がずっと複雑多様です。

樹々のデザインは、どれひとつとしてまったく同じものはありません。

生物のデザインと人工物のデザインの比較

[種類]	設計情報	範囲	結果の情報量
▽	▽	▽	▽
[生物]	単純・少	直近	複雑多様
[人工物]	複雑・多	全体	比較的単純

マジックの、種明かし

こういってしまうと、自然の設計はマジックのように聞こえます。マジックならば、種があるもの。ここにも少し、トリックがあります。

樹形や群れは単純な数行のルールでできる、としましたが、そこには述べていない条件があります。それは、樹形は、枝に組み込まれた「成長システム」を使い、群れは鳥の「飛翔システム」を使う、ということです。

枝が成長するのは先端の成長点だけですから、途中からいきなり別の枝を出すことは（ふつうは）できません。つまり、もともと、可能な選択肢に制限がかかっているのです。群れの飛翔にも、速度や方向転換の速さに、限界があります。その限界の範囲内のことしか起きないという前提での、設計なのです。そしてこの限界情報は、かたちをつくるための設計図には含まれていません。

ではどこにあるのかというと、細胞や器官のパフォーマンス（の条件）にあります。それは、建築でいえば、鉄骨やコンクリートそのものに情報が書きこまれているようなものです。その分のデータを記述しなくていいので、それだけ情報量は少なくできることになります。

つまり、マテリアル自身がインテリジェントである。これが、自然界の設計のもうひとつの特性でしょう。設計情報は特定の設計図にのみあるのではなく、素材自身も含めて、あちこちに分散して記されているのです。

先ほどのチャートを改訂してみます。

[種類]			
設計情報	範囲	方向	成果品情報
▽	▽	▽	▽
[生物]			
単純・少	直近	下→分散相互	複雑多様
[人工物]			
複雑・多	全体	上→集中管理	比較的単純

自然の設計は「最適」か

分かっていても、もう戻れない、こと

自然界の設計について語るときに、誤解しがちなことですが、自然の設計は、設計条件に対して必ずしも「最適」解ではない、という「事実」を知っておく必要も、あるでしょう。自然の設計は、いつもすばらしく、常に人知を超えている、とは限らない、のです。

たとえば、よく例に取り上げられるものとして、眼の設計があります。

私たちヒトの眼には、「盲点」があります。文字通り、視野の中の「見えない」点です。試してみましょう。

次頁下の星を見てください。左目を手で覆って閉じて、右目で星型を見つめます。紙面と顔の位置を動かしていくと、30cmくらいの距離のときに、右の円が消えるはずです。視野角で５度程度とされているので、もう少し大きな円にしても消えます。視界にこれほどの「見えない」領域があるとは、驚きです。

しかし、もっと驚くのはその先です。円が消えた状態で指を円の位置に置くと、指先も消えます（視点は星に置いたまま動かさないで）。さらに、その指を、円からはみ出るように置くと、指の途中が消えてしまう、ことはありません。

円も、そこに置いた指先も消えるのに、同じ場所に置いた指の「途中」は、消えないのです。これは、指の途中が消えるのはおかしい、と脳が判断して、勝手に指の画像を補完しているからとされています。デジタル画像と同じように、周囲から持ってきたテクスチャで、データのない部分を埋めているのです。

私たちが見ている世界は、実は画像補完された、いわば脳内「合成された」世界なのですね。

そうまでしてなんとか埋め合わせ処理をしているこの「盲点」は、なぜ生じるのでしょうか。

眼の中で受けた光を情報に変える視細胞は網膜の外側に、その情報を伝える神経節細胞は網膜の内側に配置されているため、情報を脳に伝えるには、間にある網膜に孔を開けざるを得ず、その孔が盲点となります。

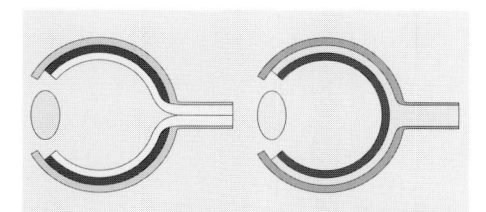

上図：左のヒトの眼では情報伝達部で網膜が途切れるのに対して、右のイカの眼では欠落が起きません。その点ではイカの眼の方が、優れた設計といえるかもしれません。

下図：左目を手で覆い、右目で（左の）星を注視したまま、顔を前後させると、誌面から30cm程度のところで黒円が消えるはずです。そのまま、指を黒円のあったところに持っていくと、おもしろい現象が起きるでしょう。

この孔は視野に欠損をつくるだけでなく、網膜剥離を引き起こす原因のひとつになります。ない方がいいに決まっています。大事な眼なのに、もう少しましな眼の設計案はないのでしょうか。誰でも思いつくように、視細胞と神経節細胞の位置を入れ替える案があります。網膜の後ろから出発すれば、当然網膜に孔を開ける必要はありません。

実際に、このタイプの設計は、イカやタコが採用しています。しかしヒトを含めた哺乳類は採用しなかった。採用したくても、できなかった。それは（おそらく）眼の進化の早い時期に、この設計を選択してしまったからでしょう。表を裏に変える、というようなトポロジー上の大きな設計変更は、進化の連続的な変化の中では、困難なのです。

過去からは逃げられない、経路依存設計

この例のように、生物の設計は、その過去の経緯にかなり拘束されます。設計条件をよりよく解けるようにと、ゼロから自由に再設計することは、極めて困難です。改良に改良を重ねていき、いまそこにあるものを拡大 or 縮小するとか、融合 or 分離するとか、数を変えるとか、は得意ですが、逆向きにするとか、違う場所に付け替えるとかは、不得意なのです。こうした現象は、進化経済学で「経路依存性」と呼ばれています。

同じ眼でも節足動物は、トンボも蜘蛛もエビも皆、複眼を採用したため、いまに至るまでずっと複眼を使い続けています。要求条件に応えるもっとよい設計が

あっても、採用できないことも多いのです。ヒトのからだの「設計」についても、盲点以外に、喉の食道と気管の位置も、レイアウトを逆に設計し直すべきという指摘があります。そうすればむせることもなく、誤嚥性肺炎で亡くなるひとが減ると。

生物の設計には、学ぶべき優れた点が多いのですが、この点では（いつでもゼロに戻すことのできて、「経路依存」を脱することができる「はず」の）人工物の設計方法の方が優れている、といえるかもしれません。でも、人工物の設計でも、過去の慣習や行きがかりに縛られて、そこから脱却できない場合も多いように思います。その場合は、逆説的ですが、人工物の設計が自然の設計に近づいている、ことになります。悪い？点をマネしても、しょうがないのですが。

自然界の設計方法で人工物を設計する
組み立て方式と、成長方式

さて、では、自然界の設計が「高度な」「単純」システムだと分かったとして、この方法で人工物の設計ができるでしょうか。もちろん、「誘導都市」はそれを目指しているのですが。

そもそも、自然の設計方式はなぜ、このようないわば下からの直近システムなのでしょう。それに対して私たちの人工物の設計は、どうしてこういう、上からの全体システムなのでしょう。

その理由は推測するしかありませんが、施工方法の違いも理由のひとつ、という仮説が挙げられます。（理由は他にも考えられます）

人工物の施工は、集積した部品を「組み立て」ることで行われます。鉄骨でも木材でもコンクリートでも、設計図に合わせて加工した部材を敷地に集め、それを順に組み合わせながら再加工して組み立てていきます。

これに対して、自然の施工は、「成長」方式です。そこにある細胞が分裂して増殖することで、次のパーツがつくられ積み上げられていきます。それは順を追った作業で、順番を飛ばして先の工程をあらかじめ行っておくということはできません。まさに経路依存。あくまでステップバイステップ。しかも材料は、そこにあるものだけ。

細胞は分裂して次の細胞をつくる、ということは、次の細胞が何をするのかを決めれば役目は済みます。そのあとのことはそのまた次の細胞の仕事です。直近の面倒をみれば、いいのです。

ひとつできてから、その次に進む

その細胞の成長と振る舞いは、DNA設計図ですべて決まっている、というわけではありません。DNAは完全な設計図というよりレシピのようなもので、記載されたメニューのどれを使うのかは、その時々の環境条件、化学物質や温度などによって、適宜選択されるようです。（生物学では、そうして選択された設計内容が施工されることを、「発現」と呼びます）　たとえば、摂取カロリーを減

らすとサーチュイン遺伝子が活動して酵素を出し、その酵素がミトコンドリアを増やす等の作用を与え、その結果寿命が延びる（可能性がある）、という一連のプロセスは、同じDNAという「設計図」から、環境条件によっては異なる「実施作品」ができる可能性を示しています。
さらに、DNAによらない遺伝の可能性も提示されています。たとえば、親がストレスを受けるとそれによる変化が子に遺伝する、「エピジェネティック」（epigenetic）な遺伝現象が報告されています。そのしくみは、DNAという設計図には手を加えず、DNA（およびその糸巻きに相当するヒストン）にメチル基等の「修飾（と呼ばれています）」を施すことで、DNAの働きのON/OFFを操作するようです。
Processingでいえば、テキストに // を付けたり取ったりすることで、そのパートのプログラムをON/OFFするようなものかもしれません（やや無理な比喩）。さらに「推測」すれば（いま証拠はありませんが）、もしかしたら生物は、その設計用に、メインのDNAとは別なサブシステムを用意している可能性だって、あるかもしれません。（根拠はありませんよ）

上からの設計と、下からの設計
設計図通りにつくる、デザイン
では、施工システムが異なる人工物の設計で、自然界の（下からの）設計方式を使おうとすることに、意味はあるでしょうか。
それを知るために、自然界の設計方式と施工システムの、長所と短所を考えてみましょう。
人工物の設計方法は、緻密な図面や仕様書をつくり、完全に指示通りの施工を行うことが目標です。実際の施工では必ず誤差が生じます。指示通りにはできません。その誤差を指定値以下にするよう施工します。柱が3度も傾いていたら、まずつくり直しですね。完璧な設計に基づく、完璧な施工、それが理想です。そのため、設計図書は詳細な指定を行います。設計者は、分厚い（あるいはデータ量の多い）設計図書をつくり、施工者は、さらに大量の施工図を描くことになります。

仕事をすれば後は自由、というデザイン
一方、自然の施工では、いまあるものを少し（あるいはたくさん）変えてコピーすることを積み重ねて、工事が進みます。使える材料も、手近なものに限られます。生産は遠方の工場ではなく、その場で随時、変形複製していくので、その結果できあがるものには予想図がありません。だからできたものが意図（そういうものがあるとして）通りなのか、どこか違うのか、は不明です。
では、なんでもいいか、というと、もちろんそうではなくて、「求められる機能」を適正に発揮することが、条件です。
樹の葉は光を受けて光合成を行い呼吸をします。落葉樹は秋には接続部を遮断して離脱します。そうした仕事をきちんとこなすことが葉の使命です。それを果たせば、葉のカタチや大きさに、標準？

からの誤差がかなりあっても、それは許容されます。（葉に求められている設計条件は他にも、風や雨にも破れにくいとか虫に食べられにくいとか、まだあります）　実際にひとつの木の葉を何枚か集めて重ねてみれば、そのサイズも形状も、かなりの違いがあることが分かります。でも、かたちやサイズがでたらめ、ということにはなりません。もういちどさっきの葉を観察すると、左右対称とか、ユニットの数とか、分岐の仕方とか、丸みや尖り具合とか、いくつか必ず守っているルールも発見できます。いくつかのルールを守り、割り当てられた仕事を行えれば、他のデザインには自由（個性？）を許す、というのが自然の設計の約束のようです。

人工の設計が、仕事は一流で規律規則の厳しい会社、とすれば、自然の設計は、どこでいつ仕事をしてもいいが、責任は持って、というデザイン事務所、のような感じでしょうか。（このたとえもあまり・・ですね）

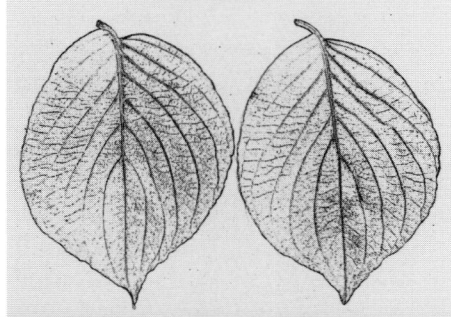

上図2点：茂った葉の下は暗く、葉を落とした樹々の下は明るいですね。当然ですが。
ということは、葉は、この明暗差の相当分の光を取り込んでいる（あるいは反射している）ということです。それを（主要な）設計条件（のひとつ）として、葉はデザインされている、ことになります。

ロバストなシステム
臨機応変のデザイン

きっちり精密に組み立てられて目標に向かって一直線、というシステムは、うまくいくと完璧なものができるはずです。でも、もしその過程で問題が発生すると、もうまっすぐには進めないため、別な道を用意するための設計変更が必要になります。これは大仕事です。
一方、部分のルールで直近の作業を積み重ねていく方法では、進んでいるのが一本道ではないので、問題が起きればそこを迂回するのは難しくありません。もともと厳密な全体像はない、ので部分的にその場の変更をしても、そのあとじわじわと戻していけば、事態に変

下図：この2枚は、1本の同じ樹の葉です。同じように見える葉も、よく比べてみると、輪郭の形状にも葉脈パターンにも、かなりの違いがあります。
生物の「製品」に許された誤差範囲は、人工物の場合より、ずっと大きい。
それでも、問題なく機能しているのですね。

化は起きにくいのです。

根が伸びる先に石があれば、石に当たった先端は成長の方向を変えます。障害物に当たった場合は全体のカタチをどうするか、という指示はありません。

建築の施工で、根切りしている際に貴重な遺構が発見されたとして、では部屋を横にずらす、わけにはいきません。ずらすと、さらに隣の部屋も動かさなくてはならず、連鎖的にプランを変える必要が出てきます。設備も構造も考え直しです。部分の（ある程度の）変更は、全体の変更に直結します。

自然の設計が持つような、随時生じてくる外部要因に対する抵抗性のことを、ロバスト（robust）性と呼びます。ロバスト性が高い設計は、施工時だけではなく、災害時や補修復旧時にも強さを発揮すると考えられます。システムとして、より強靭です。その点では、人工物の（設計）システムは、脆弱といえるかもしれません。

誰が、全体を保証しているのか
責任者は、いない

自然の設計では、部分の規則だけで統合性のある全体ができる、ということを見てきました。

たしかに、群れの行動はそうでしょう。でも、たとえば私たちのからだも同様でしょうか。骨や内臓や筋肉や皮膚の働きや組み合わせが、少しでもずれると、私たちは病気になります。それらが精緻なバランスでつくられ配置され、巧みに連携して機能することで、からだはなりたっています。そうした絶妙といえるような「設計」と施工が、部分の単純な規則だけでできるとは思いにくいところがあります。やはりどこかに、全体を「考えた」設計があるのではないか、と。

たとえば、眼のように精密なパーツが全体設計図なしでできるのでしょうか。

管理者がいないのにうまくいく、秘密

現代の生物学の意見では、やはり全体の設計はない、ということになります。ここで鍵になるのは、数と時間、です。「鍵」は、数も時間も大量に投入すること。通常の生殖過程と突然変異で、やみくもに遺伝子組み換えをしているうちに、光を少しだけ感知できる部品がたまたまできることがあるはず、という点から話は始まります。いまから５億４千万年前のカンブリア期、紫外線の降り注ぐ浅い海の底で生まれた１匹の三葉虫が、その紫外線を集めて焦点を結ぶレンズを持った。偶然、です。そうするとその「眼」を持つ三葉虫は、他の三葉虫よりも、餌を見つけたり捕食者から逃れたりする確率が高くなり、より多くのこどもを増やします。するとそのこどもたちも眼を持つので、やはり多くの子をなし‥やがて三葉虫には、この眼のあるタイプが多勢を占め、その中からまた、たまたま、さらに優れた眼を持つ個体が生まれ、・・・以下同文。これが、「進化」の説明です。

（それにしても、いくら数と時間が膨大にあるといっても、眼の設計が偶然にできるとはまだ思えないような・・・）

成功の影の、膨大な失敗例

ここで肝心なのは、この「進化」がうまく働くには、膨大な数と、長い時間が必要ということです。

そして、その過程では、うまく機能しない眼を持ったためにそのまま消えていってしまう、これまた膨大な数の生物がいた、ということです。

進化は多数の敗者と少数の勝者をつくり出すシステムなのです。

（ただし、それは勝者などではなく、運がよかっただけで、もし進化の過程を再演したら役者は変わるはず、という類の説もあります。 中立進化説：木村資生、進化の偶発性：Stephen Jay Gould）

人工物に、失敗は許されないこと

人工物の設計で、これと同じことを行うことはできません。街中に無数の失敗作をつくるわけにはいかないからです。数十万年も待つ時間もありません。

ただ、プログラム上で行うことはできます。そのひとつが、よく知られた遺伝的アルゴリズム GA（Genetic Algorithm）です。GA は、いまの生物学が示す進化のしくみ（の一端）をプログラム化したものです。GA を含めて、生物進化を模したプログラム技法は、EA（Evolutionary Algorithm）と呼ばれています。

ただし、EA は、指示した条件以外の要因は「進化」させません。想定外として除外していた、あるいは存在すら気づかなかった要因が、実は決定的な作用を持つ可能性もあります。その限界を念頭に置いて使う必要があるでしょう。

2- 因果律 としての、雲
物理のデザイン

水の粒から雲を設計できるか
水は零度で凍る、というルール

水は（1気圧の下では）零度 C で凍る、というのは、どの水分子でも同じです。全項で述べた生物界のような、要素の相互関係に関わる原理とは異なります。万有引力や、$E=mc^2$ もやはり、要素の挙動とは関わりなく、一律に働くルールですね。そうした強く統一的な規則で統御されている物理世界では、そうすると、ルールが分かっているなら、その行き先を計算できる、のでしょうか。

浮かぶ雲のかたちは千差万別です。絶えず変化していて、まったく同じかたちは二度と現れないでしょう。積乱雲のように大きな空間を持って立ち上がるもの、巻雲のようにスパイラル状のもの、鰯雲のような配列パターンを持つもの。その各タイプの中でもバリエーションは無限。そしてそのどれもが美しい。

どれかひとつを地上に下ろせば、そのまま建築になりそうです。これをデザインと考えたら、素晴らしい設計です。そんなすてきな雲は、ではどうやって設計されているのでしょう。

ルールが分かれば、設計できるか

雲は小さな水滴の集まりですね。そのかたちは、水滴に働く環境条件と、水滴それ自身の性質によって決まるはずです。水滴と環境、つまり内部の条件と外部の条件、それ以外にかたちを決める要

因はありません。

内部条件は、水滴の挙動です。これは流体としての挙動と、表面張力や弾性などの物性値、温度等のエネルギー値で記述できるでしょう。外部環境は、温度・湿度・気圧・気流・電場・磁場・・・等の値で記述します。これらすべてのデータと、物質としての挙動の法則を使えば、水滴のふるまいは計算できるはずです。そしてひとつの水滴の位置と動きが算定できるなら、あとは数を増すだけですから、計算できるはずです。

時間はかかるでしょうが、いつかは答えを得られるでしょう。力技による解。さらに、雲の水滴をつくるには水分子が集まるための核となるものが必要で、浮遊する塵など、核になる物体の数や、降り注ぐ宇宙線の量も、影響するようです。

流体シミュレーションソフトでは、風の動きを可視化できます。気流は雲のように見えます。

CGの物理シミュレーションでも、爆煙のような雲をつくり出すことができます。こうした雲では、上記のような実際の雲に働く作用のうちから、あるものを選び、他は使わないようにすることで、概ね雲のような動きを手早く得ることが可能になっています。

ほぼ雲、のようなものですね。

では、流体シミュレーションで天気予報ができるでしょうか。

天気予報をするには、本当に実際の雲の挙動と同じ動きを再現する必要があります。これはまだ実用化段階には達していないと思われます。その理由のひとつは、上記のように検討しなくてはならない要素が多くなると、計算能力を超えてしまうという、ハード上の限界です。これはハードの能力向上にかかっているので、いつ可能になるかという時間の問題ですね。スパコンの能力向上次第でしょう。

上図：物理現象のかたちのパターンは、そこに働くルールから生じている、はずです。

カオスの設計
ルールのすべてが分かっていても、すべては設計できない、こと

では、ハードの力が増したなら、雲は設計できるでしょうか。

難関は、まだあるのです。

ひとつの動きが次の動きを決め、それが次を決める、というように進んでいく事象には、よく知られているように、カオスと呼ばれる特性を持つものがあります。これは、初めの僅かな違いが、サイクルを重ねるにつれてとても大きな違いとなるために、ずっと先にどうなるかは予測できない、というものです。

ひとつひとつの動きは厳密に法則に

従っていて、その法則は分かっているのです。ちょっと先、手近な未来にどうなるかは、その法則の計算で分かります。しかし、だいぶ先のこと、となると、分からなくなります。

雲の形態は、おそらくこのカオスと思われます（未確認です）。そうであれば、雲には、かたちをひとつに決める「設計」は存在しないことになります。

つまり、雲を、設計されたもの、として見ると、そこには、私たちの人工物の設計とは異なる設計「方法」が浮かび上がってきます。

そしてこれは、生物の設計方法とも異なっています。

この雲の設計方法がもし使えるようになれば、それで設計する人工物は、どのような姿を見せるでしょうか。

下図：間欠性カオス振動の例。
（オリジナルプログラムによる）
これは、数式のパラメータ設定で発生するカオス振動で、1/f ゆらぎの波になります。
「1/f ゆらぎ」は、よく使われていますが、簡単にいえば、波長の長い波（音であれば低い音）ほど、ゆらぎが多い波、のこと、です。水のせせらぎや風のリズムに見られるゆらぎで、ひとの感覚に心地よさをもたらす、という説があります。
下の図では、振幅の狭い振動の間に、時々、振幅の広い振動が現れていますが、その出現に周期はなく、いつどのようなパターンになるかは予測できません。
規則は定まっているのに、結果の予測はできない例です。
間欠性カオス振動は、次の数式で発生します。

$$\alpha_{i+1} = \begin{cases} \alpha_i + 2\alpha_i^2 & (\alpha_i < 0.5) \\ \alpha_i - 2(1-\alpha_i)^2 & (\alpha_i \geq 0.5) \end{cases}$$

ダークマターの立体構造　Cosmic Web
100億光年のデザイン

雲は無数の水滴の集まりです。その水滴相互の力関係は計算できても、水滴群全体の動向は計算できない、というのがカオスでした。

ではスケールをズームバックして、ずっと大きく、さらに大きく、宇宙の星々サイズまで拡大してみるとどうでしょう。星々のポピュラーな配置図は、星座です。星座は、「かんたんプログラム」編の「constellation」で使いましたね。

星座図の放射点はひとつなので、放射方向の距離データがありません。

この、距離情報を入れた星の立体地図が、作成できるようになってきました（国際研究計画 Sloan Digital Sky Survey-Ⅲ では 120 億光年先迄）。その広大な宇宙地図によれば、銀河は均等に分布しているのではなく、密なところと疎なところがある、泡や網の目 (Cosmic Web) のような状態、とのことです。そうであれば、宇宙空間は、はっきりした「形／構造」を持っている、ということになります。理由はまだ分かりませんが、構造があるということは、宇宙「空間」は、ただの隙間「空」間ではなく、雲や水や結晶のように、あるしくみを持った（自己）組織体なのです。そうすると、宇宙空間にも「設計」があるはずです。宇「宙の設計」。究極の「空間設計」ですね。だからどうした、といわれそうですが、スポンジや微生物の構造にあるような、あるいはバスタブの表面を覆う泡と、

100億光年もの、直感では理解し難いスケールの宇宙が、同じような泡「構造」でできている、ということは、驚異ではないでしょうか。

およそ「空間なるもの」の「すべて」は、設計されていて、ということは、「すべて」が「設計できる」（可能性はある、少なくともその対象になる）ということになるのです。すごい。

泡の設計　ミニマムデザイン
最も小さく、最も軽く

その、宇宙の構造かもしれない「泡」は、昔から建築のデザインに参照されてきました。膜構造では、石鹸膜を使ってかたちを探索したことは有名です。

これは、枠を変形させたときの膜の張られ方（おかしな日本語ですが）は、その条件下では「最も」合理的なかたちのはずだ、という前提に立っています。合理的というのは、「形力」のところでも記したように、力学的に成立する「最小」材料を使ったかたち、ということです。「何に」対して最小か、には選択肢があります。石鹸膜の場合は、多くの場合、表面積が最小、となることが分かっています。

「形力」プログラムでは、重量が最小でしたので、少し違いますね。最小化する対象が何か、には違いがあっても、「最小化」するという点は共通です。

ある指標を「最小化」しようとするのは、自然界のデザインによく見られる原理のひとつです。

実際の観測による銀河。web状か、泡状と呼べるようなパターン（＝構造？）が見て取れます。画像では暗く映っている疎な領域は、ダークマターといわれる未知の物質？で占められているとされています。

泡は、解ける

「指定した枠組み（拘束する架構）という条件の基で、表面積が最小になる面を張る」という明確な「課題」ですが、複数の面が組み合わさるような場合は、プログラムで解くのはまだそう容易ではないようです。しかし、カオスのように解が拡散してしまうのでもなく、条件に曖昧さもないのですから、いずれは解けるようになるでしょう。

手であれこれこねてつくり出した曲面と、石鹸膜の、どちらが美しいでしょう。稀有な能力の持ち主の手技であれば、手技の方が心を打つこともあるでしょう。あるいは、設定条件を巧みに「誘導」することで発生する複雑な石鹸膜が、まだ見たことのない虹色の夢を、描いてみせることになるかも、しれませんね。

3- 経路依存 としての、都市 無意識のデザイン

発生する、街
街は、誰か、が設計しているか

物理現象としての自然ではなく、生物でもない、「街」は、設計されているのでしょうか。当然だ、都市は人工物だから、設計なしではつくれない。そういう声が聞こえてきそうです。たしかに、都市を構成する建物や公園、道路や橋や、上下水道などは、建築や土木の産物ですから、そこには設計図があるはずです。街は、設計されたものの集合でできている、それは確かです。

では、その集合の全体は、設計されているでしょうか。決まっているよ、都市計画があるでしょう、という声。

たしかに、役所に行けば各種の都市計画の図があります。でも、そこには、個々の建築の姿は描いてありません。用途地域や各種規制の色分け、道路計画と再開発を記した地図はあります。しかし、街全体がこれからどうなるのかについては、大まかで希望的な街の将来像はありますが、内容はゾーン別のキャラクタ付けとネーミングが多いようです。街に見当たらないのは、そうした未来だけではありません。この街はいったい誰がいつどう設計したのか、その過去も（多くの場合）はっきりしないことでしょう。誰々が城を築き城下の街を整備した、江戸時代に開墾が進んだ、明治になって鉄道が敷かれた、震災以後に区画整理をした、戦災で多くの建物が焼失した。オリンピックで道路ができた、バブル期に商業ビルが増えた、景気後退で空地が増えた・・・　というような変遷はあるでしょう。たとえば、ですが。しかし、それは経緯、であり結果、です。設計というのは、経緯や結果の前にあるものです。これをこうしよう、という目的と対策を持った、準備と用意。街全体を対象にした、そういう設計は、あったのでしょうか。

街は、ひとつの建築とは違います。多くの人々が住み、仕事をし、学校に通い、暮らしています。土地と建物の権利も分散しています。街全体を設計したからといって、それが実行できるとは限りません。だから全体は扱わずに、問題のあるところだけを直していく、そしてじわじわとよくなるようにしよう、というのが、多くの(民主主義国の)都市設計の(結果的な)実情かもしれません。では、都市に設計は不要なのでしょうか。設計なしで、どうして、都市という巨大システムが作動できるのでしょう。

設計ではなく、調整

都市に建築を好きなように建てることはできません。都市計画系の法規、建築単体にかかる建築基準法や消防法、条例や協定、そして近隣の意見。慣習や街の歴史、気候風土も大事です。経済情勢や流行も影響が大きいでしょう。そうした多岐に渡る要因が、ひとつの建築の設計に重なって影響を与えます。

それぞれの規制類を設定した主体者は、規定が重なりあった際の全体作用を予測しているわけではありません。めいめいの担当範囲を管理しているだけです。規制や慣習や風土のバイアスが重なった結果として出現する「建築」、がどのようなものなのか、誰も分かりません。でも、敷地に共通する条件が多ければ、解答にも共通点が多くなる、かもしれません。誰もコントロールしていなくても、似たような建築ができてくる、可能性が高くなります。

都市・自然 生態系
雑草としての街・群落都市
この状況は、何かに似ています。
街の空き地には、ふつう雑草と呼ばれている（実はきちんと名のある）草が生えています。どこからか風に乗って飛んできたか、車や鳥に運ばれてきた種が、その空き地の土から芽を出し成長します。でも、その場所の状態や風土に合っていなければやがて枯れてしまいます。条件に合う草であれば、そこで世代を繰り返していきます。空き地に生息する多くの草は、そうやってその場所に適合したものが残った＝選ばれた結果です。誰も何もコントロールしていませんが、近くの他の空き地でも、同様な傾向が見られることでしょう。その植物の集団は「群落」と呼ばれます。
広い野山の自然生態系とは少し違い、狭い場所で、人工物と関わりながら、そのバランス点に発生する、「都市・自然生態系」、とでも呼べる状態です。

集合（無）意識が設計する街
自然の草に、都市・自然生態系が働くなら、人工の都市にも、都市・自然生態系が働いているといえるかもしれません。誰かが設計するのではなく、いくつもの設計条件が別個に重なり合う中で、それらの条件を満たしながら出現する「街」。そこには、「結果として」の調整が働いていて、どこか共通した性格を持つようになる。その集積は、だからデタラメにはならずに、なんらかの（こればっかりですが）設計が行われたかのような、バランスを備えたものになる。
それは、生物進化と似て、過去の経緯と現在の状態に「経路依存」しながら、環境から結果として「選択」されることで、適応度を上げるように「変異」していく、システムです。人工物は生物とは異なり必ずしも経路依存しませんが、都市の設計はその度合いが強いものでしょう。無意識のうちに、意図せず行われる、街の設計。設計とは、目的を持ち、条件を満たすべく、ある意図の基で行われる行為ですから、「無意識の設計」というのは定義矛盾ですね。集合意識による都市生成、と呼べばいいのかもしれません。（Unit II -3-6 の Crowd デザインを参照）
この状況は、「かんたんプログラム」で示した「particle flow」も思わせます。全体の方向は示さない、部分の規則だけに従って、多数の個体が振舞うことで、全体は調和した姿を見せる。
都市・自然生態系の底にある（かもしれない）しくみ、「誘導都市」はそれを探しています。

133

生物・物理・人工　系

では、そうした群落都市は、それは人工物ですが、生物の設計に近いのでしょうか。建築単体のデザインは、設計図を描いてそれに従ってすべてを決めていくのですから、生物のデザインとは異なる方法です。これは前にも述べました。でも、そうした建築が多数集合し集積した、街となると、これはむしろ、自然生態系に似た性質を持っているのかもしれません。その「人工生態系」は、多数の無意識のネットワークから発生します。だから、先がどうなるか、それは誰にも分かりません。

そのままでは、それは「現象」であって、「デザイン」ではありませんね。

上図：全体がひとつの建築と化したような街。地表のひび割れのようにも、繁茂する植物のようにも見える。計画や設計は、どのように？しかしきっとどこかに「設計」はあるのです。

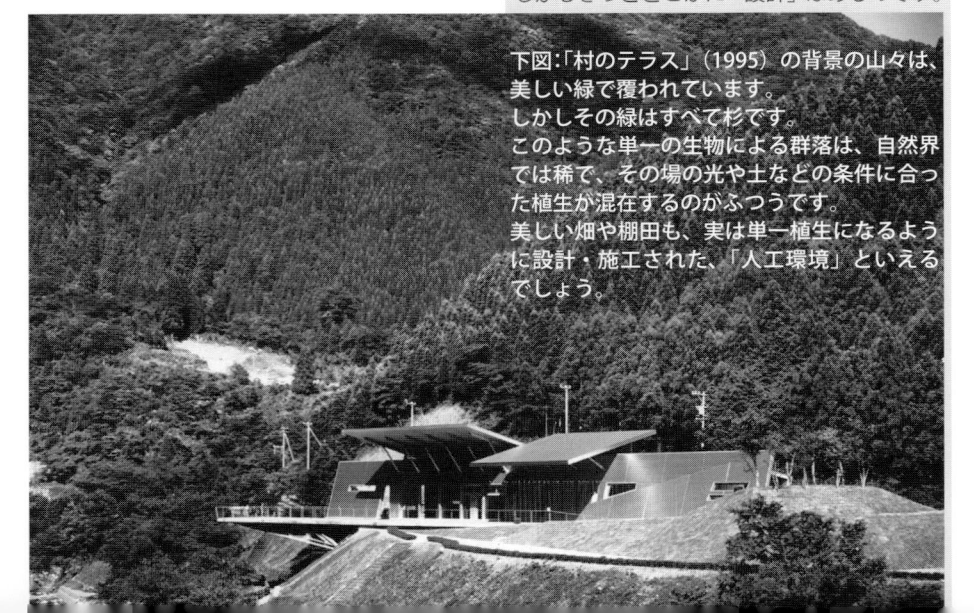

下図：「村のテラス」（1995）の背景の山々は、美しい緑で覆われています。
しかしその緑はすべて杉です。
このような単一の生物による群落は、自然界では稀で、その場の光や土などの条件に合った植生が混在するのがふつうです。
美しい畑や棚田も、実は単一植生になるように設計・施工された、「人工環境」といえるでしょう。

4- デザインに
理由はあるか
科学としてのデザイン

物理デザインの、理由
雲は、どうして雲なの
雲の変幻自在のかたちは、多くのひとが美しいと感じることでしょう。
雪の幾何学的な結晶、風でつくられる砂丘のやわらかな曲線、も同様です。
雲は空気と水、雪は水、砂丘は空気と砂、が織り成すかたちです。そうした自然のかたち、自然のデザインには、理由があるでしょうか。
理由、と問うとき、ふつうそこには、どうしてそうなるか、と、もうひとつ、なんのためにそうなるか、というふたつの意味が重なっています。
どうして、は「仕組」です。
なんのために、は「目的」です。

法則があるから、美しい？
雲や雪や風といった「物理現象」には、そのしくみ、「法則」があります。
アルキメデスの法則とか、ナビエ・ストークスの方程式、とかの、法則です。
法則は人類が自然の中から見つけたものですが、人類の発明品ではありません。はじめからそこにあったものです。人類が居ようがいまいが、発見しようがしまいが、法則と呼ばれるしくみは、ずっとそこに存在していました。
そしてこれからも、人類が滅びても、それは存在し続けるでしょう。
雲や雪などの自然現象は、その物理法則がいくつか組み合わさった働きの中で出現する、物理状態の「ある過程の」姿です。それ以上でもそれ以下でもありません。それを美しいと思うのは、人類の、いわば、勝手です。

ひとは自然の中に法則を見つけ、また自然の美も発見します。
それは、もしかしたら、その自然の奥に法則が隠れていることを察知して、それを、美という形式で「感じている」のかもしれません。あるパターンを美しいと感じることが、ひとが生きる上でプラスになったから、長い進化の過程でそのようにプログラムが組まれてきた。たまたま、雲はそのパターンを持っていた、と推察することもできます。
雲はなぜそのかたちなのか、そこには法則という「理由／しくみ」があります。そしてこの「理由」を取り出して、使うことができれば、それは「方法」になるのです。

上段図：砂丘の三日月型の丘では、砂を吹き寄せる風の強さと、砂が崩れる臨界角との関係で、かたちが「選ばれる」ことになります。
下段図：水面に現れる船の航跡。
その形状の多くは流体力学の数式を用いて再現できます。物理シミュレーションによる映画の中の波は、もはや実物と区別がつかないでしょう。

目的のないデザイン

では、「目的」、なんのために、は、どうでしょう。

物理現象に目的はありません。「太陽はなぜ明るいの」という問に答えてくれるのは（現代では）「科学」です。

その科学は「どういうしくみ」かの説明はしてくれますが、「なんのために」という意図や目的は、説明担当ではありません。どうしても「目的」を説明してくれというと、担当者が代わって、科学ではなく宗教が応対することになるでしょう。（その領域に立ち入らないとすれば）物理現象に、目的は、ないということになります。目的がないからゴールもなし。すべては永遠に繰り返されるサイクルの一環、いち切片です。

前に触れた宇宙の泡構造も、ジュリア集合の美しさも、ダイアモンドの輝きも。ビッグバンでの誕生から遠い遠い先の終焉、そして次の誕生と、すべては物質とエネルギーと場の存在自体に付随する「性質」の、相互連鎖の織物ですね。森羅万象を現す1枚の曼荼羅のような。

下図2点：地形に現れる樹木状のかたち。
上段図：チベットの谷筋、下段図：火星の表面。
風と水と力の作用で形成されたパターン。

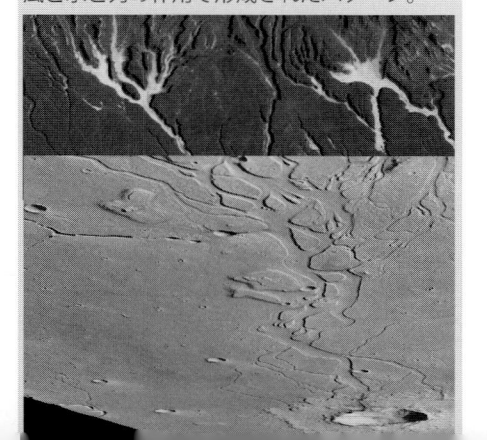

生物デザインの、理由
生物は何のために存在しているか

もうひとつの自然、生物の多様なデザインには、「理由」や「目的」があるでしょうか。

その前に、生物の存在そのものには、目的はあるのでしょうか。

種としての生物、ヒト（Homo sapiens）とか、ライオン（Panthera leo）とかに、存在の目的があるかといえば、わからないというしかありません。人類は、やがて人類を越えた知能を持つ種を生み出すための存在、というように想定することはできますが、証明はできません。種としての人類、種としての生物の存在の理由は不明です。

しかし、個体としての生物の存在理由は明快です。

個人としてのひと、1頭のライオン、の目的。それは自身を維持し、子孫を残すこと、です。

自分の目的は自分で決める、という方も居るでしょう。あるいは、目的なんてない、と。そういう方でも、体の器官はそれぞれ、自己保存のために仕事をしています。免疫系は侵入者を警戒し、自律神経は体温や心拍をチェックし、異常があれば補正します。意思に関わらず、生物として用意されたプログラムが、個体の維持と子孫を残すことを目的として、それに必要な装備の施工と維持管理を、日夜、黙々と行っているのです。偉い。それはいやだといっても、自分の意思でプログラムを停止するコマンドは、用意されていないのです。自爆ボタン無し。

目的のあるデザイン

個体維持と子孫を残すこと、だけが生物の「目的」ではない、という意見もあると思います。会話を楽しむとか、ものを考えるとか。遊びやアートなど。でも、それらはどれも、個体維持と子孫を残す、という２大目的を遂行するために、付随的に発生した２次的なプログラムのようです。（現在の生物学から、は）

存在の目的が定まっていれば、デザインの目的も明確です。大きな目的を遂行するために、先ほどの２次的、３次的と、順次サブオーダーの目的と、そのためのサブプログラムが設定されます。生物のデザインは、それらのプログラムの組み合わせから作成されているのです。

目的は、飛ぶこと

たとえば、鳥を見てみましょう。鳥は飛ぶことを、設計条件の優先順位の上位に置いてデザインされているといえます。飛ぶことは（最大の目的である）「生存」に有利、として、優先条件に選択された。ここでは、飛ぶことが（直近の）「目的」で、その目的をできるだけかなえるように設計が行われています。生物のデザインには、「目的」があるのです。

その、飛ぶという目的のためには、体を軽くする必要があります。鳥の骨は内部が中空で、構造強度と軽量化のバランスを極めようとして設計されたように「見え」ます。

また、飛ぶためには翼を動かす強力なエンジンが必要です。そのエンジンに酸素を供給する鳥の呼吸器官は、哺乳類と同じ肺のほかに、気嚢と呼ばれる第二の肺のようなシステムを持ち、これがターボチャージャーのように呼吸の効率を上げています。体の「構造」、内部器官の「設備」機能、全体の「形」、表面の羽毛の「ディテール」まで、飛ぶことを優先にした上で、それ以外の要求条件も満たすという条件で、設計されているように「思え」ます。

飛ぶために、デザインしなかったこと

飛ぶことを優先したために、犠牲にした、より適正に表現すれば、優先順位を下げた設計条件もあります。

たとえば、足（脚）は、要求条件によって、地上、樹上、水上水中のオプションからの３者択一です。樹上タイプは指が向かい合ったレイアウトで、細い梢の先でも安定します。地上タイプを選択すると、枝を掴むことはできませんが歩行には適したデザインです。水上水中タイプは、ひれが付加されて推進効率を高めていますが、地上歩行には向かず、樹上に止まることはほとんど不可能です。どれかを選べば、他の性能は低下する。オールマイティは、ないのです。

進化に、目的は、ない

このように述べてくると、そんなことはない、生物のデザインは自然選択の結果であって、そこに目的などない、といわれる方も多いと思います。その通りです。鳥も、飛ぶことを目的に自分でボディデザインをしたわけではありません。生物の設計は、多数のバリエー

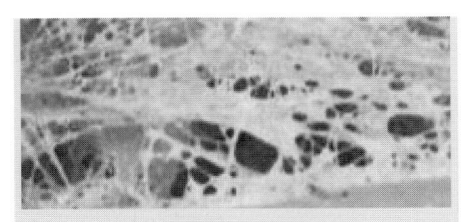

上図：鳥の骨は中空で軽量化されています。内部はラチスやアーチのような構造で、飛ぶための軽さと強さを両立させています。

ションを環境中に放ち、そこで生き残ったものが（そのデザインを受け継いだ上での）バリエーションをまた蒔く、という過程の繰り返しから、「結果として」選ばれたものです。生物の設計は、多数の個体と環境と時間の、呼応関係から生まれています。その過程を進化と呼びますが、進化は結果の連続で、そこに「目的」はありません。

しかし、その結果としての生物のボディを、「設計」として捉えてみると、そこには目的と方法が発見できる、ということなのです。（視点の位置、ですね）
そして、この、過程が蓄積していくこと（逆にいえば、過去や過程に拘束されること＝経路依存性）も、生物の設計の特質のひとつです。

まとめてみましょう

物理現象と生物と人工物の「設計」を、法則と目的と過去の拘束、という項目で見ると、右図のようなマトリクスが描けます。そのうちの、「新・人工物系」は、まだ（本格的には）登場していません。「誘導都市」は、その新しいマトリクスを、実装するものになるはずです。

下のマトリクスの、「新・人工物」には法則・目的・過程の拘束性、の組み合わせで、8通りの「タイプ」ができます。そのどれが存続できるかは、（Unit II-3で記すように）集合知や市場が決めることになるでしょう。

たとえば、何かのアルゴリズムでかたちをつくるプログラムを書けば、バリエーションはいくらでも出てきます。どこまでも続く平面の上に、限りなく、それぞれどこかが異なった複雑なオブジェが延々と並んだ姿を想像してみましょう。それは確かに多様な世界です。ただのランダムではなく、指定した条件をちゃんとクリアして生み出される、しかもどれも違う、無数のオブジェクト群。
その多様性に目的はありません。冷たい豊かさ、とでも描写できるような、世界。そこに「目的」のひとしずくを落とすことで、設計の「タイプ」が切り替わる。誰が、いつ、どんな「目的」を、与えることになるでしょうか。

下図：設計対象領域のタイプ

デザインの種類	法則	目的	経路依存
自然　：物理	有	無	無
自然　：生物	有	有	有
人工物	無	有	(有)
新・人工物	有/無	有/無	有/無

下図：設計対象領域の関係

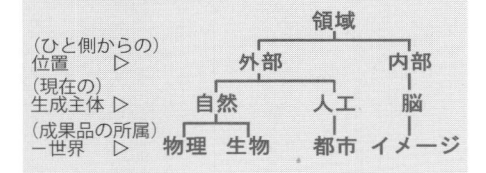

```
                            領域
(ひと側からの)           ／     ＼
 位置     ▷         外部       内部
(現在の)            ／  ＼        │
生成主体  ▷     自然    人工     脳
(成果品の所属)   ／＼     │       │
ー世界    ▷  物理 生物  都市   イメージ
```

Unit II − 3
世界を設計する6つの方法

これまで記してきたことを踏まえて、デザインの「方法」を整理してみます。

1- インテュイションデザイン
ペンさえあれば、デザインはできる
Intuition design

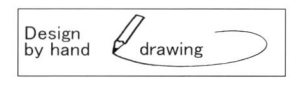

Design by hand / drawing

ひらめき、のフィードバック
永遠の、古典的方法

設計は直感（intuition）です。
あれこれの理屈から絵が出てくるわけではありません。
というとそんなことはない、思想とコンセプトが設計の根幹だ、といわれる方もいるでしょう。その通りといえば、その通りでもあります。
かつてル・コルビジェが近代建築の5原則をうたったとき（教科書に戻るようですが）、それを体現する建築のひとつとして「サヴォア邸」を設計しました。自由な平面、自由な壁面、水平連続窓、ピロティ、屋上庭園、をかたちにしたもの、として有名です。いまさら記すまでもないですね。この5原則は、「近代建築」として成立するための、「アルゴリズム」です。
では、そのアルゴリズムでこの規模の建築を設計すると、皆、「サヴォア邸」のようなデザインになるでしょうか。

もちろんそうはなりません。ピロティの柱は、屋根で止まらずに上に抜けて高く伸びてもいいでしょうし、白色しか選択肢がないわけではなく、壁が曲面でも原則には抵触しません。5原則のアルゴリズムでは、かたちは決まらない。いってしまえば、かたちを決めたのは、結局、好み、ではないでしょうか。
好み、といって語弊があれば、それは、総合的直感、と言い換えることもできます。アルゴリズムでは「決まらない」領域を「決めて」、見事なかたちに「統合する」直感力。
ペン1本のフリーハンドスケッチで、幾多の分析や討議を越え、それらの課題を解決して、それでいて美しい解答を、描きだしてしまう能力。その、ひとの持つ「力」の前に、プログラムはまだ、かなわないのです。
ただしその力は、その「ひらめき」は、ただ漫然と待っていてもやって来ません。様々なスタディを行い、つくっては壊しの繰り返しの中から、あるとき突然に現れる光のような、そういう労苦の後に、幸運なひとのもとに訪れる、至福の瞬間なのですから。
実際の設計では、そうして閃いた案に検討を加え、またその次の閃きを再度吟味する、その繰り返しですね。これは、フィードバック回路を使う設計方法ともいえるでしょう。他の設計方法が実用化されても、この直感、そして直観デザインがなくなることは当分ないと思われます。脳にどんな未知の力が潜んでいるか、まだ分からないのです。

では、この閃き、天の啓示は、どこからやってくるのでしょう。

医師・生理学者のベンジャミン・リベット（Benjamin Libet）による研究では、ひとが体を動かそうと思ったとき、その0.5秒前に、筋肉にはすでに「動け」という（電気信号の）指示が出ているとのことです。つまり自分で決めた（と思っている）行動は（実は）無意識のレベルで、「すでに決められていた」ことだと。

もしそれが正しければ、「意識」は、意識下で行われた「決定」を「自分」が決めたといわば「錯覚」しているということになります。

突然のひらめき、啓示のごとき思いつき、は、実は意識下から意識に届けられた、「gift」なのかもしれません。

であれば、「手」による優れたデザインを達成するためには、その意識下の活動に最大限の自由を与えることが有効、ということになるでしょう。

意識の制約から「意識下」を開放する、ことが。（それには何が効くでしょう‥）

2- スライダー デザイン
つまみを動かして、デザインする
Slider design

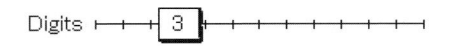

線形操作のデザイン
お馴染みの操作でかたちができる

つまみを回したり、レバーを左右に動かすことで、設計（の、ある部分）ができる、という方法です。Unit I -1 で、すでにそう呼びました。レバーやダイアルは、よく使いますね。操作と結果がリニアにつながるので、その点では理解しやすい方法です。これは直感／直観によるフリーハンドのデザインとは対極の方法です。スライダーを動かすということは、プログラムに入力する変数（パラメータ）を変えるということですから、これをパラメトリック・デザインと呼ぶこともあります。ここでは、パラメータの選定が、設計行為ということになります。

下図は「スライダーデザイン」の例です。

下図・次頁共：ジュリア集合のかたちの変化。同じ数式上でスライダーを動かすと、描かれるかたちが大きく変化します。
ジュリア集合は、「$Z_{n+1}=Z_n^2+C$ を繰り返し計算したときに Z_n が発散しない複素数Cの集合」と定義されています。

この図の複雑なかたちは、パラメータを変えていくと連続的に大きく変化します。これらはジュリア集合と呼ばれ、数式で定義されています。

「かんたんプログラム」編で動かした「Lissajous」も、数式の数値を変えることで、かたちが変化していきます。

「形カー2」でも、かたちに、web状のパターンを生成するのは、スライダーデザインです。

これに対して、次の「構造高適化」のプロセスは、構造を「評価」してその「評価を満たす」かたちをつくります。

すべての部材の応力を算定し、応力に応じた部材サイズを決め、一定以下の応力の部材は消去し、部材の総重量を計算して、それが最小になるような部材サイズの組み合わせを探索し、解答＝かたち　として示します。

「条件に従ってかたちをつくる」、のではなく、「条件に合うかたちを探して見つけてくる」、のです。

ここが、「スライダーデザイン」とは違う、それ以上、のところです。

このプロセスを持つことで「ALGODesign／誘導都市」は、スライダーデザインを超えて、「問題解決」（に近づく）機能を身に付ける、といえます。

（「誘導都市」プログラムには、そうしたしくみでないものもあります）

3- シミュレーションデザイン
見える化すれば、デザインしやすい
Simulation design

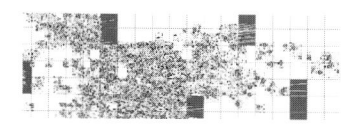

建築をモデル化する
PCの中で動く模型

シミュレーションとは、模擬実験のことですね。建築の世界でのシミュレーションは、実際の建築や都市を建設する前に、その「モデル」を作成して、作用や影響を検証することを指すと思います。モデルは、模型でも可能ですが、模型よりCGの方が操作の自由度が増すでしょう。風の吹き方を検証する気流のシミュレーションや、災害時の行動を再現する避難シミュレーションはよく知られています。「かんたんプログラム」で動かした、「particle flow」も、初歩的な流体（的）シミュレーションでもあります。車の設計では衝突時の破壊を部品レベルで確認することにも使われています。都市設計で大規模なシミュレーションを行おうとする試みもあります。

シミュレーションは、実物以前に実物を体感し確認するためのものですから、そこから直接、設計ができるわけではありません。設計案がいいかどうか、問題があるかどうか、をチェックする目的です。その結果でどこかを変えたほうがいいとなれば、設計を変えることになります。そして必要なら、もういちどシミュレータにかけます。

いい眼があれば、デザイン力は不要？

それでも、もし、この一連の過程全体を自動化すれば、それは、「設計プログラム」となるでしょう。かたちをつくり、それをシミュレートして、目的に沿わなければまたちがうかたちをつくり、と、自動的に繰り返していくプログラムです。「ジェネレイト＋シミュレート」の一体プログラムですね。

こうなればそれは、ALGODesign になります。

この方法では、極論すれば、デザインする能力は必要ない、ともいえます。

いいものを評価できる「いい眼」、があれば十分なのです。膨大なバリエーションを生成するプログラムを用意して、その成果品をシミュレータにかけて、それを片っ端からひとが評価していれば、いつかは、いいものに当たる。「当たる」まで待てる、十分に長い時間をかけられるなら、ですが。

いいものをデザインするのは容易ではありませんが、目の前の作品に点数を付けることは（つくるよりは）簡単です。（その点数が妥当かどうかは別として）ただ、そこまでの本格的な複合シミュレーションプログラムは、まだ見かけていません。（存在しないといっているわけではありません）

「誘導都市」のうち、今回は取り上げていない、初期の「発生街区の都市 1994」は、この「ジェネレイト＋シミュレート」のタイプです。ただし、シミュレートするだけではなく、評価まで行うプログラムとなっています。

4- ジグソー デザイン
組み合わせを、見つける

Jigsaw design

膨大な組み合わせを見つける
必ず正解があること

ジグソーパズルには必ず正解があります。でもその正解にたどり着くのが容易ではないので苦労するわけです。

こうした事態は、設計の過程でもよく起きます。3次元曲面でかたちをつくると、その場所場所で面の輪郭やねじれは変わってきます。これを実際に建設するとなると、それをいくつものパーツに分けてそれぞれの形状やディテールに加工しなくてはなりません。

データから3次元プリンタでパーツができるなら簡単ですが、まだ実際の建築には、サイズも強度も足りません。

そこには、材料の性質や製作上の制約条

下図：「つくばエクスプレス 柏の葉キャンパス駅」(2005) の外壁 GRC パネルでは、限られたモールドの組み合わせで多様な形態を構成する、「ジグソーパズル」を解こうとしました。

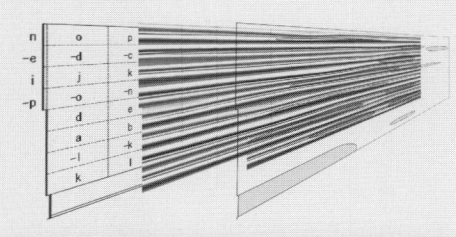

件もあります。接点では材が平行でないとボルトが締まらないとか、ガラスは3次元には曲げにくい、とか、多々。

そうした制約を守りながら、ことごとく異なるパーツのかたちを決めていくのは、まさにジグソーパズルを解くことに似ています。そして、それはプログラムの得意とすることのひとつです。これはデジタルファブリケーションと呼ばれる方法で、広くはBIMの一環です。こうしたプログラムの利用方法は、「ジグソーデザイン」と呼ぶことができるでしょう。

5-Q&A デザイン
課題を解ける、かたちを 生み出す
Q&A design

予測して応える、フィードフォワード
そうあってほしいもの、を生み出す

課題を出して、それに対する解答として、設計が生成される方法です。そうあってほしいもの、を生み出すこと。
課題に対して、よりよき解答を推測して提示することは、フィードバックではなく、フィードフォワード回路を使う方法、といえるでしょう。ALGODesignは、そのひとつの手段です。それは、絡み合った糸をほどいて、解答に至るひと筋の道を見つけることにも、似ています。その糸は一本ではないかもしれませんね。

6-Crowd デザイン
投票で、デザインする
Crowd design

独裁方式と民主主義方式
投票でデザインする

ものごとを決めるのには、ふたつの方法があります。
誰かひとりが決定する方法と、賛成する人数の多さで決める方法です。前者を極めた方法が独裁で、後者は多数決と呼ばれます。

独裁、という言葉には、初めからマイナスのイメージが張り付いていますね。独断といっても、専行といっても同様です。（これを強いリーダーシップと呼ぶと肯定的な意味になるかもしれません）
ひとりで決める、という方法は、よくないことだ、とされているようです。
これに対して多数決は、民主主義の基本技術として肯定的に受け入れられています。
建築の設計はどうでしょうか。
これはどうみても、独裁、ですね。
建築の設計では建築家というひとりのひとが（結局は）すべてを決めます。
この独裁、にはマイナスのイメージはありません。当然のこと、とされています。政治や会社の経営などでは（特に日本では）独裁が嫌われやすいのと違い、建築やアートのように、作品をつくる場合は、独裁が認められているようです。

では、もうひとつの決定方法の、多数決 - 民主主義メソッドを使った設計はできないのでしょうか。

市民参加やワークショップで設計を決めるのがそれではないか、という方もいるでしょう。コンペの市民投票も多数決方式のひとつですが、用意された数少ないメニューの中での選択です。ワークショップの場合でも、多くは市民が自分で設計するわけではありません。

もっと広く、もっと直接的に、設計をみんなで決める、ことはできないでしょうか。

インターネット上には、みんなでつくりみんなでつくり替えていくタイプの制作品があります。百科事典の Wikipedia が有名ですが、Linux 等のオープンソースのソフトウエアにも例があります。

構成員が圧倒的に多数であることで結果が有効性を持つ、という意味で（cloud ではなく）「crowd デザイン」。これは「集合知」に期待する方法です。あるいは「collective intelligence design」「big data design」「wiki design」「people design」と呼ぶこともできます。「social design」というとその呼称はすでにあるので、違う意味になってしまいますね。ソフトウエアの領域では、これを「バザール」方式と呼び、従来の方法を「伽藍」方式と呼ぶこともあります。（The Cathedral and Bazaar/Eric Steven Raymond）。伽藍の設計、まさに建築の方法ですね。伽藍とは違う、バザール。呼び名はともかく、そうした方法は、「設計」で、有り得るでしょうか。

wiki/crowd 建築は可能か

プログラム作成の場合は、スキルのある者しか参加しません。彼らが一部を書き換えても（その技術に担保されて）プログラムは成り立つことが多いでしょう。でも建築の設計は、部分的に描き変えては成立しない可能性があります。どこかを変えたときに、違うどこかに不具合が生じていても、すぐには分かりません。そして、多様なユーザーによってそれぞれ異なる評価がある中で、決定を合計得票に委ねたとき、それは平均的な設計を選ぶことにはなるでしょうが、その設計がそれぞれのユーザーにとってよいものかどうかは、誰も保証できません。

「設計」は、「メディア」であって（体験検証できる）実物ではないこと、皆で行う設計の書換えは全体品質を保証できないこと、そして総得点の高いものが皆によいものとは限らないこと、こうした課題が crowd 建築設計には伴います。それらの課題を越えて、crowd 設計は広まるでしょうか。

何をつくったらいいか、あるいはつくらない方がいいか、という選択はポリティカルな性格が強く、それには crowd 方式は有効でしょう。選挙と同じですね。その選択の上で、次に、「デザイン」を wiki/crowd で生みだしていくことは、容易ではないと思われますが、可能性はあります。

その実現に、前述の 2 から 5 の方法、特に、Q&A ができる ALGODesign は、貢献できるかもしれません。

前提を忘れること／衆知の道

crowdシステムで、どんな建築の設計でもできる、と考える必要はないでしょう。crowd方式に向いているものと、向いていないものがあるはずです。

また、設計全体ではなく、そのプロセスの一部に使うことで効果を発揮する場合もあるでしょう。

この方法を使って皆でプランを決めていく場合、たとえば、多くの参加者が、部屋は廊下でつながるもの、という体験的な常識（当然とする前提）から抜け出ることができなかったとしたら、部屋の仕切りがないとか、逆に小部屋相互が直に接するとかの、「新しい」プランは生まれないかもしれません。

その場合は、誰かが、そうした「独創」を提案する機会を設けないと、つまらない、どこにでもある類型の設計に収束してしまうリスクがあります。

逆に、そういう、いわば突然変異のような新しい設計が、専門家ではなく（専門的常識に囚われない）crowdデザインの中から生まれる可能性もあります。これはこうするのがあたり前、として疑わずに来た暗黙の前提、日々の常識、から離れて、「衆知」がどこまで「飛ぶ」ことができるか。その飛翔距離が、crowdによる設計の価値になるでしょう。「Crowdデザイン」は、専門家の呪縛を解く革新の可能性と、類型の多数決に堕してしまう守旧の危険性の、両面を持っています。

さて、どちらに向かうでしょうか。

数の、ちから

市場原理設計 Crowd/market design

みんなでつくる、プログラムの場合は、プログラムの変種がいくつもできることでしょう。

これは生物の進化の過程に似ています。生まれてくるバリアントの中にはあまり調子のよくないもの、思った性能を発揮できなかったものも多いはずです。それらを最初から拒絶せずに、ある程度の性能であればまずは存在を許す。そして試練を与えて、そこを切り抜けたら、さらにその子孫を残すことになる。そうやって、優れたものが生まれていく、というシステムです。

（優れた、というのは、その時点での環境・要求条件に、よりよく対応できるという相対評価で、絶対評価ではありません）

このシステムでは、必然的に、たくさんのダメな存在が生まれては消えていきます。膨大な脱落者の山の上に、少数のエリートが出現して、彼らが次世代をつくる。きびしい競争です。

これは「民主主義」システムより、（現代社会の）もうひとつの基幹システムになっている「市場原理」に近いかもしれません。

この、いわばpeople/crowd/marketシステムでは、生産者と消費者の区別はなく、ユーザーの選択で製品がつくられます。究極の、市場原理。

ここでは、ユーザー自身が設計者でもあるのです。

ゲームで設計　Crowd/game design

「Crowd/market design」では、評価はユーザー自身に委ねられます。設計を書き換えるのもユーザー、設計に優劣を付けるのもユーザー（の多数派）です。これとは異なる方式も考えられます。

それは、優劣の評価方法があらかじめ告知されている方法です。市民参加のマラソンのように。

たとえば、科学者にも難しかった、たんぱく質の３Ｄ構造を見つけ出すことに、ゲーマーが成功したとの報道があります。通常の方法では困難な「折りたたみ構造」の発見過程をゲーム化し、多くの人々がそのゲームで覇を競うことで、ついには解答にたどり着いた、ようです。この場合は、解くべき課題が示されていて、そこにたどり着く「道」を見つけ出すレースです。設計コンペに近いですね。コンペと違うのは、設計のスキルがなくても参加できることと、評価基準が誰にでも分かること、です。スキルがなくても参加できるのは、課題をゲーム化したからで、そのゲームの組み立て方に、すでにプレ「設計」があるともいえます。このように、「誰が見ても評価基準が分かる課題」を示すことができれば、設計分野でも、「Crowd/game design」が有効になるかもしれません。

下図：ワシントン大学による「Foldit」は、サイトからダウンロードして誰でも参加可能です。これは Crowd/game 設計、ですね。

著作外設計　Crowd/n-type design

また、ショートムービーやマンガの世界では、原型として選んだ既存の作品に各自が処理を加え、それがまた次の処理を生む、というプロセスで生まれる成果品を、「n次創作」と呼んでいます。それは模倣やタダ乗りにすぎないとの見方もありますが、従来のオリジナリティやクレジットの定義が変容あるいは無効化されていく状況に呼応している、ということもできます。

作品をつくる、というより、目の前の現象に作用することで、その流れに（結果として）影響を与える、ことを「設計」と呼ぶ、ようなことですね。それがリアル・ワールドにどこまで作用できるかは未知数ですが、これも crowd デザインの可能性のひとつといえるでしょう。

下図：ALGODesign の並列２系統のプロセス

生成プログラム（図の上段：条件・生成・形態）
こうしたい、という「要求」から、具体的な「条件」が書き出され、それが「生成」プログラムにより「形態」化されます。

評価プログラム（図の下段：要求・評価・解答）
一方、「要求」から生まれる「評価」プログラムが、その形態から「解答」を選び出します。

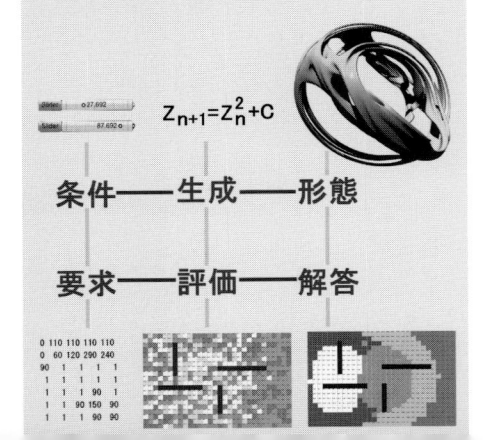

$$z_{n+1} = z_n^2 + C$$

条件——生成——形態

要求——評価——解答

Unit II − 4 「柔らかい科学」としての設計

1- 昔からずっとこうしていたのか
建築家以前のデザイン

アルゴリズムは昔からあった
アルゴデザインとしての規矩術

設計は、昔からいまと同じようなやりかただったのでしょうか。

日本で建築家という職能が確立したのは明治以後ですね。それ以前に「建築家」はいなかったわけです。では、設計はしなかったのか、といえば、誰かがどこかで設計はしていたから建築はできていた。茶室の起こし絵も、設計図のひとつですね。戦国時代の城は見事にデザインされています。その設計図（に相当する指示データ）をつくるのは、僧侶、武将、軍師、茶人、など、様々です。設計を専門に行う職能は、未分化だったといっていいでしょう。

また、日本建築は木組みとモジュール化の普及で、設計は（いまの設計に比べれば）おおまかな指示でも可能だった（と思われる）ことから、施工者が設計者を兼ねる、あるいはクライアント側が設計者のことも多かったかもしれません。木組みとモジュール化、ということは、言い換えれば、設計＋施工に、サブシステムがあるということです。

それは、アルゴリズムそのものです。

下の図の木組みの例では、建築のタイプを選び、単位長さを決めると、スパンや柱の太さ、そして各部の寸法が、この単位に対する比で自動的に決まります。それ以後の指定を図面で行う必要はありません。ビルディングタイプと単位寸法をパラメータとして、自動設計のプログラムが作動します。

これ以外に、材料のグレード、デザインと仕上げのランク、装飾のデザイン等の指示は必要ですが、基本の躯体は木組みアルゴリズムで決まります。

現代の建築設計では、それらすべてを図面化する必要があります。しかし歴史的な日本建築（の多く）ではそれらはプログラムになっていて、指示はパラメータ指定と、そのあとは飛んで、施工者への直接伝達だったと思われます。
（そうでない例もあるかもしれません）

この、規矩術アルゴデザインの利点は、どこにあるでしょう。建築家が不要、というのは（社会にとっては）たいした利点にはならないでしょう。しかし、一定の水準の建物を、容易に多数つくる、という点には、寄与するはずです。

木材の規格も統一されるわけで、生産と流通も効率化されるでしょう。

個別な構造計算も不要です。経験値から、スケールとスパンに応じた部材サ

図：木組みのアルゴリズム
木割組成図（河田克博）から作成

枝: σ　24σ　柱間: L　0.11L　本柱太さ: c　0.9c 袖柱太さ
　　　8σ　側軒　　0.8L 内法高さ　　　　0.5c 礎盤せい
　　　　　　　　　　　　　　　　　　　　√2 礎盤幅
　　　　　　　　　　　　　　　　　　　　0.3c 台輪厚さ
　　　　　　　　　　　　　　　　　　　　0.8c 台輪幅
　　　　　　　　　　　　　　　　　　　　0.8c 柱貫幅
　　　　　　　　　　　　　　　　　　　　1/3c 柱貫厚
　　　　　　　　　　　　　　　　　　　　0.6c 貫幅
　　　　　　　　　　　　　　　　　　　　0.3c 貫厚
　　　　　　　　　　　　　　　　　　　　1.0c 小壁幅
　　　　　　　　　　　　　　　　　　　　0.8c 冠木せい
　　　　　　　　　　　　　　　　　　　　0.35c 冠木厚さ
　　　　　　　　　　　　　　　　　　　　0.6c 丸桁
　　　　　　　　　　　　　　　　　　　　0.7c 妻小梁
　　　　　　　　　　　　　　　　　　　　0.6c 破風腰幅
　　　　　　　　　　　　　　　　　　　　0.2c 裏甲

イズが決まるので、それを使えば、概ね安全な建物が効率的にできます。

効率化だけではありません。デザインは決まったパターンの中から選ばれるので、街並みは自動的に統一されます。ほおっておいても、美しい都市景観が生まれることになります。

（街区計画のコードが無いわけではなく、たとえば江戸期にも、仕様や景観上のコード＝都市計画上のアルゴリズム、は存在します）

ではそのプログラムから「はずれた」設計をしたいときはどうなるでしょう。

規矩術を使わない個別の設計をすればいいだけですね。ただ、実行は容易ではなかったでしょう。生産も流通も施工も、法規も常識も、プログラムデザインを前提に動いている高度なシステム社会の中で、そのシステムに乗らないことをしようということなのですから。そうはさせない、というシステム保全の内部応力が働くことでしょう。でもそれをはねのける強い意思と実行力（と資力）があれば、システム外の独自設計は可能だったと思います。（未確認です）

アルゴデザインとしての様式

プログラムといっても、日本建築にもスタイルの変遷があります。住宅にも寺社にも時代によるタイプの変化が見られます。ただ、ある時代、ある地域、を見ると、やはり同一か少数のプログラムタイプが使われていることが多いでしょう。それが「様式」です。様式は、アルゴリズムなのです。

もちろんこれは日本の木組みに限ったことではありません。教科書では、世界の建築の歴史を、それぞれの時代と地域に典型的な様式で説明しています。ALGODesign は、別に、新規の発明ではなく、ずっと行われてきたものなのです。ただし、手わざ、として。

設計とは、秩序をつくること

規矩術にしても西洋の様式にしても、それは結局、秩序を確保するための方策といえます。

様式や規矩術のアルゴリズムに従っていれば、自動的に秩序が備わったものができる。ここでのアルゴリズムは、特定の問題を解決するためではなく、秩序を形成し維持することを、基本的な機能にしています。

秩序というのは、整理整頓のことです。乱雑に散らからないようにするために、どうやったら整理できるか。

設計とは、その秩序をつくることだといえます。たくさんの要素の配列と関係を決めて、要素の集積ではなく、要素が統合された「全体」をつくること。その行為を設計と呼びます。

そしてその秩序構築を（ある程度）自動的に行えるようにする「発明」のひとつが、「様式」である、ということができるでしょう。

ALGODesign は、同じ目的のための、「もうひとつの」発明、かもしれません。

では、そうやって達成される「秩序」がないと、建築はなりたたないものでしょうか。

2 - 折りたたまれ
伸び縮みする、時空間
いま、そこにない、秩序

空間の変容　瞬間秩序空間
どんなに散らかしても、すぐ見つかる

「秩序」とは「整理整頓」から始まる、と述べました。

たとえば、求める本や書類がどこにあるか分からず、捜すのに多くの時間を費やした経験はどなたもあることでしょう。書店や開架式の図書館の書棚には、同類のジャンルの本が近くに並んでいます。そうなっていないと捜すのがたいへんです。でも、検索すると本を自動的に持ってきてくれる図書館では、本がどの棚にあったのかは知る必要がありません。本がどのような順序でどう配置されているかは関係ないのです。

ひとが自分で見て確認するには、分かりやすい配列のシステムが必要です。しかし、検索によって得られる結果を使えばいいのであれば、システムに分かりやすさは不要です。

実際、こうした自動システムを使う図書館では、いままでの書庫の分類は必要ありません。

図書館以外でも、たとえばネット上の大手小売り企業の巨大な倉庫では、棚の商品の並び方は、一見秩序がないように並んでいます。ところが、その並びかたには、「同じシリーズの本は近いところには置かない」、というルールがあるとのことです。いままでの書架分類とはまったく逆ですね。

このルールを使う理由は、棚から目的の本を取り出す作業の、人為的な間違いを避けるため、と説明されています。整理しなくていい、のではなく、整理してはいけない」と。これは本に限らず、ロジスティック一般で使われている、フリーロケーションと呼ばれる方法です。この他にも、頻度による往復距離を最短化する等の、別なルールも使われます。GPSや携帯基地局による位置情報、RFID等による個体インデックス、そこから検索されるクラウド上のデータベース、などの要素技術の統合利用が、ロケーションフリーを実効化します。

配列するとは、設計することです。
要素の序列と空間位置を決定すること。そこに、従来とは別の、場合によっては逆の条件が優位になる領域、が登場していることになります。

それは、書庫や倉庫に限ったことではありません。

下図2点：この自動倉庫では、棚の下に入り込んだ自走式ロボットが、棚を随時、パズルのように移動させています。この建築の内部のプランは、絶えず変わっているわけです。ここには、定まった「プラン」という概念自体が、すでに存在していないのです。(kiva)

サインなしでも分かりやすい建築

複合施設や駅や空港など、多くの人々が行き交う施設では、分かりやすいことが大事です。サインに頼らずに、一目で行くべき方向が分かれば、その方が「よい建築」といえるでしょう。それで、たとえば空港では、高い天井と広い空間にして、見通しをよくしています。それだけではなく、幹と枝のような接続関係を明快にして、理解しやすくしています。
「東京都営 地下鉄 大江戸線 飯田橋駅」の設計では、この、空間の分かりやすさを、ひとつの設計方針にしています。電車を降りてホームに立ったとき、左右のどちらに進んだらいいのか、一瞬迷うことはみなさんも経験されると思います。見回して柱のサインを探しますね。飯田橋駅では、ホームの上り下りの壁の色を金銀2色に変えています。そして長いホームに並ぶ柱も、一方の端は緑色にぼんやり光るガラスの列柱、他端はベージュ色の石の柱です。銀色の壁、とか緑の柱の方、とか覚えておけば、サインを探して歩かずとも、方向が分かることになります。（もちろんサインも、ちゃんと用意してあります）

下図：大江戸線飯田橋駅のホームでは、柱や壁の素材や色を、位置や方向によって変えることで、進む方向を識別・記憶しやすい設計にしています。

意図的に分かりにくくした建築

反対に、ショッピングモールでは、迷路の要素を取り入れて、居場所の直感理解を難しくすることで、ショッピングの機会を増やそうとしているようです。たとえばある大型家具ショップは、一筆書きを折りたたんだプランになっていて目的の売り場への直行はできません。分かりやすいこと、あるいはその反対に、分かりにくいこと、は、共に建築に要求される基本的な設計条件のひとつで、そのどちらも、有り得るのです。

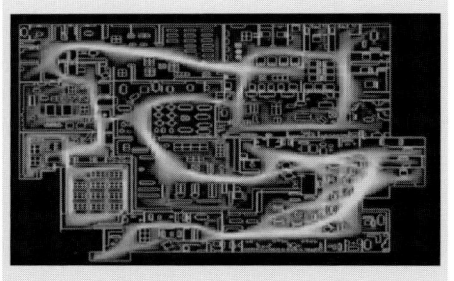

上図：なかなか目的地に辿りつけないように設計された例（IKEA）。この設計手法は、最初にそれを意図的に使った設計者の名を取って、Gruen Transfer と名付けられています。

Gruen Transfer のような認知「擾乱」設計は、近世初頭の日本にもありました。
藤堂高虎設計の宇和島城（1601）や津城では、プランが五角形（下図）です。これは、プランは四角という「思い込み」による敵方の錯覚を、城の防御に用いたデザインと伝えられています。この手法は「空角の経始」（あきかくのなわ）と名付けられています。
15世紀半ばのイタリアに発する「星形要塞」は、火砲という新たな条件に応えるための「物理機能」デザインでしたが、日本の「空角の経始」は、空間認知を混乱させるための、「心理機能」デザインだったようです。

ここまではいずれも、ひとのいままでの行動のしかた（＝振舞い）を前提にして「設計」されています。

しかし、その行動のしかた、自体が変わったら、どうでしょう。

整理しない方が、分かりやすいこと
行ったことのない目的地に車で向かうとき、カーナビは必須ですね。指示された操作をしていれば、目的地に着きます。行うのはその指示通りの個別の動作だけで全体のことは考えなくていい。車から降りて建築に入っても、同様なことは可能です。空港で、フライトの番号をつぶやくと、メガネの視野に、進むべき方向が重ねて表示されれば、その指示通りに歩けばいいだけです。こうした AR や MR 以外にも技術は登場するでしょう。ピンポイントで音声を飛ばす市販の超指向性スピーカを使えば、つぶやきに応えるささやきが耳元に届きます。位置情報も、携帯端末の通信と GPS を組み合わせれば、屋内でも数センチ以下の誤差で特定できます。平面だけでなく 3 次元で、何階に居るのかも分かります。そうなると、建築そのものに「分かりやすさ」はなくてもいい、ということも、あり得ます。

「分かりやすくなくていい」という設計条件（の緩和）が、それによって何か「いいこと」を生まないのであれば、なんの意味もありません。が、分かりやすさを捨てたことで、「何かいいこと」が可能になるのであれば、それは、新しい設計の可能性を開くことになります。

まとまっていなくてもいいこと
このことは、建築の外の、街に出ても、同じです。ひとつの建築の機能が、ばらばらに小分けされて街のあちこちに点在していても、それらが必要なときに「検索」され、必要な役割と責任を持つ人々がそこに「同期」する「保証」を誰か（何？か）が用意できれば、建築がひとつの箱にまとまっている必要はなくなります。

誰がそれを保証するのか、その主体の「信用」度が課題ですが。

あるいは多数のネットワークから自己組織的に信頼性が醸成されるかもしれない、という期待（というより願望）も。

整理整頓してはダメ、な建築
分かりやすい空間、理解しやすい建築、である必要がない場合がある、さらには、その方がより望ましいことが起きるかもしれない、ということですね。

いままでの「条件」とは反対の条件が、課されることになります。建築計画が変わる、ことになるでしょう。

分かりやすい建築にしないでいい、という設計条件のもとでは、いったい何がよくなるでしょう。

ふつう、空間構成の視覚的理解を容易にしようとすると、結局、設計は単純な方がよいということになっていきます。大きな矩形の空間に、すべてが一列に並んでいて、それらを見通せるブリッジが渡っていれば、それがいちばん分かりやすいことでしょう。すでに述べたように空港の設計は、この方向が主流でした。

でも、単純化は選択肢の幅を狭くします。延々と続く地下の連絡通路や、ドアが整然と並ぶ集合住宅の片廊下、エレベータをどの階で降りても同じ高層オフィス、など、単純化、均一化が最善とは思えない施設もあります。

一転して、これが、迷路でいい、となれば、どんなプランも可能です。デザインの選択肢は、ずっと広がります。

もちろん、迷路には避難時のリスクが伴います。そうした機能低下を起こさないという条件を満たした上で、整列では得られなかった「何か」を可能にできれば、そうする意義が生じます。

デザインの自由度を与えられたところで、「何」を新しく提示できるのか、それが設計者の腕の見せどころとなるでしょう。

序列を可視化することが必要だった時代の建築と、序列のない(一見無秩序な)状態をその都度一瞬だけ秩序化する時代の建築では、その組み立てのアルゴリズムが大きく変わるのです。

そのときだけ出現する、瞬間建築

無秩序でいい、というのではありません。秩序が、整理された書棚のように固定されていつも同じなのか、この本はどこ？というリクエストに応えてその瞬間に、そこへの道＝秩序が構成されるのか、という違いです。

固定された秩序と、その都度要請により現れる、瞬間秩序。

迷路化の他にも、建築でこれに応える変化はあるでしょうか。

情報の衣服を纏う
実物×情報→建築

建築という実在は、眼で見る、手で触れる、脚で立つ、というように、ヒトのからだと感覚に、直接関わる対象でした。その、からだ／感覚系と、建築実体との間に、IT回路が挟まる、ようになりつつあります。

ひとと建築が、直接接触しなくなる(状況や領域が出現する)かもしれません。他人と直接会って話し、手を握るのではなく、メールやビデオ会議をすることはすでに日常です。それと同じことが、ヒトと、ヒトを取り巻く物理的な環境との間でも生じています。

いずれ、目の前の建築や部屋や、駅の姿に、その説明や方向や機能や利用者のデータが、重ねて表示されるようになるでしょう。

そうしたデータの表示がない、眼で見ている景色そのままでは、どこか不安、裸で街を歩いているような気がする、ようになるかもしれません。そこにデータのオーバーラップがあることで、初めて服を着たような気になり、安心して外を歩ける、というような。

やがて脳に直接データを送る技術が実用化されれば、視覚だけでなく、触覚も温感も、何でも伝わりますが、そこまでいかなくても、電子回路が組み込まれたコンタクトレンズが網膜に映像を投射すれば、スマホもメガネも要りません。対象物とその認識との間に、ITメディアの層をいったん通すこと。

上左図:電子回路を組み込んだコンタクトレンズのイメージモデル。明るい、技術。
上右図:米国のアニメ「Futurama」(2010)の眼内携帯「eyePhone」。小さなパーツを眼に挿入すると、視野に画像が投影されます。ブラックな？技術。日本のマンガ「ドラゴンボール」(1984-)にはHMD「スカウター」が登場。合成視野の提示は新しくはなく、ハードウエアだけならすでに市販されています。と書いていたら、Google Glass も登場。

外装デザインは、しなくていい？

都市・建築は、物質としての裸の「実体」に情報という「衣服」を着せて初めて、人々の眼に触れ、想定した機能を果たす、「総体」になる、ということです。

そうなると建築の外装にデザインは不要、ともいえます。何もしなくていい。建築は白い箱にしておいて、表面に、各自が好みの3D画像を（眼内で）映せばいいのですから。同じ建築、同じ街が、ひとによりそれぞれ異なった姿に見える。全員が全建築のクライアント、ということですね。正に「Crowd デザイン」。

コンクリートが壊れれば、ひとは傷つく
情報は建築を強くするか

一方、災害で建築が壊れれば、ひとが傷つき、財産が失われる、という圧倒的な事実があります。建築は情報だといっていても、床がなくなればひとは下に落ちる。情報はひとを宙に浮かばせてはくれないし、小雨ですら防ぐことはできません。でも、緊急地震速報を受ければ、それは床を支えてはくれないただの情報ですが、少しでも安全な場所に移ることができる可能性はあります。台風が来ることが分かれば窓を補強することもできます。ハードウエアとしての建築や都市は、すでに情報と一体化した不可分な状態で機能しているといえます。運行制御システムのない新幹線は機能しません。都市・建築も、そうした情報系システムと物質系システムの統合体として機能していて、その一体化はさらに進むでしょう。

部材がRFタグでデータを持つ。部屋も窓ガラスもドアノブも、すべてが携帯のような「端末」になる。PCが随時サイトに接続してソフトを更新しているように、建築の部材もやがて、自分から負荷や劣化を伝え、自己修復もするようになるでしょう。素材が、部品が、こちらに、そして互いに「会話する」のです。

道路と車と部屋と道具とひとが結びついた状態が、そのとき、建築と呼ばれる

「会話」するとは、仲間になるということです。素材や部品と建築や街、そして使う人々が、統合システムを形成する。どれも誰もが、その総体の「部分」であって、同時に「全体」でもある、ような。建築は物理的な単体だけでは「未完成」で、情報ネットワークと統合されて初めて、「建築」として機能するようになる。やがては、ひとつの「単体」という「まとまり」が薄れて、物体＋情報系の、あるサブネットがその都度「建築」として現れる、ようになるのかも、しれません。それはまだ、しばらく先のことですが。

左図:東京駅丸の内駅舎へのCG投影。(2012)外装デザインはお好みで。

時間の変容
伸縮一刻

人工物デザインで操作する対象は「形態」ですが、その形態を通じて設計する相手は、形態とそのまわりを含めて空間と呼ばれています。空間は、設計の最も基本的な対象といえるでしょう。そして空間には、切り離せない相手として、時間が伴っています。空間の秩序が一律でなくなるとして、一方の時間も、一律な秩序が続く、とは限りません。

実はそれは、いまに始まったことではないのです。

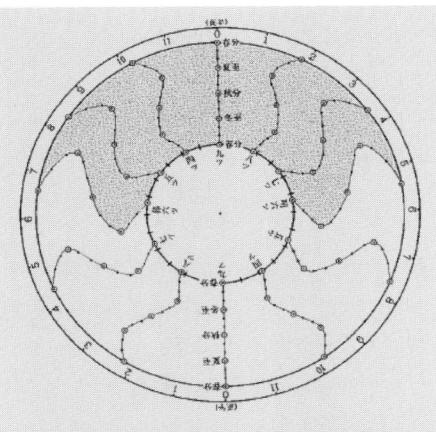

上図：外周が現代の時刻、内周が江戸時代の不定時法による時刻で、両者をつなぐ曲線が、季節による「一刻」の変動を示します。
季節により変わる、日の出日の入りの間を、夜昼共6等分して単位時間（＝いっとき）とするため、昼と夜でも、季節ごとにも、また場所によっても、「いっとき」は伸縮します。
（江戸時代にも公式暦では定時法も有りました）

下図：不定時法による昼夜長さの変化の比較

江戸時代の時刻、丑の刻とかですが、この時刻は季節により伸縮する「不定時法」でした。江戸時代の「いっとき」の長さは、昼は冬至で110分、夏至では長くなって158分、夜は冬至で131分、夏至で短く82分と、伸び縮みします。

現代の時間、1時間はいつでもどこでも一定です。時間に限らず、基準の統一は近代（化）の条件でした。mkgsAKmolcd、この呪文のような符合が基本単位(base units)であると、国際単位系では決めています。統一基準をつくることで、科学や工学だけでなく、経済や流通や社会生活などの社会システムを成立させる、必須の情報インフラを整備したわけです。

夏と冬で1時間の長さが違っては、時計だけでなく時間を基準にして動いているものすべてが混乱します。時間の統一は、いまの社会システムでは不可欠です。しかし江戸時代は違った。違っている方が、ひとの生活実感によりよく合っていた、からでしょう。夏の1日は長い、冬は日暮れが早いので短い。この方が、いつも同じ1時間より、感覚にはぴったりかもしれません。ひとは年齢により同じ物理時間を短く感じるようになるという研究もあります。つまらない授業は長く感じる、のは経験済みですね。

国際単位系の基本単位 (base units)：
長さのメートル (m)、重さのキログラム (kg)、時間の秒 (s)、電流のアンペア (A)、温度のケルビン (K)、物理量のモル？ (mol)、明るさのカンデラ (cd)

こころの時計は伸び縮みします。では、それに合わせて卓上の時計の時間も、伸び縮みしたら。

サマータイムのように基準位置をずらすのではなく、1時間という基準自体を変えてしまうと、社会システムは機能不全になるでしょう。しかし、あらゆる機器やシステムが、時間単位の変化を折り込んだプログラムになっていれば、実現の可能性が出てきます。

ひとの感覚に合った時間、というシステム。それは、いまよりもっと高度な社会システムなのかもしれません。

常時ではなく、瞬時

前に述べた、秩序が常駐していない空間、の秩序は、その都度現れます。

いつもそこに同じものがあるのではなく、瞬時に、しかも必要に応じて異なるタイプの秩序が出現する。ここでも時間が伸び縮みしているのです。

いまは当然の条件となっている、空間の秩序と時間の序列、それも、条件からはずすことができるようになるかもしれません。全体にひとつの基準を義務付けるのではなく、個別に、その都度、高適な基準を使うこと。

それを可能にするのは、その個別で皆違う基準どうしを整合させることのできる、ITシステムとプログラムです。そうしたしくみを建築に適用したとき、その「アルゴデザイン／アルゴリズミック・デザイン」のもとで、いまとは大きく違う、新しい建築の姿が現れるかもしれません。

3 - 重力がなければ
仮想世界のデザイン

重さに拘束されない建築
強い材料を見つける

整理整頓しなくてもよい、となっても、建築に課される条件がなくなるわけではありません。

その条件には、いままで述べた「空間」と「時間」の他に、どうやっても回避できない、ものがあります。

法規や予算や敷地も大きな条件ですが、絶対に変えられないというわけでもありません。しかし、どうしても、誰にも変えられない条件があります。

それは地球の重力加速度です。

どうやって自らを支えるか、建築のデザインの歴史は、この命題への解答集だったといってもいいでしょう。

そうした工夫の歴史を越えて、この課題を克服する方法は、ふたつあります。

ひとつは、当然ですが、圧倒的に強い材料を開発することです。

そしてもうひとつは、重力をキャンセルすることです。

材料開発は、ひとえに技術にかかっています。模型は薄い壁や細い柱でできるのに、なぜ実物はできないのでしょうか。強さは二乗で決まり、重さは三乗で増えるので、サイズが増すと素材の強さは自重を賄いきれなくなります。だから、強さ／重さ比の飛躍的拡大ができればいいのです。エアロゲルのように、それ自体が「構造を持つ」材料も、その可能性のひとつかもしれません。

重力加速度を変える

他方、重力加速度は、地球上では変えることができません。しかし軌道上の宇宙空間では重力加速度は（事実上）ゼロですし、火星では 38%、月では地球の 17% と小さくなります。こうした「敷地」の建築であれば、地上の重力の枷を減らしたりなくしたりすることができます。軌道上にはすでに 13 年前から宇宙ステーションが建設されていますし、月面や火星の基地も提案されています。そうした地球外建築の設計は、物理シミュレーションの威力が発揮される対象でしょう。重力加速度を増減させたときの構造力学上の計算や、挙動の CG を見るのは、アプリケーションのパラメータを変えるだけ済みます。

月の建築をシェルで建てるとした場合、地上に建てる場合に比べて面の厚さがどう薄くなるかは、「形力ー3」のプログラム内のパラメータを変えれば、ある程度分かるでしょう。

下図: ISS（国際宇宙ステーション）の、大きく、か細い、しかし（無重量の）軌道上ではこれで十分な、自立架構。
ちなみに、ISS の 2010 年までの工費＋維持費計 7.75 兆円、居住容積 373m^3 → 207 億円/m^3。重力キャンセルには、予算が要ります。

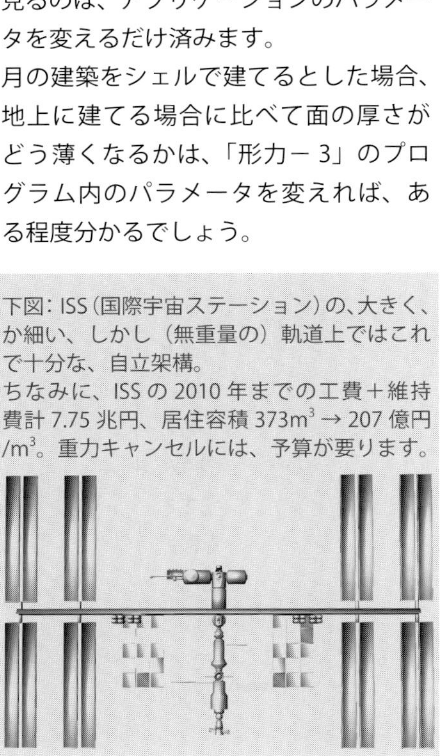

非・物質世界の建築家
見たことのある建築、しかないこと

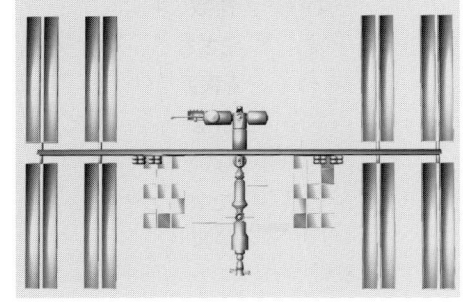

さらに、重力加速度を変えられる世界は、宇宙空間だけではありません。

重さ、がもともと無い世界、情報空間では、質量も重力も、お好みにより設定することができます。

そこでは、重力はもはや絶対の存在ではなく、色やかたちやシナリオと同等な、選択できる項目のひとつに過ぎなくなります。

そういう仮想空間の中に「建築」は必要なのでしょうか。

なんでもできる世界なのですから、建築というような現実世界のアイテム分類は、要らないはずです。

建築だか都市だか空間だか場所だか、雰囲気だか夢か、なんだか分からないような変幻自在な状態をその都度描き出せば、それでいいし、その方が仮想空間の特性を生かしたものになる、ように思えます。

しかし実際？の（ウエブサイトの）仮想空間や映画では、建築は建築らしく、インテリアはインテリアらしい姿で登場することが多いようです。

そこでの建築やインテリアの多くは、仮想空間らしい、見たことのないようなもの、ではなく、どこかで見たような建築や室内になっています。

現実と違うのは、その、見知った建築や室内の、崩壊や変化、移動や錯綜が、容易に起きる、という点です。

デザインとしてはレガシー、そのふるまいは非現実的、という設定ですね。

見たことのない建築、を見せること

仮想世界のようになんでもできるはずの場で、まったく新しい建築・都市世界が描かれない、のは、面白い現象です。その理由は、何でしょう。

単純に、見たことのない世界、見たことのない建築、を、スクリーン上に描くのは難しい、ということかもしれません。
あるいは、３Dの「仮想現実」にしても、所詮、実物体験ではないので、そこで実感を抱かせるには、どこかで体験したことのあるものの記憶を想起させるしかない、ということかもしれません。見たことのないもの、を疑似体験しても実感がわからない、ということですね。
それとも、そうした新しい建築を設計したいという意思が、いまのところない、からでしょうか。

いずれにしても、そういう状況だということは、逆にいえば、仮想世界で革新的な建築や都市を設計できる可能性がある、ということです。
建設費はかからず、自分がクライアントになれて、gはゼロで、法規制もない、のですから、そこはもしかしたら建築家の天国だといってもいいかもしれません。
なんでもできる、ということは、何も頼りにならない、ということです。
現実世界の建築では、課された条件を解決することが大事な使命で、それを解決できれば、それだけでもその建築の存在意義が出てきます。
建築の存在意義が、設計条件という「外部」にあるわけです。

機能や環境を理由にしない、建築

これに対して、仮想世界での「建築」には、要求条件がない（か、あるいは少ない）わけで、存在理由を外部に頼ることはできません。その設計がなぜいいのか、理由は、設計それ自身の内側から、探すことになります。
ここでこそ、だからこそ、思想やコンセプト、形態や空間のイメージの力が、問われることでしょう。
建築家が待ちに待った機会、ですね。
大スパンを軽やかに支えることができる、とか、環境負荷を極小に抑えた、とか、歴史的街並みに対応した、というような、外部依存の存在理由は、まったく通用しない世界なのですから。
頼れるのは自分の「思想とイメージ」のみ。

さて、そこに登場するものは、建築、なのでしょうか。
それとも、それ以外の何か。
３Dで体感できて、物理シミュレーションON/OFFも随時。
触覚や圧力・嗅覚センサ等により五感での体感と操作も可能、デザインの選択や変更は一瞬で、高さや広さに限界はなく、同じ場所に複数の空間が重なって存在することも許される。災害時にはネットワークで情報系のサポート機能を発揮。そして工費は・・・無制限。
そんな、見たことのない「建築」を、見たい、つくってみたい、そこに行ってみたい、と思いませんか。
その、夢の中へ。

4- デザインとは（実は）制約をつくること

解答としての、出題

なんでもありの世界、での設計

では、そうして、建築に課せられた最大の条件をキャンセルできたとします。楽になりました。なんといってもいちばん厳しい条件がなくなったのですから、そこでは、建つ建築に課せられた条件、なんとか解こうとしてロジックやプログラムをあれこれ工夫していたその条件群、は、一気にほとんど不要になります。重力もない、敷地も無限、壁の通りぬけもテレポートも自在、事故も起きず、やり直し再起動可。
では何がそこでの条件になるでしょう。

自由 - 不自由 - 自在

先ほどは、そこでこそ「建築家」の資質が問われると述べました。それを別な面から見ると、たぶん、その自由な世界で、「不自由をつくり出すこと」が、デザインの新しい「要求条件」になるでしょう。たとえばゲーム。ゲームにはルールがあります。なんでもできる世界のはずですが、参加者は皆、いくつものルールに従うことが要求されます。そのルールのもとで競争し、あるいは発見の旅をし、体感し、獲得し、満足する。
その繰り返しです。

不自由にすることで、得られること

不自由な現実世界で建築を建てる、ための設計では、いかに不自由な「条件を克服して＝課題を解決して」自由な領分を探すか、が大きな目標です。
一方、何不自由なく、なんでもできる仮想世界では、いかに「不自由な条件を設定して」、そのルールの中で行動することを楽しめるか、が目標です。
建てる世界では、「条件をクリアする」方法を求め、建てない世界では、「条件を課す」方法を求める。
どちらにも、目的の設定と、それをかなえるためのアルゴリズムが必要になります。
両方とも、「アルゴリズミック・デザイン」なのです。向かう方向は、逆ですが。

自由と不自由は、同じスライダーの左右

では、仮想世界の「アルゴリズミック・デザイン」は、何をどうするのでしょう。たとえば、避難シミュレーションを使うとします。建てる世界では、同じプランから同じ人数の避難が完了するまでの時間を、どうすれば短くできるかを検討することになります。
仮想世界では逆に、難関をどう配置して劇的な舞台を用意するかをシミュレートします。
このふたつの設計は、向きは逆ですが、ロジックは同じです。であれば、使うアルゴリズムも似てくるはずです。
そうすると、どこかを切り替えるだけでどちらにも使えるプログラム、ができるかもしれません。
そう、現実世界と仮想世界は、スイッチャブルなのでしょうか。プログラムの、ほんのひと文字が違う、だけの。

5 - デザインをデザインする
決めてつくる／決めないでつくる

デザインしないデザイン
設計者は、何を決めるのか

「発生街区の都市」で「選ばれる」案は、デザインそのものではありません。
そこで優秀な案として選ばれるのは、優秀な街路デザインを生み出すことのできる、「発生プログラム」です。
デザインは、選ばれたプログラムに、個別の条件を入れて「発生」させます。
ということは、ここでの「設計」とは、デザインすることではなく、優れた結果＝こども を生むことのできる、優れた親＝プログラム を見つけることなのです。
デザインそれ自体ではなく、デザインを生むしくみをデザインすること。これが「誘導都市」の主旨、「誘導」過程です。
デザインしないデザイン、それは、これからの「設計」の「ひとつの」可能性です。

万物原理でデザインする
スケールフリー

もうひとつの道は、これとは対極です。状態を取り仕切るルールを見つけ出して、そのルールを使って、思う方向にデザインしようとする道。でも、そんな「ルール」が、見つかるのでしょうか。
たとえば、宇宙空間からウイルスまで、スケールによらない共通パターンが、そこここに見られることが知られています。宇宙の構造のところで述べた、泡の構造も、その候補です。そこでは、サイズを変えてもかたちは同じ（よう）という、スケールフリーの現象が生じます。フラクタルもスケールフリーです。

マジックナンバー

また、種の違う生物の体重と代謝量を対数グラフにすると、傾きは 3/4 になることが知られています。これをマジックナンバーと呼ぶこともあります。
このように、ある要素（変数）が他の要素の何乗かに比例するという現象は、冪乗則（べきじょうそく）と呼ばれていて、生物だけでなく、地震の発生確率のような物理現象から、経済やネットワークなど、領域を越えて報告されています。これがもし、同じ「法則」が理由だとしたら、水の流れにも生物の食生活にも日々の買い物にも共通する「超汎用法則」ということになって、それは大変な発見ですが、その実在は？です。
ここには「法則」とは別次元の、何かの理由があるのかもしれません。自然だけでなく社会現象という人工物にも共通する、何か。スケールフリーやマジックナンバーの理由はまだ不明です。
不明でも、その事実がこうして帰納的に発見できている以上、それを使う、ことはできます。理学では、原因と理由が不明な法則は使いにくいでしょうが、科学に近くても「デザイン＋工学」系、そこに存在することが確かであれば、それは使えるのです。経験則、暗黙知、と同じですね。法則としてまだ抽出できていなくても、確かに起きていることなら、それをプログラムに置き換えることは、やれば（たぶん）できる、のです。

6 - DID
ダイレクト イメージ デザイン
イメージを直接かたちに

媒体を介さない、「直接」設計
職人プログラムと、こどもプログラム

さて、そうして新しいデザイン方法が使えるようになったとして、具体的にはどういう手順で作業することになるでしょうか。

プログラムは手順を追います。だから手順として記せないことはできません。その限界を越えようとするのが、対話と学習方式ということは述べました。
「対話」は、高い技能を持つ（が、こちらの意図はまだ理解していない）「プロの職人＝名人」タイプ、といえます。
「学習」は、すぐできることは少ないが素質と意欲のある「成長するこども」タイプのプログラム、に相当します。
「プロの職人」プログラムを相手にする場合は、ひとは、仕様＝パラメータを決めて仕事の「依頼」をして、その出来栄えをみて、また違う仕様で再依頼します。いまの多くのプログラムはこのタイプでしょう。ひとの側が試行錯誤をします。
「成長するこどもプログラム」を相手にするときは、ひとは褒めたりしかったりします。それを受けて試行錯誤をするのは、プログラムの方です。このタイプのプログラムは、ロボットには使われていますが、まだデザイン領域ではあまり見かけないようです。

イメージを伝える手立て

一方、ひとの側はどうでしょう。
イメージの揺り籠が、心にあるのか、頭の中なのかは分かりませんが、思い浮かべる、あるいは抱く、ぼんやりしたあるいははっきりしたイメージを、幾多の条件をクリアして、ついにはかたちにする過程が、設計です。ひとことでいえば、イメージをかたちにする、ことですね。
でも、こころの中のイメージを、直接かたちにすることはできません。
かたちにするには、鉛筆で紙にスケッチする、とか、モニタ上に描く、か、粘土で模型をつくるか、となります。そう、もうひとつ、スタッフに口頭で指示してつくらせる、という方法もありますね。

Brain Machine Interface

いずれにしても、こうした間接的な過程を介することで、イメージはようやく、かたちになります。
ここで「かたち」、というのは、他者に伝えられるもの、という意味です。それを介するものは、媒体＝メディアですね。イメージは、鉛筆とかコマンドとか粘土とかのメディアを使って、他者（と自分）が理解できる　かたち　になります。
このメディアを介さずに、イメージを直接かたちにすることはできないのでしょうか。
BMI（Brain Machine Interface）という分野があります。建築CADのBIMとは語順が違う、別の用語です。（メタボの指標のBMIとも別です）

そこでは、脳とIT技術を直接つなごうとしています。簡単にいえば、頭で考えていることを取り出して示す、ということです。

すでに、強く念じると浮かび上がるトイなどは市販されています。高齢者やハンディキャップの人々の住宅を想定して、各種操作をBMIで行うスマートハウスの研究も行われています。こうした方向の先には、「思ったことを画面に現す」ことが目指されています。イメージを思い浮かべて、それをそのまま3D情報として取り出せれば、鉛筆やコマンドを介さないダイレクトイメージデザイン（DID）ができることになりますその日は来るでしょうか。

いつか、I DID it と言えたら、いいですね。

イメージを取り出す実習

ではその最新技術DIDを、ちょっと実行してみましょう。「イメージを取り出す」ことは、その一歩手前までなら、いまでもできるのです。

キカイもプログラムも使いません。

簡単な方がいいですね。円錐にしましょうか。立方体だと、かたちの変化が分かりにくいので。

頭の中で円錐を思い浮かべてください。色は白。白いセラミックにしましょう。目の前に机があればそこにぽんと置いた姿を描きます。サイズは高さ１０ｃｍくらいの小さいもの。テーブルがなければ空中にふわっと置きましょう。目の前に、かわいらしい白い円錐が登場しましたか。

そうしたら、その円錐を縦に回転させてみましょう。横だと回転してもかたちが変わらないので縦に９０度。底面の円形がこちら向きになるように。

それができたら、くるくる回したり、横に動かしたりしてみます。

素材と色も変えてみましょう。銀色のアルミ、透明なガラス、表面にさざ波の立つ水に。

慣れてきたら、サイズを拡大して、ぐっとねじったり、ころころと丸めたり、好きなようにできます。

さて、そうした操作をした「もと円錐」が目の前にイメージできる、ということは、そのイメージの情報が、（頭・心＝脳の）「どこかに」ある、ということです。情報があるなら、それを取り出せれば、以後は（脳の外のIT機器の）データ処理で、いかようにも扱えるはず、です。これは、いま見ている「夢」を取り出すこと、にほかなりません。それは、かつては（荒唐無稽といわれる）それこそ夢物語でしたが、現在ではついに、有効射程の範囲に入ってきています。

脳内イメージで、直接処理する

こうした脳内？イメージを使って通常よりはるかに高速の処理をする方法もあります。たとえば、１頁を１秒以下で理解してしまう「速読」は、文字を画像として受容するようです（その一部は筆者も試したことがあります）。

デザインでは、高速性より複雑多様性の方が有用なので、方向は違いますが。

また、珠算の暗算では、そろばんの玉の位置をイメージし、その玉をイメージの中で動かすことで計算を行うと聞いています（筆者にはできないので確認はできませんが）。頭の中に、そろばんのかたちのイメージをまず用意して、そのイメージ上の玉を自分で動かしていく。イメージがぼやけたら、そこで計算は終わりになってしまいます。

恐ろしく速い読み上げの速度に合わせて、多数の桁の玉を動かし、その位置を正確に定位し、描き換える。

それほど明瞭で持続的なイメージであれば、もうちょっとで脳外に取り出すこともできそう、に思いませんか。

手から生まれるもの
生きている線、とはどういうことか

人類は数万年の昔から、心に浮かんだイメージを、手を使って描いてきました。それが岩でも紙でも同じです。

脳と手は、気持ちと線は、直結しているのです。

次頁のスケッチは、いずれも紙に鉛筆やペンで描いたものです。CG処理はせず、描いたそのままです。消しゴムは使っていないので、いちど描いた線は消えることなく「生きて」います。

後戻りせずに、描いた線に描き加えることで前に進む、そういうプロセスが、ここでの設計条件のひとつです。

してしまったことは、削除できない、それは世の多くの現実ですね。そしてそれは、現実の社会システムの条件でもあります。そう、1枚の紙の上のスケッチは、社会システムのシミュレーションでもあるのです。

そうしたスケッチとCGとの大きな違いは、その、一度きりの線の、勢い、です。線には向かう方向を内包する、まだ描かれてはいない、勢い、があります。

それは、線の太さや筆圧からは決まらない、線のパワーです。

比喩的にいってよければ、それが、線に生命力のようなものを与えています。スケッチは、建築の設計そのものではありませんが、設計を生む母体になることも、あります。

下図：右頁の上から4番目のスケッチの、一部を拡大したもの。
描かれた線の幅や濃さや、方向変化の度合いは均一ではなく、その「ゆらぎ」が、「勢い」を生みます。線の仕様を変えるアルゴリズムは可能ですが、線に込められた「勢い」、はプログラムできるでしょうか。

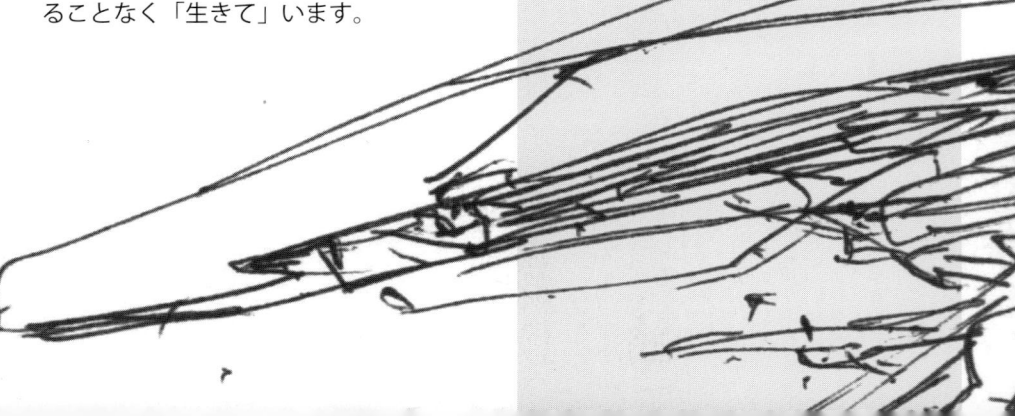

the human brain:
Freehand
With computer programs
Toward the architecture

LINK — WEB FRAME

SPIRAL — K-Z

STRINGS — RIBBONs

FORWARD — K-MUSEUM

RADIANT — ShinMinamata Station

UPWARD

上図：フリーハンドスケッチ と
設計作品の「緩やかな」呼応関係
を示しています。

コンピュータの方から、ヒトに近づく
消えるプログラム

ヒトの側が、脳内イメージを出力する方法を編み出したとして、コラボレーションをする相手、プログラム側の進展はどうでしょう。

アルゴリズムもプログラムも、目的の達成のための「手段」、ゴールに至る「通り道」です。要は、目的が達成されればいいので、アルゴリズムやプログラムは絶対に必要というわけではありません。なくて済めば、それでいい。

ない、ということは、目的を決めたら、その目的を達成する設計が、そこに出現すればいいのです。それは、ふたたび、直感の世界に戻るようなものです。

プログラムを、いまのように専用言語によって書くのではなく、自然言語で書くことができるようになれば、それに近づける可能性があります。

自然言語は、曖昧です。「うつくしいかたち」にして、というのは簡単ですが、それが何を意味するのか、どういうかたちが美しくて、どういうかたちはそうでないか、その指示はありません。

でも、そうした曖昧模糊とした表現を「理解し」「こちらの意図を推測し」「なんとかそれに応えよう」という回路がもし働くなら、そんな指示でも、いい答えが出てくることでしょう。

(すでに、自然言語を理解するコンピュータは登場しています。いまはクイズ番組でヒトに勝利した段階(Watson/IBM 2011)ですが、やがてさらなる汎用機能を持つようになるでしょう)

専用の言語を使わずに、この文のような、ふつうの文章がプログラムになると、いいですね。(勉強も要らなくて)

ヒューリスティック・アルゴリズミック

アーサー・C・クラーク原作、スタンリー・キューブリック監督による映画「2001:A Space Odyssey」(1968)に登場する、有名なコンピュータ「HAL9000」は、自然言語でヒトと対話し、仕事を行い、求めに応じてチェスもします。

「彼」は、その開発者の教育薫陶を受けて一人前に「成長」します。

(矛盾した要求「条件」を与えられて「悩み」、ひとを殺してしまったHALが、その成長過程を逆に辿って誕生時点に戻されるシーンは、印象的です)

彼の名は、**H**euristically programmed **AL**gorithmic computerの頭文字をとったとされています。Heuristics(ヒューリスティクス)とは、完全な解答を求めるのではなく、ある程度の確度のある答えを「見つけ出す」方法を指します。本来、「設計」に「完全な解答」は、ないといっても差し支えないでしょう。

ヒトの側の「要求」は、絶えず揺れ動き、いつも姿を変えています。自分の「本当の」気持ち、は、自分でも分からないことが多いですね。要求という「問い」が定まらない以上、「解」の完全性は、あり得ないのです。「完全」解ではなく、「高度に適合した」解を得る方法。その方法をアルゴリズム化して実装したのが、(1992年に生まれた?) HALでした。それ故、解けない課題に「悩む」ことに。

成長するプログラム　Child Machine

HALのように学習し成長するプログラムについては、幾度か記してきました。その概念は、すでに1950年にコンピュータの父（のひとり、母親は不明ですが）、アラン・チューリング（Alan Mathison Turing）が論文「Computing Machinery and Intelligence」の中で提示しています。(白いノートのような) こどものプログラム「child machine」に、（褒めたり罰したりする）「教育プロセス」を施すことから始める方法です。その教育方法には、「突然変異／自然選択」との呼応が語られています。遺伝的アルゴリズム（GA）が登場する四半世紀前のことです。

育てる建築　Nurturing Design

前に述べた「DID」は、いまより進化したコンピュータプログラムの協力を得て、初めて、路が開けるでしょう。

そのとき、いまの「設計 / design」という概念は、「誘導 induction」による「生成 / generation」に変わっているかもしれません。

意図したものを意図したようにつくりあげる、のではなく、求める要求を満たす「解答」としてのデザインを、置かれた環境の中で「育てる」、こと。

それは、「育成 cultivation」や「養育 Nurturing Design」といった方が適当かもしれません。(作品が「我が子」なのは昔から？)　そのとき、「アルゴデザイン／アルゴリズミック・デザイン」は、人工物「生成」に当然のプロセスとなり、それと意識することもなく、「技」をふるうヒトの傍らで、いつも並んで走っていることでしょう。

目的を描き出す、ちから

これまで、雲や星々など、物理的な自然の設計には、「法則」はあっても「目的」はないことを見てきました。

もうひとつの自然、生物の設計では、目的と法則がありました。

また、人工物の設計には、目的はあっても、いままで法則は不確かでした。

そして、生物と人工物の設計方法には大きな違いがありました。部分と全体、下からと上から、成長と組立、概ねと完全、というように。

さらに、この自然-生物の方法を人工物に用いる新しい可能性が、ALGODesignでした。そこには、空間も時間も重さも秩序も、そして設計の媒体や領域や、主体すらも、変容していく大きな流れ、がありました。

さて、これで、話は完結している、でしょうか。

「ALGODesign／誘導都市」が、新しい設計「方法」の可能性を開くとして、ではその「目的」は誰がつくるのでしょう。

ALGODesignは、目的は生成しません。目的は、別に用意する必要があります。新しい、「目的」。

なんのためにつくるのか、何を求めるのか。何が、いいこと／もの、なのか。その「何＝価値」は、これです、と示す権利（と責任）は、ひとに委ねられています。それこそ、「設計＝生成」過程で、ヒトにしかできない、ひとだけが持つ未知の（潜在）能力が発動される（はずの）、領域なのです。

参考・出典・著者

参考

自然・社会から見つかる法則

自己組織化と進化の論理 - 宇宙を貫く複雑系の法則
/ Stuart Kauffman・ちくま学芸文庫 2008

歴史は「べき乗則」で動く - 種の絶滅から戦争までを読み解く複雑系科学
/Mark Buchanan・早川書房 2009

生き物たちは 3/4 が好き - 多様な生物界を支配する単純な法則
/ John Whitfield・化学同人 2009

生物進化のしくみ

生物はなぜ進化するのか
/ George C. Williams・草思社 1998

眼の誕生 - カンブリア紀大進化の謎を解く
/Andrew Parker・草思社 2006

脳はあり合わせの材料から生まれた - それでもヒトの「アタマ」がうまく機能するわけ
/ Gary Marcus・早川書房 2009

Crowd デザイン

伽藍とバザール - オープンソース・ソフト Linux マニフェスト
/ Eric Steven Raymond・光芒社 1999

「みんなの意見」は案外正しい
/ James Surowiecki・角川文庫 2009

意識・無意識 - intuition デザイン関係

マインド・タイム　脳と意識の時間
/ Benjamin Libet・岩波書店 2005

脳の中の「私」はなぜ見つからないのか？- ロボティクス研究者が見た脳と心の思想史
/ 前野 隆司・技術評論社 2007

自然の形態生成方法

自然のパターン - 形の生成原理
/ Peter S. Stevens・白揚社 1994

生物にみられるパターンとその起源
/ 松下 貢・東京大学出版会 2005

アルゴリズム変換を料理や小説で行うと

Cooking for Geeks 料理の科学と実践レシピ
/ Jeff Potter・オライリー・ジャパン 2011

エル・ブリの一日
/ Ferran Adrià 他・ファイドン 2009

あなたの人生の物語
/ Ted Chiang・ハヤカワ文庫 SF 2003

著者の著書

建築は、柔らかい科学に近づく
/ 渡辺 誠・建築資料研究社 2002

アルゴリズミック・デザイン　建築・都市の新しい設計手法
/ 共著・日本建築学会編・鹿島出版会 2009

INDUCTION DESIGN
/ 渡辺 誠
Birkhäuser (独・スイス) 英語版 2002
Testo & Immagine (伊) 伊語版 2004

MAKOTO SEI WATANABE
/ 渡辺 誠
EDIL STAMPA (伊) 英・伊語版 2007

MAKOTO SEI WATANABE
/ 渡辺 誠
L'ARCAEDIZIONI (伊) 英語版 1998

各刊行年表記は主に現行書籍のものです。
国内の初出版はそれ以前のこともあります。

出典

p11 ：宇宙の画像：
  ESA（欧州宇宙機関）：WS
p13 ：星座画像：
  国立天文台：WS
p121：骨格画像：
  Zygote Body（フリーソフト）
p131：銀河の画像：
  国立天文台 Mitaka（フリーソフト）
p134：ベネチア空撮：ESA（欧州宇宙機関）：WS
p136：チベットの谷筋・火星の表面：
  ESA（欧州宇宙機関）：WS
p138：鳥の骨の断面：WS
p146：Foldit プログラム：
  Foldit（University of Washington）：WS
p147：木割組成図：
  河田克博（名古屋工業大学大学院教授）：
  「木割の話（唐四脚門）」WS を元に作成
p149：自走ロボットによる倉庫画像 2 点：
  KIVA systems 社：WS
p150：Gruen Transfer のプラン例：
  Who enjoys shopping in IKEA？：Alan Penn
  (Professor,UCL Bartlett School of Architecture)：
  WS
p150：宇和島城の縄張り：Wikipedia
p153：電子回路化コンタクトレンズ：
  B A Parviz
  (Associate professor,University of Washington) 他：
  Journal of micromechanics and
  microengineering：WS
p153：eyePhone：
  Futurama - Attack of the Killer App：WS
p154：不定時法図：
  岩波国語辞典（岩波書店）
p154：不定時法による昼夜長比較：
  keisan サービス（カシオ計算機）WS を参考に作成
p156：ISS の CG：
  NASA（アメリカ航空宇宙局）：WS

特記なき画像：
MAKOTO SEI WATANABE / ARCHITECTS' OFFICE

表記中、WS は website のことです。

著者

渡辺 誠 Makoto Sei Watanabe

建築家。1952 年横浜生。
横浜国立大学工学部建築学科大学院修了。
渡辺 誠／アーキテクツ オフィス代表。
岡山県立大学デザイン学部教授。
著書「建築は、柔らかい科学に近づく」、
「INDUCTION DESIGN」、他。
運動感のある形態と、触れてみたくなるような触感を持つ作品 を生み出す「感覚」と共に、設計行為を言語化しプログラムに変換する「論理」を研究。
その新しい設計方法である「誘導都市 / ALGODesign」を用いた「WEB FRAME」は、コンピュータプログラムで条件を解いて生成し実現した、世界初の建築となった。

協力：

千葉貴史 Takashi Chiba
建築ピボット代表
大崎 純　Makoto Ohsaki
広島大学大学院教授 (建築構造学)

クレジット：

著者 / 著作者：渡辺 誠

新「誘導都市」シリーズ プログラム 及び
「かんたんプログラム」シリーズ
コンセプト・ディレクション・デザイン：　渡辺 誠
プログラミング：　　　　　　　　　　　千葉貴史

「形力」シリーズ プログラム
コンセプト・ディレクション・デザイン：渡辺 誠
高適化プログラミング：　　　　　　　　大崎 純
インターフェースプログラミング：千葉貴史

Processing 作成・解説：　渡辺 誠・千葉貴史
GH 作成：　　　　　　　　渡辺 誠・中島淳雄
エディトリアルデザイン：　　　　　　渡辺 誠

あとがき

本書は最初、2011年初春に発刊する予定で書き始めました。
遅れること1年半以上、ようやくこうしてみなさんにお届けできることになりました。

当初は、既存のプログラムを少し調整して使うことを考えていました。しかし原稿を書き始めてみると、こういうプログラムがあったら多くの方々に「誘導都市／ALGODesign」をもっと理解してもらえるはず、というアイデアが次々に出てきます。
そこでこれを「かんたんプログラム」編として新規に作成することにしました。

また「誘導都市」や「形力」のプログラムも、
さらによく、したくなってきます。
それなら新しいプログラムも、と結局、「新・誘導都市」シリーズをつくることになりました。

そうして、原稿を書いているうちに新規や改訂版のプログラムが次々に登場してくることになり、そうするとその開発、試行、さらなる機能向上、と続き、その結果、原稿は大幅改訂となり、さらにまた新しいアイデアが・・・というわけで、このままでは永遠に終わらない・・・ことに気づき、なんとか今回版はここまで、としたのでした。
そのため掲載できなかったプログラムや構想が多々ありますが、それらはまた、何時か・・・

本書が完成したのは、その無限連鎖の過程を、丸善出版の小根山仁志さんに辛抱強く見守って頂いたおかげです。
そして何よりも千葉貴史さんとの、緊密で持続的なコラボレーションの成果です。
同時に、「形力」シリーズのコラボを続けている大崎純さんを初め、関係された皆様に感謝します。

樹々影濃く、雲遠い日に。

渡辺 誠

アルゴリズミック・デザイン 実行系
　　建築・都市設計の方法と理論

　　　　　2012 年 11 月 11 日 第 1 刷発行

著作者　　渡辺 誠

発行者　　池田 和博

発行所　　丸善出版株式会社

〒 101-0051
東京都千代田区神田神保町二丁目 17 番
編集 (03)3512-3264/FAX(03)3512-3272
営業 (03)3512-3256/FAX(03)3512-3270
http://pub.maruzen.co.jp/

©Makoto Sei Watanabe, 2012

印刷　　中央印刷株式会社
製本　　株式会社 松岳社
ISBN 978-4-621-08595-0　C 3052
Printed in Japan

|JCOPY|

[(社)出版者著作権管理機構委託出版物]
本書の無断復与は著作権法上での例外を除き禁じられています。
復写される場合は、そのつど事前に(社)出版者著作権管理機構(電話 03-3513-6969, FAX 03-3513-6979, e-mail: Info@jcopy.or.jp) の許諾を得てください。